当 代 社 科 研 究 文 库

赣东北红色资源与高校教育研究

吴晓东◎著

中国言实出版社

图书在版编目（CIP）数据

赣东北红色资源与高校教育研究 / 吴晓东著 . - - 北京：中国言实出版社，2014.4

ISBN 978 - 7 - 5171 - 0494 - 0

Ⅰ.①赣…　Ⅱ.①吴…　Ⅲ.①革命纪念地—教育资源—应用—高等学校—革命传统教育—研究—江西省　Ⅳ.①G641.3

中国版本图书馆 CIP 数据核字（2014）第 059923 号

责任编辑：曲少云

出版发行　中国言实出版社

地　　址：北京市朝阳区北苑路 180 号加利大厦 5 号楼 105 室

邮　　编：100101

编辑部：北京市西城区百万庄大街甲 16 号五层

邮　　编：100037

电　　话：64924853（总编室）64924716（发行部）

网　　址：www. zgyscbs. cn

E - mail：zgyscbs@263. net

经　　销　新华书店

印　　刷　北京天正元印务有限公司

版　　次　2014 年 6 月第 1 版　2014 年 6 月第 1 次印刷

规　　格　710 毫米×1000 毫米　1/16　13 印张

字　　数　192 千字

定　　价　39.00 元　　ISBN 978 - 7 - 5171 - 0494 - 0

目　录
CONTENTS

第一章

赣东北红色资源采撷

在赣东北这块红色土地上有着非常丰富的红色资源，其中最为突出是在中国革命史中占有非常重要地位的赣东北革命根据地和闻名于世的上饶集中营。在这里，留有方志敏、邵式平、黄道、粟裕及叶挺等老一辈无产阶级革命家革命斗争的足迹，保存了红十军及大量革命先烈浴血奋战的战斗遗址，也建立了寄托了赣东北老区人民哀思和敬意的纪念馆及纪念碑。

○赣东北革命根据地，也称闽浙赣省革命根据地，由方志敏、邵式平、黄道等创建，被毛泽东称之为"方志敏式"根据地。1930 年 11 月，中共中央将它划为全国六大革命根据地之一。1934 年 1 月，在第二次全国苏维埃代表大会上，得到毛泽东的高度赞扬，成为"苏维埃模范省"。目前在横峰县葛源镇还遗存中共闽浙皖赣省委旧址、闽浙赣省苏维埃政府旧址、赭亭山战斗遗址、漆工镇暴动遗址、窑头会议旧址、闽浙皖赣省洋源兵工厂旧址、列宁公园旧址等著名革命旧址。

○上饶集中营，是"皖南事变"的历史产物。它是国民党 1941 年 3 月在上饶茅家岭、周田、李村、七峰岩、石底等地设立的一座规模庞大的法西斯式的人间地狱，主要囚禁皖南事变中谈判被扣的新四军军长叶挺和弹尽粮绝被俘的新四军排以上干部，还有部分从东南各省地方上搜捕来的共产党和其他爱国进步人士，共 760 余人。目前还遗存上饶集中营监狱旧址、上饶集中营本部旧址、高干禁闭室旧址和叶挺囚室旧址等。新中国成立后,党和人民政府为了缅怀先烈的丰功伟绩,激励教育后人,先后在茅家岭设立了上饶集中营烈士陵园,兴建和重建上饶集中营革命烈士纪念碑、革命烈士纪念馆、纪念亭等建筑物。

〇除赣东北革命根据地和上饶集中营外,在赣东北地区内的弋阳、横峰、德兴、鄱阳、万年、玉山、广丰等市县,保存了大量革命先烈的战斗遗址,拥有许多被无数革命先烈鲜血染红和埋有他们忠骨的山山水水,蕴藏着珍贵的红色资源。

〇为纪念革命先烈的英勇事迹,学习革命先烈的思想品行,赣东北老区人民在革命先烈战斗的地方建立了纪念馆、雕塑像、墓碑等,成为我们接受爱国主义教育和革命传统教育,进行中国现代革命史研究的重要基地。

一、闽浙皖赣革命根据地

闽浙赣省革命根据地旧址位于横峰县葛源镇,这里是第二次革命战争时期闽浙(皖)赣革命根据地的中心,方志敏等革命先驱在这里创建了红色政权,开创了“两条半枪闹革命”的历史,被毛泽东同志誉为“我们光荣的模范苏区”。这里有全国重点文物保护单位中共闽浙赣省委机关、省苏维埃旧址、省军区司令部旧址、红军五分校旧址、红色列宁公园等一大批经过维修的革命旧址。还有红军广场、司令台、四部一会旧址、少共省委旧址。红色列宁公园是我党历史上建立的第一个公园。2009年5月,闽浙皖赣革命根据地旧址群被中共中央宣传部公布为第四批全国爱国主义教育示范基地。

(一)中共闽浙赣省委旧址

位于横峰县葛源镇枫林村,占地1000平方米,四周筑有围墙,大门两边书写了一副对联:“坚决执行党的进攻路线,彻底粉碎敌人五次围攻”。大门内是一个小院子,院内栽了高大丰腴的芭蕉。旧址房舍为一字形平房,内设省委秘书处、组织部、宣传部、妇女部和白区工作部等机构。曾任省委书记的方志敏卧室兼办公室内,还留下主人睡过的四轮架子床,墙壁上糊着《工农报》《红色东北》报。

中共闽浙赣省委是在中共赣东北省委的基础上建立起来的。在党的“八七”会议精神的鼓舞下,方志敏、邵式平、黄道等以弋阳和横峰为中心,于1927年12月10日,领导了赣东北起义,创建了革命军队和农村革命根据地。根据地创立后,先后成立了弋阳、横峰两县县委和苏维埃政府。1928年5月,敌人开始向根据地大举进攻,方志敏等领导人率领只有一个连的红军队伍,以磨盘山为依托,与敌周旋奋战,在一年时间里,不仅多次粉碎了敌人的疯狂“围剿”,而且使根据地不断扩大到信江流域各地。1929年3月和10月,在弋阳县漆工镇分别成立信江特委和信江苏维埃政府。1930年7月,党中央决定将信江特委和设在景德镇的东北特委合并,在弋阳县芳家墩组成赣东北特委,同年8月1日,成立赣东北特区革命委员会,红军独立团也扩编成为中国工农红军第十军。1931年2月,赣东北特区党政军机关迁至葛源镇,同年9月和11月,党中央指示成立中共赣东北省委和赣东北省苏维埃政府。随着军事上的不断胜利和根据地范围已发展扩大到闽、浙、赣三省边区,1932年11月,经党中央批准,将赣东北省易名为闽浙赣省,机关地址迁至枫林村。同年12月,党中央又将皖南特区划归闽浙赣省委,构成了闽浙(皖)赣革命根据地,并做出了巨大成就,曾受到中华苏维埃共和国临时中央政府的表彰。

闽浙赣省委于1932年底迁至枫林村,1934年10月,因第五次反“围剿”失败,葛源失陷,省委撤离枫林村流动在横峰的槎源坞,德兴广才山和郙公山区,转入领导闽浙赣边区的游击战争。历任中共闽浙赣省委书记有万永诚、曾洪易、方志敏、关英。

闽浙赣省委机关旧址,于1996年11月20日,经国务院批准公布为第四批全国重点文物保护单位。1986年、1997年、2006江西省文化厅、国家文物局拨款分别对旧址进行了局部和落架维修,同时开辟了《闽浙赣省委机关旧址陈列》。2001年12月被江西省委、省人民政府公布为江西省爱国主义教育基地。

（二）闽浙赣省苏维埃政府旧址

位于横峰县葛源镇枫林村,占地 880 平方米,四周筑有围墙。大门为一座高大的八字形朝门,门内有一个小院子,院内栽种了几株枣树,搭了一间马棚。房舍呈工字形,正房横摆,左右偏房竖设,建筑面积共 664 平方米。内设省苏政府办公室、财政部银库等机关。

闽浙赣苏维埃政府,是在党的领导下依靠长期的武装斗争逐步建立起来的。1927 年 12 月底,方志敏、黄道等在弋阳、横峰两县发动了著名的"弋横起义",随后成立了区苏维埃政府,颁布了《土地分配法》和《平债法》,1929 年 10 月,成立了信江特区苏维埃政府,机关由弋阳芳家墩迁驻横峰葛源。1930 年 8 月,遵照中央决定,闽北苏区和赣东北苏区合并,信江苏维埃政府改为赣东北革命委员会。1931 年 11 月,赣东北特区苏维埃政府改建为赣东北省苏维埃政府,方志敏任主席。1932 年 11 月 19 日,赣东北省苏维埃政府易名为闽浙赣省苏维埃政府,机关驻葛源枫林村,先后直辖闽北、皖赣、皖南 3 个分(特)区苏维埃政府(下辖 21 个县苏维埃政府)和 15 个县苏维埃政府。发展到闽浙皖赣四省边区五十多县的广大地区。省苏还设立了适应工作需要的各个工作部门。其间,颁布了《赣东北特区苏维埃暂行刑律》、《赣东北省苏维埃政府优待红军条例》和各项决议案。

闽浙赣省苏维埃政府于 1932 年底由葛源村迁址枫林村,1934 年 10 月,因第五次反"围剿"失败葛源失陷而撤离。由于苏区失陷,为适应游击战争的形势,省苏维政府于 1935 年春撤销。先后担任闽浙赣省苏维埃政府主席的有方志敏,省苏副主席的有汪金祥、余金德、徐大妹。

1990 年 2 月省文化厅拨款将旧址收归国有,并于次年进行维修,陈列开放。1999 年 8 月,国家文物局拨款重点维修。现为全国重点文物保护单位。

（三）闽浙赣省军区司令部旧址

位于横峰县葛源镇枫林村,占地 700 平方米。前有院子和朝门,房屋分前后两幢,中间一个天井,有房十二间,内设政治部、政委室、司令员室、军长室、传达室、办公室等。前厅左则偏房为军区政治保卫局旧址。

1932年11月，中共闽浙赣省委成立，根据武装斗争的需要，执行中革军委命令，将赣东北省革命军事委员会改为闽浙赣省军区总指挥部，习惯上称省军区司令部，为省苏维埃政府所属直接领导军事斗争的机构。先后任省军区司令员的有唐在刚、方志敏，政委有曾洪易、方志敏，政治部主任有聂洪钧等，参谋长邹琦、粟裕等。

该旧址于1999年8月按原样修复，并进行原状陈列，开辟了《闽浙皖赣苏区军事建设史》辅助陈列。现为全国重点文物保护单位，江西省军区官兵革命传统教育基地。

（四）中国工农红军学校第五分校旧址

位于横峰县葛源镇葛源村，革命烈士纪念馆旁。占地1200平方米，原为杨氏宗祠，始建于明万历——泰昌年间。大门上首写有黑色正楷校名"中国工农红军学校第五分校"大门前是一个操场，操场两边院墙上写有一米见方的大字标语："造成红军铁军骨干，争取革命战争胜利"。室内有门厅、厢房及两排对称的六个教室。

"中国工农红军学校第五分校"，前身为信江军事政治学校。1931年由弋阳芳家墩迁往葛源镇，校名为彭杨军事政治学校。1933年初，改名为中国工农红军学校第五分校。先后担任过校长的有邹琦、江枫、彭干臣；先后担任过校政委的有方志敏、邵式平、舒翼、涂振农、刘鼎等。军校自创办以采，培养了大批军事骨干人才约1500多名。在该校毕业的有饶守坤、吴克华、方震、黄立贵、洪涛等我军高级将领。红五分校是我党较早创办的军校之一。

该旧址于1986年、1991年省文化厅拨款修复，1987年在旧址内新增红五分校辅助陈列室一个，全面介绍了军校沿革、教学训练情况。2006年国家文物局拨款对该旧址进行了整体维修，现为全国重点文物保护单位。

（五）红军操场与司令台旧址

红军操场位于横峰县葛源镇枫林村，占地10500平方米。场东头和四周有高大枫树和苦珠树,共 160 余棵。

红军操场又名红色广场,是红军操练和苏区军民群众集会的地方,每逢节日和红军凯旋归来时都在此召开庆祝大会、文艺演出,体育运动会也在这里举行。当年闽浙赣省《工农报》总编辑徐跃曾写《说红场》诗一首:"这是一个广漠无际的红场,这儿有战争生活的宝藏,这儿充满了壮烈的叫喊,这儿放射出血样的光芒! 它不是有闲阶级歌吟的园地,它不是公子哥儿沉醉的摇床。这儿没有甜蜜的美梦,这儿没有风月的辞章,它像冲锋陷阵的号角,它像一盏明亮的红灯,它鼓舞着指引着劳动大众,战斗、前进、走向光明! 让我们打开这丰富的宝藏,让我们沐浴着胜利的光芒,让我们发出冲锋陷阵的号角,驰骋在广漠无际的红场。"场内西头这座司令台,建于 1933 年初。同年的 11 月 18 - 20 日,闽浙赣省第三次工农兵代表大会在枫林村召开,会议期间举办了"全省群众武装展览会",展览了省兵工厂制造的新式枪炮和各地群众自制的枪支地雷。展览会还进行了地雷演习和武术比赛。1934 年 10 月 24 日,方志敏同志站在司令台上,最后一次向群众告别,率师北上抗日。不久,闽浙赣省党政军机关也撤离了枫林村。

红场司令台于 1934 年 10 月葛源失陷后,被国民党军队破坏,新中国成立后已修复。现为全国重点文物保护单位,2000 年国家文物局拨款进行了重点维修。

(六)闽浙赣革命烈士纪念亭遗址

位于横峰县葛源镇枫林村来龙山上,占地 5000 平方米。从红军操场西端拾级而上,经过蜿蜒曲折的盘山小道,到达来龙山山顶,便见有一座六角形小亭,亭内竖了六面碑石,正面刻有为革命捐躯的烈士名单。烈士纪念亭四周古木参天,浓荫如黛,掩映着烈士的英灵。烈士纪念亭建于 1933 年初,与山下的红军操场同时建成。为纪念在革命战争中牺牲的烈士。闽浙赣省苏维埃政府建造了这座具有民族风格的纪念亭。当年方志敏同志常到这里做操。

烈士纪念亭自建成后,直到 1934 年 10 月葛源失陷时被毁,新中国成立后找到失落的碑石后重修,恢复了原貌。

1985 年 4 月 27 日经横峰县人民政府批准公布为县级文物保护单位。

(七)列宁公园旧址

位于横峰县葛源村葛溪河畔,占地 6000 平方米。园内有六角亭、荷花池、游泳池、枣林等景点。

列宁公园建于 1931 年春,是省苏维埃政府所在地葛源人民群众休息娱乐的场所。当年身为赣东北省苏维埃政府主席的方志敏亲自筹建了这座公园,并命名为"列宁公园",它是我党历史上最早建造的人民公园。公园建成后,赣东北赤色运动会的游泳比赛项目,就是在这个游泳池进行的。前面这棵高大茂密的梭椤树,巍然屹立在凉亭边,而栽种这棵树的主人正是方志敏同志,方志敏选种这棵树的寓意是很深的。据民间传说,梭椤树本是月宫的仙树,砍不倒,折不断,万年青。它象征着中国共产党领导下的人民革命斗争百折不挠,无可阻挡,必定胜利。

列宁公园自建成后,直到 1934 年 10 月葛源失陷逐渐荒废,现已得到修复。1985 年 4 月 25 日经横峰县人民政府批准公布为县级文物保护单位。2000 年,江西省建设厅拨出捐款对列宁公园进行了重点维修。

二、上饶集中营

上饶集中营,是国民党 1941 年 1 月初发动震惊中外的皖南事变之后,同年 3 月在江西上饶周田、茅家岭、李村、七峰岩等地设立的一座规模庞大的法西斯式人间地狱。这里当时监狱四周架设起铁丝网,负责管理的是军统康泽系特务。第三战区特务团调遣一个加强排担任看守,监狱门外有荷枪实弹的卫兵日夜站岗。主要囚禁皖南事变中谈判被扣的新四军军长叶挺和弹尽粮绝被俘的新四军排以上干部,还有部分从东南各省地方以上抓来的共产党员和其他爱国进步人士,共 700 余人。这些爱国志士在狱中秘密党组织的领导下,同凶残的国民党特务进行了英勇的斗争,并成功地举行了著名的茅家岭暴动和赤石暴动,谱写了一曲曲气贯长虹的无产阶级正气歌。

(一)上饶集中营革命烈士陵园

为了缅怀在集中营牺牲的近200名革命烈士,继承先烈遗志,党和人民政府于1955年在茅家岭建立革命烈士陵园。以革命烈士纪念碑为中心,东侧为烈士公墓,南侧为子芳亭、施奇烈士塑像;北侧为十五烈士被秘密杀害处,西南侧是集中营茅家岭监狱旧址及摆着各种刑具的审讯室。其中上饶集中营革命烈士纪念碑始建于1956年,重建于1959年,位于茅家岭雷公山中腰,坐东朝西,高28.5米,呈正方形,其中碑座高7米,长宽各20米,正面刻有周恩来题写的"革命烈士们永垂不朽"九个镏金题词,东面刻有刘少奇、朱德题词;南面和北面分别刻有中共江西省委、江西省人民委员会题文,碑底座刻有烈士纪念碑碑文;整座碑系花岗石分砌而成,呈银灰色,气势雄伟,庄严壮观。该陵园1988年8月经国务院批准为第二批全国重点革命烈士纪念建筑物保护单位。此后,相继由南京军区、江西省委省政府命名为爱国主义教育基地,1996年由国家教委、民政部、文化部、国家文物局、共青团中央和解放军总政治部联合命名为全国中小学爱国主义教育基地,党和国家领导人江泽民、李鹏、乔石、刘华清等为陵园题了词。

(二)上饶集中营烈士纪念馆

为了缅怀在当年在上饶集中营牺牲的近200名革命烈士,上饶人民在当年上饶集中营旧址上修建了一座白色雄伟的建筑,这就是上饶集中营革命烈士纪念馆。而这座纪念馆的设计师赖少其同志,就是当年从上饶集中营逃生的革命志士之一。

在上饶集中营革命烈士纪念馆内,通过声、光、图、物等形式,生动地再现集中营革命烈士英勇斗争的光辉岁月。其中不乏许多珍贵的历史文物资料和烈士遗物。如今这里已成为由国家教委、民政部、文化部、国家文物局、共青团中央和解放军总政治部联合命名的全国中小学著名的爱国主义教育基地。

（三）上饶集中营烈士纪念碑

上饶集中营革命烈士纪念碑始建于1956年，重建于1959年，位于茅家岭雷公山中腰，坐东朝西，高28.5米，呈正方形，其中碑座高7米，长宽各20米，正面刻有周恩来题写的"革命烈士们永垂不朽"九个镏金题词，东面刻有刘少奇、朱德题词；南面和北面分别刻有中共江西省委、江西省人民委员会题文，碑底座刻有烈士纪念碑碑文。整座碑系花岗石分砌而成，呈银灰色，气势雄伟，庄严壮观。

（四）茅家岭：监狱旧址

茅家岭监狱旧址位于信州区茅家岭村，原为上饶集中营禁闭室，是狱中之狱，故称"黑地狱"。内置铁丝笼、烧辣椒水用的大铁锅。旧址由四个悬山顶合围组成。木结构，砖石墙，封闭式庙宇建筑。

审讯室建筑为木结构民房。

刑讯室，是对革命志士刑讯逼供的地方。被俘革命同志经过苦工劳役后，其中革命中坚分子送来此处受酷刑。内置老虎凳、烙铁等刑具。旧址建筑为茅草棚，面宽9米，进深3米。

上饶集中营的政训是从精神上折磨人，军训则是从肉体上折磨人。集中营的刑罚名目繁多，甚为残酷常用刑有"金"（针刺）、"木"（棍打）、"水"（灌辣椒水）、"火"（用烧红的铁板或铁条烫身）、"土"（活埋）、"风"（冬天肃光衣服站在室外让寒风吹）、"站"（铁丝笼）、"吞"（吞食跳蚤虱子）、"纹"（用绳索绑勒项颈）、"毒"（饭菜里放毒药）。另外还有花样翻新的操型：如"特别操"、"三点成一线"、"两腿半分弯"、"猴子抱桩"等等，不一而足，惨无人道。在上饶集中营里被敌特杀害和折磨致死的革命志士达200余人。

在上饶集中营这座黑狱里，被囚的共产党人、革命志士同国民党特务展开了艰苦卓绝英勇悲壮的抗争，领导狱中斗争的核心力量是中共秘密支部。

在集中营的斗争中，影响最大的是两次越狱暴动。

第一次暴动发生在1942年5月25日，囚禁于茅家岭监狱的革命志士，趁国民党内外吃紧的机会成功地举行了越狱暴动。二十四位同志胜利冲出了牢笼。

第二次暴动发生在 20 天后。当时日本侵略军占领金华,攻陷衢州,逼近上饶,三战区长官部一片慌乱,匆忙向闽北奔逃,并决定东南分团也一同向闽北迁移。1942 年 6 月 17 日下午,集中营各队在重兵押送下抵达福建崇安县崇溪河畔的赤石,分批渡河。最后渡河的是第四中队,时近黄昏,在秘密党支部事先周密的组织和策划下,发动了暴动,有的同志当场倒下了,但近百名同志冲出了虎口。

前后两次暴动,时隔不过 20 日,均取得了胜利,这在国民党的集中营历史上也是绝无仅有的。

(五)周田村:上饶集中营本部旧址

上饶集中营的主要组成部分,是设在周田的"军官队"和"特训班"。

"皖南事变"发生以后,国民党当局无视共产党的严正抗议和国内外舆论的强烈反对,公然颠倒是非,于 1 月 17 日发出通电诬蔑新四军"图谋不轨",发动"叛变",宣布撤销新四军番号。1941 年 2 月 17 日,国民政府军委会正式颁发了密件《新四军被俘官兵简训实施办法》。企图通过所谓管训,向被俘新四军人员灌输反动思想毒素,采用高压和怀柔两种手段,妄图被俘人员叛变革命,转而为国民党当局效命。这是建立上饶集中营的反动宗旨。管训实施计划具体由三战区司令长官部撰写实施。1941 年 3 月,顾祝同正式在上饶市南郊的周田村设立集中营,亲押被俘的新四军将士以及爱国民主人士。

周田村是四面环山的偏僻村庄,国民党宪兵特务用刺刀、枪托撵走了大部分农民,抢占民房、祠堂和庙宇,挑选其中好一点的房屋经过修葺后作为自己的住地,差的改作牢房。3 月底,军官队进驻周田村,与此同时,原来关押在三战区政治部专员室茅家岭监狱的一批"政治犯"也转囚到周田,编为"特训班"。于是,一个以周田村为中心,横跨现今区、县两地,包括李村、七峰岩、茅家岭、石底等处监狱在内的集中营,就这样建立起来了。

设在周田的"军官队"全称是"第三战区司令长官司令部训练总队军官大

队"。下分五个中队,每中队设三个分队,每分队设三个班,因有650多名皖南事变中被俘的新四军干部。"特训班"全称是"第三战区司令长官司令部特别训练班"。下设一个中队,分三个区队九个分队,一二区队囚禁的是三战区从东南各省搜捕的80多名共产党员和抗日爱国进步人士,其中有著名的革命文艺家、中共上海办事处副主任北雪峰等。第三区队囚禁的则是从皖南转押过来的在皖南事变中突围后被搜捕的新四军干部。上饶集中营有一个明显不同于其他监狱和集中营的特点,那就是对外打着所谓军政训练机关的幌子,以"管训"为名,行迫害之实。明明是完全推动自由的囚徒,却被称作"学员",一律着军服,佩戴有"更新"字样的符号和臂章。特务们对被囚者实施的是所谓"政治感化教育为主,军事训练为辅"方针。

(六)七峰岩:高干禁闭室旧址

七峰岩禁闭室旧址在上饶县黄市乡七峰村。七峰岩是岩洞寺庙,因岩洞周围有七个山峰而得名。七峰岩背负鹤山,前眺信水,山林幽静,古木参天。由于此处僻静隐蔽,成了秘密关押新四军将领的场所。机关报四军被俘的军官,首先押解到七峰岩甄别,再转送给别地。宪兵在四周安岗设哨,戒备十分森严。

禁闭室设在七峰禅寺内。相说此寺为唐代净空禅师所建,现建筑为民国初年重修,禅寺由山门、正殿、左右厢层和天井、岩穴组成,沿中轴线展开。总体布局是东南西三面环抱岩穴,成封闭结构。

在这里关押的有叶挺军长。新四军三支队司令员张正坤、教导总队副队长冯达飞、军政治部组织部长李子芳等析四军高级军官。

现旧址保存大、小禁闭室4间。

(七)李村:叶挺囚室旧址

李村叶挺囚室旧址位于上饶县皂头乡李村。原系国民党第三战区高干招待所。是江南自然村落普通民居,单门独院,红石围墙,穿斗式梁架,悬山顶,褐色陶瓦。西南角空出一露天小院。1941年1月,皖南事变中,新四军军长叶挺为保存革命力量,奉命下山与敌谈判,旋即被扣押在安徽歙县,后押送上饶集中营七峰岩,几天后转囚李村。叶挺囚室在北屋西侧,门对小院。皖南事变中被俘新四军高级干部有些也被囚禁于此。叶挺将军在此被关押6个月,与敌人进行了针锋相对的斗争。他在墙上写下:"富贵不能淫,威武不能屈,正气压邪气,不变应万变,坐牢三个月,胜读十年书"等诗句。可惜这些光照千秋的诗句,被看守的宪兵涂抹,不复存在。

三、革命先烈战斗遗址

(一)三清山:八祭村旧址

三清山八祭村旧址是方志敏主要战斗和生活的地方之一,方志敏在该村生活战斗长达几年。该村保留的主要纪念点有三处:"金坑防线"突围会议旧址,小山垅战壕,"哨兵树"。其中,"哨兵树"系方志敏被捕时隐避过的两棵大樟树,其经过记叙在他的狱中遗著《清贫》中。新中国成立后,党和政府两次拨专款对八祭村进行了全面的修缮和保护,每年参观瞻仰人次达4万以上。

(二)铜钹山"红军岩"

铜钹山位于江西省上饶市广丰县南部,属武夷山脉东段北麓。距县城38公里,主峰位于广丰县与福建省浦城县、武夷山市交界处,海拔1534.6米,为广丰县的最高点。清代诗人徐兆伦曾登临铜钹山并赋诗曰:"兀傲东南第一峰,半开灵境白云中",从此铜钹山获得了"东南第一峰"的美誉。红军岩在高阳村境内,军潭水库东岸。山崖高耸,岩壁峻峭。"民国"二十一年(1932年)初,苏区红军开赴闽北作战,留赤警营一个排驻守高阳。二月初"江、广、浦联防队"出动500多人,乘虚袭击县苏维埃政府。为掩护县委机关和群众转移,周排长率领战士与敌人鏖战,后因弹尽,剩下二十一名战士跳下悬崖,壮烈牺牲18人,为纪念革命烈士,崖壁上刻有"红军岩"三个大字。

(三)三百烈士岩

位于弋阳县姚畈乡张家村东北面的北山腰上。远古的地质运动,流水的溶蚀,冰期的洗礼。造就了三百烈士岩这样一处神奇的自然溶洞。

三百烈士岩既是一道优美的自然风光。又是一处具有纪念意义的胜地。1931年2月14日,姚畈一带的人民正沉浸在辞旧迎新的欢乐之中,国民党五十五师的两个团却正加紧对苏区姚畈一带进行疯狂的"围剿"。敌人来势凶猛,这一带的苏区干部及部分赤卫队员、养伤的红军战士和当地的群众三百余人撤进了眛家村后的一个石灰岩溶洞里,以抵抗匪军的疯狂"围剿"。溶洞坐落位置险要,易守难攻,敌人用炮火攻了数日难以奏效,于是恼羞成怒,丧尽天良、灭绝人性地向洞内施放毒气烟雾。洞内的三百多军民没有一人向敌人屈服,一直坚持到生命的最后一刻,几百米长的洞内布满了烈士的遗体。

1950年,党中央派出的革命老根据地南方慰问团来张家村祭悼烈士们,并报上级人民政府批准,将此岩洞改称为"三百烈士岩",并立碑铭记这段悲壮的历史。

(四)信江军政学校旧址

位于弋阳县漆工镇的吴家墩。1929年10月25日,方志敏、邵式平、黄道等领导人在弋阳九区吴家墩创建信江军事政治学校。在中国工农红军历史上,这是一所创办的比较早、也比较正规的军事政治学校。1930年7月,随着苏区的发展,信江特区更名为赣东北特区,信江军政学校也因此易名为彭杨军政学校。校址由吴家墩迁至同为弋阳九区的黄家源,1931年2月又迁至横峰县葛源镇。1932年底,赣东北苏区易名为闽浙(皖)赣苏区,彭杨军政学校也改建为红军学校第五分校,直至1934年底结束。

(五)齐川源:工农革命武装诞生地

位于漆工镇北偏东5公里的齐川源村,地处三条较长的田垅的汇合点,周围地形险要隐蔽,具有与敌开展斗争的有利条件。1925年秋,在方志敏的直接领导下,齐川源村筹建起农民协会组织,这是继湖塘村之后成立较早的一个农民协会。方志敏等农运领导人还选定齐川源为开展"打土豪、减租减息"斗争的试点。通过齐川源的斗争实践,积累了经验,并推广至全县乃至整个江西省。1927年10月底,齐川源村是弋阳九区暴动队伍的出发地。1928年2月,弋横暴动遭受挫折时,方志敏等及时总结经验教训,挑选了20多名农民革命团骨干,在齐川源组建工农革命军一个连,赣东北正规的工农武装从此诞生。

(六)窑头会议旧址

位于弋阳县烈桥乡窑头村。方志敏、邵式平、黄道等共产党人为进一步宣传和贯党的"八七"会议精神,总结弋阳九区暴动和横峰年关暴动经验,于1928年1月2日在烈桥乡窑头村召开了弋阳、横峰、贵溪、铅山、上饶五县党员联席会议,史称"窑头会议"。会议制定了统一暴动的方针、纲领,并组建了暴动领导机构——中共五县工作委员会和暴动总指挥部,直接领导了弋(阳)横(峰)两县农民武装的联合大暴动。

(七)风雨山会议旧址

位于鄱阳县城以北4公里的风雨山,现属鄱阳镇管辖,1927年9月中旬,中共江西省委派省委委员刘士奇来鄱阳传达党的"八七"会议精神,恢复、整顿、发展党的组织,在风雨山一座土地庙里召开了历时两天的党员大会,有100多人出席了会议,此时来鄱阳搞抢的方志敏也出席了会议。会上,刘士奇传达了党的"八七"会议精神,并代表省委作了当前革命形势的报告。会议确定了当时的工作重点,提出了"土地革命"的口号。该土地庙为土木砖瓦结构,属民间祭祀的庙宇,已毁。

(八)中国工农红军十军团军政委员会旧址

位于德兴市绕二镇重溪村,旧址坐北朝正南。始建于清代,为一幢二进三间偏房四天井的砖木结构城堡式两层楼房。占地面积525平方米,院子面积220平方米。屋宇高峻,屋檐饰黑绘,俨然似一座城堡,庄严古朴,又十分素雅。

中国工农红军十军团的领导人方志敏、粟裕等曾在 1934 年在这里工作和居住过。

(九)红十军团重溪整编地

位于德兴市绕二镇境内,距市区 35 公里,这里四面环山,风景优美。"九·一八"事变后,中国共产党为了战略转移,推动全国抗日活动,决定派红七军团作为抗日先遣队北上抗日,由于敌人的围追堵截等原因,部队减员大半,无法北上,根据中央军委指示于 1934 年 11 月初,来到德兴重溪,与闽赣红十军会师,11 月 4 日,红七军团、闽浙赣红十军及苏区地方装合编成红十军团。由方志敏任军政委员会主席,刘畴西任军团长,乐少华任政委,刘英任政治部主任,粟裕任军团参谋长,重溪整编,在中国工农红军的光荣史册中,留下了闪闪发光的一页。

(十)万年:赣东北苏维埃政府旧址

赣东北苏维埃政府旧址:为第二次国内革命战争时期的革命故址,1930年,以方志敏、邵式平为首的赣东北苏维埃政府和革命委员会由弋阳迁至万年。旧址至今保存完好,陈列着方志敏、邵式平的床、被、蚊帐、桌椅、挎包和红军用过的土枪、土炮、炸弹、大刀、梭镖等珍贵文物。1987 年 12 月 28 日列为第三批省文物保护单位。

(十一)坞头暴动旧址

位于万年县裴梅镇坞头村,1929 年 7 月 25 日,方志敏在此组织坞头农民暴动,打响万年土地革命斗争第一枪。1989 年 7 月 25 日,万年县委、县政府在此建立坞头暴动纪念碑一座,碑基为六边形,碑座长 2.4 米,宽 1.7 米,高 0.68米;碑宽 1 米,厚 0.5 米,高 2.8 米。正面为方志纯题字:"坞头暴动纪念碑",背面为坞头暴动简介。

四、革命先烈纪念馆(碑)

(一)方志敏纪念馆

方志敏纪念馆是中国爱国主义教育基地,江西省级重点烈士纪念馆建筑保护单位。1977年9月由江西省人民政府批准建设,1978年9月在方志敏故乡弋阳县落成,占地面积1.1万平方米,建筑面积1300平方米。2003年10月闭馆进行改建,2004年元月重新开放。馆内陈设布局合理,内容丰富,有四个陈列室和一个展厅,分别陈列介绍方志敏烈士参加江西地方党团组织创建、领导江西农民运动闹革命、创建闽浙赣根据地和红十军团、狱中斗争的事迹。纪念馆后为烈士陵园,林木葱郁,碧水回环。馆前广场上,大理石雕刻的方志敏塑像肃穆庄严。底座上刻有叶剑英挽方志敏的一首诗:"血战东南半壁红,忍将奇迹作奇功。文山去后南朝月,又照秦淮一叶枫"。

纪念馆院内立有方志敏烈士全身雕像,高7米,两边是排列整齐的女贞树相围。基座刻有毛泽东亲笔题写的"方志敏烈士"五个大字。雕像座背面刻有叶剑英元帅的亲笔题诗:"血战东南半壁红,忍将奇迹作奇功;文山去后南朝月,又照秦淮一叶枫。"纪念馆于1987年3月经江西省人民政府批准,命名为全省重点烈士纪念建筑物保护单位,1995年被上饶地区批准为全区爱国主义教育基地,2001年6月经中宣部批准,命名为中国爱国主义教育基地。

馆内设有四室一厅,正厅设有灵堂,灵堂正中为纪念碑,上面镌刻着毛泽东书写的"人民英雄永垂不朽"的字样,灵堂还存放着弋阳9288名有名有姓的烈士英名录。左右展览室建有反映红军战士、赤卫队员英勇善战、前仆后继的石膏塑像四座。第一陈列室介绍了青少年时代的方志敏作为江西地方党团组织的创建者、江西农民运动的卓越领导人两条半枪闹革命的感人事迹;第二陈列室介绍了方志敏所创建的根据地和红十军团的建设及战斗经历;第三陈列室正中有一座高3米的"方志敏挥毫"石膏塑像,主要陈列介绍了方志敏在狱中的斗争和以顽强的毅力写下的《可爱的中国》、《清贫》等千古名篇,以及他的

战友黄道、唐在刚、余汉朝、邹琦等著名英烈的生平事迹;第四陈列室介绍了新
中国成立后病故的红军老干部邵式平、汪金祥、吴克华、谢锐等同志的生平
事迹。

方志敏烈士纪念馆对外又称"弋阳革命烈士纪念馆",是省、地、县爱国主
义教育基地,是人们瞻仰先烈的重要名胜点。

(二)中国工农红军北上抗日先遣队纪念碑

中国工农红军北上抗日先遣队纪念碑位于玉山怀玉山国家级森林公园境
内。该建设项目经中央批复同意建设,纪念碑总占地面积 20.5 亩,建设规模
2000 平方米,碑身长 39.8 米,宽 15 米,高度 12.75 米。主体用钢筋混凝土浇
筑,外挂花岗岩火烧板,群雕部分用铜浮雕,总投资为 700 万元。

中国工农红军北上抗日先遣队纪念碑生动地反映了方志敏等人率领的中
国工农红军北上抗日先遣队战斗于怀玉山区的英勇事迹。1935 年 1 月,方志
敏率领中国工农红军北上抗日先遣队,宣传中国共产党的抗日主张,推动全民
族的抗日救亡运动,策应中央主力红军战略大转移。中国工农红军北上抗日
先遣队深入闽浙赣诸省国民党统治地区,历时 6 个多月,行程 5000 余里,最后
在怀玉山遭遇国民党七倍于己的兵力围攻,他们在弹尽粮绝、冰天雪地里浴血
奋战 20 多天,不畏困难、不怕牺牲、英勇善战,近千名红军战士血沃怀玉山。

为了告慰烈士英灵、纪念为国捐躯的将士,玉山县不断挖掘红色资源,抢
救性地修复了部分战壕、碉堡等战斗遗址,相继建起了清贫园、方志敏清贫事
迹陈列馆,并从 2007 年开始着手"中国工农红军北上抗日先遣队纪念馆(碑)"
的项目编制、申报、设计和建设等工作。今年 5 月,中国工农红军北上抗日先
遣队纪念馆(碑)又被中宣部列入第四批全国爱国主义教育示范基地。

(三)漆工镇暴动纪念馆

漆工暴动纪念馆位于江西省弋阳县漆工镇。漆工镇暴动,是一次由方志
敏领导的中共漆工临时支部具体组织的农民武装暴动。第一次国内革命战争
时期,方志敏回乡闹革命,在洪塘村创办了旭光义务小学和平民夜校,成立了

暴动队。1926 年 11 月一个夜晚,来自漆工镇周围大小村庄的 200 余农民协会骨干聚集在湖塘村,由漆工镇党支部书记方远杰和黄镇中等人率领,举着红旗、火把开路,农友手执大刀、梭镖、鸟铳,还有的扛着锄头、扁担冲向漆工镇警察派出所,砸毁了派出所的牌子,吓跑了横行乡里、作恶多端的巡官余麻子,农友们占据了派出所,缴获了两条半枪(一条"双套筒",一条"汉阳造",一条"九毛瑟枪"。"九毛瑟枪"因没有退子钩,又被裁去半截,故称半条)。这就是广为传诵的方志敏领导两半条半枪闹革命——漆工暴动。

暴动后第二天,党支部用缴获来的武器,装备了刚成立的农民自卫军。省农协特派员邵式平委派共产党员雷夏暂任漆工镇派出所巡官。这是大革命时期,弋阳人民在党的领导下向反动势力举行武装斗争的一次尝试。

1959 年 8 月,弋阳县人民委员会在原派出所处立"漆工镇暴动遗址"石碑,属省级文物保护单位。1977 年 10 月,在遗址旁建漆工镇革命烈士纪念馆。1985 年 8 月,在纪念方志敏殉难 50 周年之际,又将新馆更名为漆工镇暴动纪念馆。馆为宫殿式建筑,四周回廊。馆内陈列着有关漆工暴动及方志敏的文物,供人们瞻仰。馆内版面图文并茂,简介了漆工镇人民革命斗争史及主要英烈事迹等内容,还陈列部分文物。陈列馆前还修建了一座"漆工镇暴动"纪念碑。

(四)怀玉山:清贫碑和方志敏清贫事迹陈列馆

怀玉山是方志敏烈士蒙难之地和《清贫》故事的发生地。为缅怀方志敏烈士的英勇事迹,弘扬伟大的清贫精神,玉山县在省、市领导和在京乡友的热情支持下,在怀玉山建立了清贫碑和方志敏清贫事迹陈列馆。

清贫碑建在玉山怀玉山玉峰盆地的一座小山上,背靠怀玉山主峰——云盖峰(海拔 1538 米)。碑体以天然的花岗岩构筑而成,由《清贫》全文字碑、方志敏头像雕塑两部分组成,字碑正面铸刻方志敏烈士《清贫》全文手迹,背面铸刻方志敏同志生平和怀玉山战斗二十天的简介;通往丰碑有三十六级台阶,寓意方志敏烈士充满传奇、悲壮、革命斗争的短暂一生(享年 36 岁),台阶分三层,每层 12 级,中间两个休息平台;台阶下面建有一个小广场,栽有苍劲的松树;台阶、小广场上另设有大鹅卵石、景观矮墙、花木草皮等点缀。

方志敏清贫事迹陈列馆共三层,总面积282平方米,设1个序厅(大楼底层大厅)、6个图文展厅(大楼二、三层各三个展厅)。第一展厅主题为"穷人的主席",展示方志敏参加革命起、组建北上抗日先遣队之前的历史;第二展厅主题为"虽死不辞",展示方志敏组建北上抗日先遣队的历史;第三展厅主题为"我不能先走",展示方志敏在怀玉山战斗20天的历史;第四展厅主题为"你们想错",展示方志敏的清贫精神;第五展厅主题为"视死如归",展示方志敏被捕后英勇就义的历史;第六展厅主题为"活跃的创造",展示新中国成立后怀玉山大地的巨大变化。

(五)黄金山:上饶专区革命烈士纪念碑

上饶专区革命烈士纪念碑位于信江南岸黄金山上,信江书院的东侧。山上松柏常青,幽静宜人。它由上饶专区革命烈士纪念碑、黄道墓和英雄墙组成。1952年为纪念在第二次国内革命战争、抗日战争、解放战争中英勇牺牲的赣东北英雄儿女而建,曾被省委省政府列为全省重点烈士纪念建筑物保护单位。

第二次国内革命战争时期,方志敏、黄道等领导赣东北人民在极其艰苦的条件下创立赣东北、闽浙赣、闽浙皖赣苏维埃革命根据地,组建了红十军,领导苏区人民对国民党反动派进行了英勇的斗争。在这场斗争中,苏区人民前赴后继,坚持到全国解放,许多优秀儿女为了中国人民的解放事业献出了宝贵的生命。

新中国成立后,党和政府为了让人民世世代代缅怀革命先烈,1952年,在信江书院亦乐堂址修建了"上饶专区革命烈士纪念碑"。碑身和基座全部为钢筋水泥结构,高约25米,基平面49平方米。基座上刻有毛泽东、刘少奇、周恩来、朱德等党和国家领导人的题词。1994年,原上饶市委、市政府在纪念碑西面的台阶墙上,又建英雄墙,雕刻英雄群像,它由大面积的红石雕刻而成,气势磅礴,人物表情栩栩如生。

（六）黄道烈士墓

在上饶专区革命烈士纪念碑的西北建有挑檐式小亭,亭内安放黄道烈士墓。黄道(1900 – 1939),原名黄端章,江西横峰人。1923 年加入中国共产党,是江西早期传播马克思主义的先进知识分子代表之一,也是闽浙赣省革命根据地的创始人和领导人之一。1939 年 5 月,在铅山河口被害。黄道逝世后,初葬于福建崇安。1950 年,忠骨移至上饶市,葬于他早年从事过农民运动的信江两岸。1955 年重修了烈士墓,墓为半球形水泥拱顶,正面刻有"黄道烈士之墓"的镏金大字,显得肃穆庄严。

（七）珠湖乡农民暴动革命烈士纪念馆

1927 年 10、11 月间,在鄱阳县珠湖一带,先后两次爆发了轰轰烈烈的农民武装暴动,使称珠湖暴动。为了纪念珠湖农民暴动,1978 年,当地政府在珠湖乡云雷山建立了一座纪念塔。2001 年 8 月,在云雷山修建了珠湖乡农民暴动革命烈士的纪念馆。

（八）李新汉烈士之墓

李新汉(1903—1931.5.2),江西鄱阳县人。1922 年,考入江西省立第六师范学校。1926 年春,回鄱阳。1926 年加入中国共产党,同年 11 月出任鄱阳县警备团长;1927 年 9 月,任赣北农工军第一师参谋;1928 年 7 月,调任余干县委第二书记和湖口区委书记;1929 年春,任赣东北红军独立第一团政治部主任,次年 7 月,任红十军第一任政治部主任;1931 年 4 月任红十军第三团政委,同年英勇牺牲,年仅 29 岁。为缅怀新汉同志,1959 年在其家乡新建了一座水库,命名为新汉水库,1985 年中共鄱阳县委、县政府为新汉同志建墓立碑,1988 年鄱阳县将响水滩中学命名为新汉中学。

（九）龙头山革命烈士纪念馆

位于德兴市龙头山乡暖水溪旁,距市区 44 公里,景点面积 3010 平方米,暖水村,是土地革命时期苏区化婺德中心县委所在地。敌人五次围剿,1935 年方志敏同志在龙头山不幸被俘。1954 年,为纪念方志敏烈士及其他在土地革命时期牺牲的先烈,修建此馆。馆房面积 260 平方米,结构造型是古典式的大屋顶建筑,馆外有 2700 多平方米的花园,栽有翠柏与花卉,绿树成荫。馆内为一厅四室。序厅中央立有"人民英雄永垂不朽"的纪念碑。正堂中间设有"德兴市土地革命示意图";左边陈列全县革命烈士花名册三卷;右边陈列我市大革命时期及解放战争时期的革命形势图。第一室:工农武装割据、第二室:建立革命政权、第三室:打土豪分田地、第四室:坚持斗争。陈列室内,展示了革命烈士方志敏、周建屏、黄道等同志的遗像和简历;赤卫军、游击队使用过的各式武器;苏区出版、发行的报纸和纸币、公债券、土地证、入社证、会员证等革命文物,这里环境幽美、庄严肃穆,既是游览观光的胜地,又是进行革命传统教育的某地。

(十)乌风洞三百红军死难烈士纪念碑

位于德兴市大茅山东南麓乌风洞跑马坪,建于 1987 年。1935 年 1 月,粟裕、刘英率中国工农红军北上抗日先遣队一部突围至大茅山东南麓。乌风洞一带休整,并将三百余名伤病员安置在隐蔽于该地的闽浙赣军区三分院化婺德临时医务所治疗。清明节前,医务所遭敌突袭,三百余名红军伤病员及部分医务人员未及转移,全部惨遭杀害。1987 年,经省人民政府批准,在烈士殉难地建立纪念碑。碑石位于六角形亭中,镌刻方志纯题写的碑名与题词。

第二章

方志敏思想研究

　　方志敏(1899—1935),赣东北和闽浙赣革命根据地、红十军团的创始人、主要领导者,江西省上饶市弋阳县人。1899 年 8 月 21 日出生于弋阳县漆工镇湖塘村,原名远镇,乳名正鹄,号慧生,志敏系学名。1916 年秋,入弋阳县立高等小学念书,组建"九区青年社",积极投入"五四"爱国运动。1924 年在南昌加入中国共产党。1926 年至 1927 年间,任中共江西省委农委书记,领导了"漆工镇暴动"。1928 年 1 月,当选为中共五县工委书记和武装暴动总指挥。1931年至 1934 年 11 月,任赣东北省、闽浙赣省党政军主要领导。1931 年 11 月,当选为中华苏维埃共和国临时中央政府主席团成员。1934 年 11 月 24 日,奉中央军委电令,任军政委员会主席,率红十军团北上。1935 年 1 月,因叛徒出卖,在怀玉山区被捕。在狱中,他坚贞不屈,视死如归,写下了《可爱的中国》《狱中纪实》等作品,并秘密托人通过鲁迅先生等关系辗转送给了党组织,表现了一个革命者的爱国情操和浩然正气。1935 年 8 月 6 日,方志敏在南昌市下沙窝慷慨就义。

　　毛泽东称方志敏"以身殉志,不亦伟乎",并亲笔为他的墓碑题名;他所创立的根据地被毛泽东称为"方志敏式根据地"。邓小平、江泽民分别给予方志敏以高度评价,认为他短暂而伟大的一生,为中国人民的解放,为共产主义事业,做出了巨大的贡献,邓小平为"方志敏文集"题写了书名;江泽民号召全党要学习方志敏的崇高品德和浩然正气。胡锦涛在纪念方志敏同志诞辰 100 周年座谈会上的讲话中明确指出:"方志敏同志是伟大的无产阶级革命家、军事家、杰出的农民运动领袖,土地革命战争时期赣东北和闽浙赣革命根据地的创建人。方志敏同志的一生,是为民族的解放、人民的幸福,为共产主义事业英勇奋斗的一生。"

○方志敏思想是方志敏给我们留下了一份极其珍贵的精神财富。方志敏思想渗透于方志敏的整个文献中,具有深刻的理论蕴意和独特的思想意义。研究方志敏思想的意义就在于:把方志敏思想升华为一种理论体系,形成中国共产党人的一种崭新的理论思想;既丰富中共党史及中国思想史的内容,又能使我们进一步弘扬方志敏精神,领会方志敏对我们党形成艰苦朴素的优良传统作风做出的重要贡献;在我国理论界会开辟一个新领域。

○方志敏的"清贫"哲学思想积淀了中华民族的道义、德行和民族尊严、不畏艰苦的精神,在中国现代哲学中,是一种独树一帜的崭新的哲学思想。方志敏的"清贫"哲学思想中蕴涵了丰富的唯物主义和辩证法思想,在教育共产党人的思想品德和对年轻人树立正确的世界观、人生观和价值观上,具有重要的指导意义。

○方志敏狱中遗稿的核心内容是"清贫",方志敏的物质观和精神观以此而显示其内容。在方志敏的物质观中,"清贫"已不再是一般意义上的贫穷的生活状况,而是"能够战胜许多困难的地方";方志敏的精神观融战斗意志、竭诚的信仰、死的理念及雄心壮志等为其中,体现了"人穷志不短"。把握方志敏以"清贫"为实质的物质观和精神观,有着重要的理论意义和现实意义。

○在《我从事革命斗争的略述》中,方志敏人生价值观得到最集中、最突出的体现。方志敏人生价值观的核心内容是为光明奋斗,为党的事业献身。"始终不渝、毫不动摇"是方志敏树立正确的人生价值观的具体体现;坚定性和乐观性是方志敏人生价值观的两个基本特征。《我从事革命斗争的略述》是一本引导年轻一代形成正确的人生价值观难得的教科书。

○在方志敏关于"死"的理念中,"死"是一种辩证的否定。它既是生命的终结,也是生命的升华,产生的是一种激励后人更加努力奋斗的精神。方志敏的关于死的意义、死的价值、死的期望及对死的态度的表述,蕴含着非常深刻的马克思主义哲学道理。方志敏关于"死"的理念渊源于孔子的"杀身成仁"和孟子的"舍生取义"的哲学命题,但它具有时代特征,有自己独特的哲学之道。

○在方志敏狱中遗稿中,充分展示了方志敏的中国梦。方志敏的中国梦是在方志敏对中国的大好河山和辉煌历史感到骄傲自豪和中国正遭受帝国主义的侵略掠夺感到悲愤痛苦的撞击中而形成的。他揭露帝国主义对中国的侵略,号召每一个中国人奋起反抗;时时刻刻想着为工农阶级谋解放,使人民群众真正过上幸福生活;为了党的事业和革命斗争的需要,为了祖国的美好未来,不惜牺牲自己的一切。他以他的现实行为为我们诠释了如何实现中国梦。

○方志敏的民生思想是方志敏亲临人民群众过着穷苦不堪生活的黑暗时代,情系人民群众而产生。方志敏对人民群众生活的关心更多的是表现在中国农民身上,为中国农民的实际利益而奋斗,使方志敏确定了人生追求的目标,也使他的民生思想得到极大释放。在方志敏的心目中,党的事业、国家和民族的前途与人民的利益是一致的。在目前开展的党的群众路线教育实践活动中,我们了解和学习方志敏的民生思想,有着重要的现实意义。

一、研究方志敏思想的意义

在研究中共党史上,无论国内还是国外,过去还是现在,人们都公认方志敏是中共党史及中国革命史上一位做出重大贡献、占有十分重要地位的人物。方志敏在狱中以顽强毅力写下《清贫》、《可爱的中国》、《狱中纪实》、《死! ——共产主义殉道者的记述》、《我从事革命斗争的略述》等光辉著作,已成为中国人民一份极其珍贵的精神财富。方志敏思想中最有特点、影响力最大,也最为丰富的是他的"清贫"。这一思想影响了几代人,一直为人们所称颂。多年来,我国在研究方志敏思想上出版的书籍和发表的文章很多,可以说是成果累累。这些成果有研究方志敏创建赣东北和闽浙赣革命根据地和红十军的斗争业绩方面的；有研究方志敏百折不挠的革命气节方面的；有研究方志敏清贫的物质生活方面的；也有不少研究方志敏思想与精神品质方面的。其内容既系统性的深入开掘了丰富的史料，又立足于从革命史角度来读解方志敏精神，凸显了方志敏思想对现代人全方位的意义。目前，研究方志敏思想对当代思想道德建设、社会主义荣辱观培养、保持党员干部的先进性、坚定大学生理想信念等现实意义的成果也越来越多；有些成果对方志敏思想在我国的经济建设、政治建设、文化建设等方面中的意义进行了理论概括。

方志敏思想是方志敏给我们留下了一份极其珍贵的精神财富。在方志敏的整个思想内容中，我们不时感到其闪烁的理论光芒。方志敏思想是在中国传统思想中得到继承和升华的、具有鲜明的唯物主义和辩证法的哲学意义的思想。方志敏思想渗透于方志敏的整个文献中，具有深刻的理论蕴意和独特的思想意义。方志敏思想包含有物质观、精神观、人生价值观、爱国观、民族观、道德观、生死观、革命观、民生观等方面的丰富内容，这些内容形成了中国共产党人的一种崭新的理论思想。表现为：第一、方志敏思想有理论深度，已形成一种具有独特内容的思想体系。第二、方志敏思想在中国思想史上占有一席之地，它既和中国古代的传统思想密不可分，又展示了中国共产党人的崭新的理论思想。第三、方志敏思想对我们党形成艰苦朴素的优良传统作风做出了重要贡献，对共产党人具有很好的教育意义。胡锦涛强调我们要牢记毛泽东同志提出的"两个务必"。方志敏思想的研究可以使我们正确认识到方志敏的"清贫"哲学和"两个务必"思想密切的内在关系。

概括起来说，研究方志敏思想的意义就在于：

（1）突出方志敏思想是一种在马克思主义哲学中得到继承和发展的、具有鲜明的辩证唯物主义和唯物辩证法的思想；揭示方志敏思想和中国的传统思想的渊源关系，展示中国的传统思想在方志敏思想得到继承和升华；把方志敏思想升华为一种理论体系，形成中国共产党人的一种崭新的理论思想。

（2）研究方志敏思想中，把其内容和马克思主义哲学基本原理融为一体，揭示出方志敏思想蕴涵的理论内容。方志敏思想是方志敏经过长期的革命斗争实践活动,在力图改变中国社会的过程中所形成的体现中国共产党人的世界观、人生观和价值观。研究方志敏思想,既丰富中共党史及中国思想史的内容,又能使我们进一步弘扬方志敏精神,领会方志敏对我们党形成艰苦朴素的优良传统作风做出的重要贡献。

(3)系统研究方志敏思想,在我国理论界研究马克思主义原理、中国思想史、中共党史、伦理道德、政治理论等方面都会有一定影响,特别是在思想政治教育研究上会开辟一个新领域。

二、方志敏的"清贫"思想

方志敏是中国革命史上一位非常重要的人物,是赣东北和闽浙赣革命根据地、红十军的创始人、主要领导者。方志敏给我们留下了一份极其珍贵的精神财富,其中最有特点、影响力最大,也最为丰富的是"清贫"内容。"清贫"内容渗透在方志敏的整个文献中,凝聚为方志敏的思想核心,形成了一种独特的哲学思想。目前,在我国,写方志敏的文章和书籍不少,评述方志敏留下的文章到处可见。然而,以往写方志敏,主要是写方志敏创建赣东北和闽浙赣革命根据地和红十军的斗争业绩,写方志敏百折不挠的革命气节,写方志敏清贫的物质生活等,涉及的大多是史料性的内容。近年来,不少报纸杂志上有不少写方志敏的"清贫"思想的文章,也出现了一些史论结合地写方志敏的文章和书籍,不过,迄今为止,我们还未看到一部或一篇把方志敏"清贫"思想上升到哲学高度来论述的书籍或文章。把方志敏"清贫"思想作为一种哲学思想来研究更是没有。

(一)把方志敏的"清贫"思想上升为一种哲学思想来研究的原因

方志敏的"清贫"思想能否上升到哲学高度,作为一种哲学思想来研究?要对这个问题做出正确回答,我们以为,必须首先明确下面两个问题。

第一,什么是哲学?我国传统说法是:"哲学是关于世界观的学说"。这里有两个内容,一是"世界观",二是"学说"。对前一个内容,"清贫"是一种世界观是无疑的。因为"清贫"是方志敏经过长期的革命斗争实践活动,在力图改变中国社会的过程中所形成的体现中国共产党人的世界观、人生观和价值观。这种"清贫"的世界观、人生观和价值观是方志敏对无产阶级革命事业和中国共产党人思想品德的根本看法,体现了方志敏的崇高思想情操。对后一个内容,"清贫"也可以说是一种学说。何谓学说?学说固然是一种知识体系,但更是一种思想、一种理论,是一种如何才能够使思想的能力和魅力最大化的智慧。综观方志敏给我们留下的各类作品和文章,无可怀疑,方志敏是具有"清贫"的思想体系的,在这一体系中,包含有方志敏的物质观、精神观、人生观、爱国观、道德观、群众观等,内容是非常丰富的。我国有学者认为:"按其本质说来,哲学就是一条道路",①"哲学是指导人们生活的艺术或智慧"。②"清贫"思想既担负起为人类文明树立和确定目标和发展方向的重任,也为我们指出了一条人生道理,指导人们能够更加充分地思考各种问题。由此,其哲学的意义和地位是不言而喻的。为此,我们提出方志敏的"清贫"哲学思想,应该是符合我国传统哲学定义的。

也必须明确提出,方志敏的"清贫"哲学思想和我们有些人所理解的哲学是高高在上、是高不可攀的学问是大相径庭的。方志敏的"清贫"哲学思想是从实实在在的生活中提炼出来,和人们的日常生活密切相关。当然,在日常生活中,人们所看到的事物都是实实在在的"现象",然而在方志敏的眼中,看到的则是隐藏在"现象"背后或者蕴含于"现象"之中的"本质"。方志敏把日常生活中的实实在在的"现象"上升到哲学高度的理论思维,创造出一种思想动力。

第二,形成一种哲学思想是否都要有专门的著书立说?毋庸讳言,方志敏虽然为我们留下了不少作品和文章,但没有写过哲学专著,甚至也没有为"清贫"专门著书立说。由此我们能否定方志敏的"清贫"哲学思想吗?当然不能。在古代,中国的孔子和西方的苏格拉底就没有写过哲学专著,能说他们没有哲

---

①　胡军:《哲学是什么》,北京大学出版社 2002 版,第 3 页。

②　胡军:《哲学是什么》,北京大学出版社 2002 版,第 4 页。

学思想？在近现代，是不是所有的哲学思想都表现在专门哲学专著里？在当代，伟人邓小平也没有写过专门的哲学专著，能说他没有重要的哲学思想？显然不能。其实，哲学家们的思想往往保存在他们的各类文章和各种讲话之中，要揭示和概括他们的哲学思想则需要在他们的各类文章和各种讲话中作深刻理解和具体解释，而理解和解释的过程也就是我们论述其哲学思想的过程。纵观哲学史，我们不难得出，任何哲学思想的表现不可能只有一个模式、一种风格，我们不能强求哲学家都写概念清晰、逻辑明确、论证严密的文章。研究的粗与细、深与浅，用语和概念体系的晦涩与简明，多使用专业术语还是立足于日常语汇，这些都属于哲学家个人的选择，不该整齐划一。西方古代的哲学大师柏拉图以生动的师生对话开创了哲学新风，中国古代的先圣孔夫子的一些重要言论和思想是在与学生的讨论中形成的，其弟子整理出的课堂笔记成了不朽的经典。无产阶级革命导师马克思的墓上有他的一句名言：以往的哲学家"只是解释世界，问题在于改变世界"①。马克思的哲学思想的光芒在他改造世界的活动中闪烁。方志敏力图改变世界，满怀关注的热情，以生活世界的实例和身边寻常事为镜，用通俗的语言、生动的演说阐述深刻的哲学道理，这不能不使我们对方志敏肃然起敬。

我们在方志敏的"清贫"思想能否上升到哲学高度，作为一种哲学思想来研究的问题上，回答是肯定的。

（二）方志敏的"清贫"哲学思想渊源

方志敏的"清贫"哲学思想渊源于中国的传统思想。在中国的传统思想中，有两个方面的内容在方志敏的"清贫"哲学思想得到继承和升华。

第一，宁可贫穷，也要遵从道义和德行的思想。孔子说："不义而富且贵，于我如浮云"。（《论语·述而》）在孔子心目中，在贫富与道义发生矛盾时，他宁可受穷也不会放弃道义。墨子说："有力者疾以助人，有财者勉以分人，有道者劝以教人。"墨子认为兼士或贤士应达到三条标准："厚乎德行"、"辩乎言谈"、"博乎道术"。（《尚贤》）因此，墨子有着"有财者勉以分人"的"厚乎德

---

① 《马克思恩格斯选集》（第 1 卷），人民出版社 1972. 年版，第 P16 页。

行"的思想内容。孟子曰:"乐民之乐者,民亦乐其乐;忧民之忧者,民亦忧其忧。乐以天下,忧以天下,然而不王者,未之有也。"(《梁惠王上》)以人民的快乐为快乐的人,人民也一定会以他的快乐为快乐;以人民的忧虑为忧虑的人,人民也一定会以他的忧虑为忧虑。乐与天下人民同乐,忧与天下人民同忧,做到了这样还不能统一天下的人,是决不会有的。《大学》是儒家专门论述大学教育的著作。它提出了一套称为"三纲领、八条目"的人才培养和修行之道,即"齐家、治国、平天下"的途径和方法。这条途径和方法就是《大学》中论述的"古之欲明明德于天下者,先治其国;欲治其国者,先齐其家;欲齐其家者,先修其身;欲修其身者,先正其心;欲正其心者,先诚其意;欲诚其意者,先致其知;致知在格物。物格而后知至,知至而后意诚,意诚而后心正,心正而后身修,身修而后家齐,家齐而后国治,国治而后天下平。"(《大学》)在中国古代,类似论述是很多的。这些论述,实际上都是讲贫富与道义的关系。从上述论述中,我们不难看到,古人是非常重视"清贫"的德行的,他们始终教诲人们为遵从道义和德行而甘过"清贫"生活。方志敏出生在普通的中国农民家庭,自小就参加劳动,过着艰辛的生活。他念过五年私塾。在私塾中,"方志敏专心致志,很快就读完了《论语》、《孟子》。"①虽然方志敏以后也读过高小和工业学校、也进过大学。在读书期间,大量接触过西方资产阶级的政治思想和文化方面的书籍,②但他毕竟是地地道道的土生土长的中国农民后代,接受的更多的还是中国的传统思想的影响。艰辛的生活和渊博的知识的交融,使方志敏形成了恤贫的品德,并升华为"清贫"哲学思想。

第二,中华民族的民族尊严和不畏艰苦的精神。先秦哲人孔子以"岁寒,然后知松柏之后凋也"(《论语·子罕》)之言,赞美了中华民族的凌霜而傲然独立的资质;孟子以"富贵不能淫,贫贱不能移,威武不能屈"(《滕文公下》)之句,表达了中华民族坚贞不屈的品格。宋代文学家范仲淹的"先天下之忧而忧,后天下之乐而乐"《岳阳楼记》、南宋民族英雄文天祥的"人生自古谁无死,留取丹心照汗青"(《过零丁洋》)和明代民族英雄于谦的"粉身碎骨浑不怕,要

---

① 方梅:《方志敏全传》,解放军出版社 1999 年版,第 7 页。

② 《方志敏传》编写组:《方志敏传》,江西人民出版社 1982 年版,第 10 页。

留清白在人间"(《石灰吟》)等等,这些闻名遐迩的中国历代传诵佳句,都是中华民族的民族尊严和中国人的不畏艰苦的真实写照。方志敏的"清贫"哲学是这些佳句内涵的哲学提炼,吸取上述思想的精华,既积淀了中华民族的民族尊严和中国人的不畏艰苦的精神,又把这些中华民族刚键有为、自强不息、奋发进取的精神和"清贫"思想融为一体,形成了一种时代精华。方志敏说:"为了党的事业的成功,我毫不希罕那华丽的大厦,却宁愿居住在卑陋潮湿的茅棚;不希罕美味的西餐大菜,宁愿吞嚼刺口的苞栗和菜根;不希罕舒服柔软的钢丝床,宁愿睡在猪栏狗巢似的住所! 不希罕闲逸,宁愿一天做十六点钟工的劳苦! 不希罕富裕,宁愿困穷!"①用"五个不希罕"和"五个宁愿",以哲学上的矛盾的对立统一关系的原理,表现了方志敏的民族尊严和不畏艰苦的精神。方志敏的"清贫"哲学思想是一种在国家危难民族存亡、人生攸关的紧急关头,鼓舞无数志士仁人坚持节操、抵御侵略、英勇献身的道德精神力量。这是一种关于人的德行的哲学思想、一种关于民族奋进崛起的哲学思想。

(三)方志敏的"清贫"思想中的唯物主义观点和辩证法思想

方志敏的"清贫"哲学思想是一种在中国传统思想中得到继承和升华的、具有鲜明的唯物主义和辩证法的哲学思想。在方志敏的物质观、精神观、人生观、爱国观、道德观、群众观等方面,体现了方志敏的"清贫"哲学思想中的唯物主义观点;在"贫"与"志"的辩证关系及对立面的统一和转化上,表现了方志敏"清贫"哲学思想中的辩证法思想。

在方志敏的物质观、精神观、人生观、爱国观、道德观、群众观等方面,体现了方志敏的"清贫"哲学思想中的辩证唯物主义观点。在物质观上,方志敏坚持了唯物主义物质决定意识的基本观点。方志敏以自己的亲身体会指出:"因为我所处的经济环境,和我对于新的思潮的接受,故对于社会的吸血鬼们——不劳而食的豪绅地主资产阶级,深怀不满,而对于贫苦工农群众,则予以深刻的阶级同情。"②"半殖民地的中国,处处都是吃亏受苦,有口无处诉。……我

---

① 《方志敏文集》,人民出版社1985年版,第163页。
② 《方志敏文集》,人民出版社1985年版,第15页。

却因每一次受到的刺激,就更加坚定为中国民族解放奋斗的决心。"①在这里,方志敏告诉了我们,一种思想的产生,是由其所处的社会及客观环境所决定。正因如此,方志敏明确提出:"欲求中国民族的独立解放,绝不是哀告、跪求哭泣所能济世,而是唤起全国民众起来斗争,都手执武器,去与帝国主义进行神圣的民族革命战争,将他们打出中国去,这才是中国唯一的出路"。②显然,唯物主义的物质决定精神观点在这里是表现得非常突出的。精神由物质决定,但精神具有能动作用。以坚定的意志和毫无畏惧的思想,方志敏树立了他的精神观。方志敏大义凛然地说:"只要你不是一个断了气的死人,或是一个甘于亡国的懦夫,谁能按下你不挺身而起,为积弱的中国奋斗呢?"③"屈辱,痛苦,一切难于忍受的生活,我都能忍受下去! 这些都不能丝毫动摇我的决心,相反的,是更加磨炼我的意志!"④方志敏在民族解放和个人生命的关系处理和选择上,充分体现了他的人生观。方志敏说:"假使能使中国民族得到解放,那我又何惜于我这一条蚁命!"⑤面对生与死的选择,他深情地说:"假如我还能生存,那我生存一天就要为中国呼喊一天;假如我不能生存——死了,我流血的地方,或者我瘗骨的地方,或许会长出一朵可爱的花来,这朵花你们就看作是我的精诚的寄托吧!"⑥"一个共产党员,应该仅努力到死! 奋斗到死!"⑦在爱国观上,方志敏意味深长地说:"一个青年学生的爱国,真有如一个青年姑娘初恋时那样的真纯入迷。"⑧面临"江山破碎,国弊民穷"的祖国,他指出:"中国民族必能从战斗中获救"。⑨ "真正为工农阶级谋解放的人,才真正是为民族谋解放的人。"⑩在其爱国观的基础上,方志敏以"矜持不苟,舍己为公,却是

---

① 《方志敏文集》,人民出版社1985年版,第132页。
② 《方志敏文集》,人民出版社1985年版,第136页。
③ 《方志敏文集》,人民出版社1985年版,第126页。
④ 《方志敏文集》,人民出版社1985年版,第163页。
⑤ 《方志敏文集》,人民出版社1985年版,第132页。
⑥ 《方志敏文集》,人民出版社1985年版,第142页。
⑦ 《方志敏文集》,人民出版社1985年版,第163页。
⑧ 《方志敏文集》,人民出版社1985年版,第124页。
⑨ 《方志敏文集》,人民出版社1985年版,第141页。
⑩ 《方志敏文集》,人民出版社1985年版,第122页。

每个共产党员具备的美德"①表现了他的道德观。方志敏以"中国的人民和士兵,不是生番,不是野人,而是有爱国心的,而是能够战斗的,能够为保卫中国而牺牲的"②,高度评价人民群众的重要作用,表现了他"凡能为群众谋利益,得到群众拥护的革命军队,虽然物质生活较差,仍能胜利;反之,残害群众,与群众作敌的反革命军队,就是有较优的物质条件,也必失败"③的群众观。在方志敏的上述思想内容中,"清贫"像一条红线,始终贯穿其中,使我们不时感到其闪烁的光芒。

方志敏"清贫"哲学思想中的辩证法,突出表现在"贫"与"志"的辩证关系上。在"贫"与"志"的辩证关系上,"贫"是就物质而言,"志"是就精神而言。贫乏的物质和昂扬的精神是一对矛盾,但方志敏却以强烈的爱国心从中挖掘出它们之间的密切联系。方志敏面临疮痍满目的中国,指出:"中国在战斗之中斩去了帝国主义的锁链,肃清自己阵线内的汉奸卖国贼,得到了自由与解放,这种创造力,将会无限地发挥出来。到那时,中国的面貌一将会被我们改造一新。所有贫穷和灾荒,混乱和仇杀,饥饿和寒冷,疾病和瘟疫,迷信和愚昧,以及那慢性的杀灭中国民族的鸦片毒物,这些等等都是帝国主义带给我们可憎的赠品,将来也要随着帝国主义的赶去而离去中国了。"④为此,方志敏指出,屈辱,痛苦,一切忍受的生活,能更加磨炼意志。"贫"中长"志","志"中除"贫",这就是方志敏为我们揭示的一个非常深刻的哲学道理。另外,方志敏"清贫"哲学思想中辩证法还表现在对立面的统一和转化上,如方志敏所说的"目前的中国,固然是江山破碎,国弊民穷,但谁能断言,中国没有一个光明的前途呢?"⑤"今日的失败,安知不是明日更大成功之要素"⑥等就为我们揭示了"江山破碎,国弊民穷"和"光明的前途"、"今日的失败"和"明日更大成功"之间相互统一、相互转化的辩证关系。方志敏在《可爱的中国》中憧憬未来的

---

① 《方志敏文集》,人民出版社1985年版,第166页。
② 《方志敏文集》,人民出版社1985年版,第141页。
③ 《方志敏文集》,人民出版社1985年版,第196页。
④ 《方志敏文集》,人民出版社1985年版,第141-142页。
⑤ 《方志敏文集》,人民出版社1985年版,第141页。
⑥ 《方志敏文集》,人民出版社1985年版,第163页。

中国说:"到处都是活跃的创造,到处都是日新月异的进步,欢歌将代替了悲叹,笑脸将代替了哭脸,富裕将代替了贫穷,康健将代替了疾苦,智慧将代替了愚昧,友爱将代替了仇杀,生之快乐将代替了死之悲哀"。① 这里,方志敏通过"悲叹"转化为"欢歌"、"贫穷"转化为"富裕"、"疾苦"转化为"康健"、"愚昧"转化为"智慧"、"仇杀"转化为"友爱"、"死之悲哀"转化为"生之快乐",更是把对立面的统一和转化的辩证法表达得淋漓尽致。

方志敏在阐述唯物主义的物质观、精神观、人生观、爱国观、道德观、群众观等内容,及其揭示贫乏的物质和昂扬的精神的辩证关系及对立面的统一和转化的辩证法上,把"清贫"哲学思想升华为一种民族精神,形成了中国共产党人的一种崭新的哲学思想。这也正是方志敏的"清贫"哲学思想的独到之处。

(四)方志敏的"清贫"哲学思想的现实意义

作为一种时代精华,方志敏的"清贫"哲学思想展示了中华民族的品质,展示了中国共产党的优良传统作风。这一哲学思想,具有重要的现实意义。

第一,方志敏的"清贫"哲学思想是我们党艰苦朴素的优良传统作风的理论基础,对教育共产党人的思想品德具有很好的指导意义。

胡锦涛强调我们要牢记毛泽东同志提出的"两个务必",方志敏的"清贫"哲学思想和"两个务必"思想有密切的内在关系。方志敏同志在《清贫》中写道:"我从事革命斗争,已经有十余年了。在这长期的奋斗中,我一向是过着朴素的生活,从来没有奢侈过。经手的款项,总在数百万元;但为革命而筹集的金钱,是一点一滴地用之于革命事业。"②这段话虽看起来朴实无华,没有什么理论性,但品味其中内涵却有非常深刻的哲学意蕴,既体现出方志敏他们为官一任,能够始终做到坚持艰苦奋斗,奉行清贫生活,披肝沥胆,励精图治的精神,也是一种真诚的世界观、人生观、价值观的表现。方志敏的"清贫"哲学思想对我们深刻理解和把握毛泽东同志所提出的"两个务必"的意义是有重要作用的。1949年3月5日,毛泽东同志在党的七届二中全会上作了重要讲话,他

① 《方志敏文集》,人民出版社1985年版,第142页。
② 《方志敏文集》,人民出版社1985年版,第166页。

指出:"夺取全国胜利,这只是万里长征走完了第一步。中国的革命是伟大的,但革命以后的路程更长,工作更伟大,更艰苦。这一点现在就必须向党内讲明白,务必使同志们继续地保持谦虚、谨慎、不骄不躁的作风,务必使同志们继续地保持艰苦奋斗的作风。"①"两个务必"体现了我们党的根本宗旨,展示了共产党人的政治本色,凝结着深刻的历史经验。它要求每一个中国共产党党员要有一种坚韧不拔、奋斗不息的使命意识,谦虚谨慎、不骄不躁,艰苦奋斗、勤政不息;它集中回答了共产党人如何正确对待胜利和执政考验,如何防骄戒奢,如何始终保持同人民群众的血肉联系的重大历史性课题。方志敏的"清贫"哲学思想精神和毛泽东的"两个务必"思想要求,其坚持艰苦奋斗的思想内容的实质是一致的,这就是:保持廉洁奉公、无私奉献、清贫一生、忠心为民的优良传统和作风;发扬坚持理想、坚守信仰、忠于党和人民事业的执着奉献精神。

第二,方志敏的"清贫"哲学思想对当代青年一代起到警示作用,对年轻人树立正确的世界观、人生观和价值观有着重要的指导意义。

当前,年轻人中间存在严重的价值取向上的困惑和矛盾。由于市场经济条件下社会群体利益分配的判断和价值观念的多元化,年轻人在价值观念上的困惑和矛盾明显增多:许多人在个人本位与社会本位、成才与发财之间徘徊。价值观上的困惑和矛盾体现在三个反差上:道德认识和道德实践的反差。既崇尚真善美的精神境界和高尚人格,又注重现实、讲求实惠和实际。提倡高水准的道德规范,而社会上某些低水准的道德行为和道德意识也在蔓延,长年累月、苦口婆心教育的成果常常被某些错误舆论误导,被社会上流传的一些丑闻抵消;理想教育与社会现实的反差。目前,相当一部分年轻人的价值取向个人、金钱、急功近利倾斜。为了眼前利益,不惜牺牲未来。分析当前年轻人的精神状态,我们看到,他们中大多数都不满足追求及其迷误,在社会处于深刻变动时期表现尤为突出。在一些年轻人看来,良心已失去了昔日的荣光与风采。相当一部分年轻人告别了信仰。在他们看来,理想是空的,信仰是假的,钞票是真的。什么理想、信仰,均置之脑后。其实,他们并非没有理想,他们的

---

① 《毛泽东选集》(四卷合订本),人民出版社1964年版,第1328-1329页。

信仰是"孔方兄弟"与"权力先生"。许多人逃避责任,放弃责任。一个人只要生活在世界上,就必须承担责任,承担责任需要毅力,拼搏乃至牺牲,尤其当德行与幸福相分离时,学生履行责任意味着对物质幸福的某种主动放弃,甚至要承受某种屈辱。可见承担责任并不轻松,往往要付出沉重的代价。于是,许多选择逃避责任,或听凭自然冲动,或随波逐流,结果是麻木不仁。而无论哪一种选择,均是自由的丧失,都是人格的沦丧。谋求个人正当利益,以谋求自我生存和发展,追求个人正当利益为目的。这无可非议,但问题在于,过分追求个人利益,不遵守社会主义道德规范,失去了一般的道德良心,陷入了个人主义的泥潭。在看待个人同他人、社会的种种问题时,往往只是强调自己应得到的权利、荣誉和金钱,而很少考虑到自己对社会、国家应尽的义务和责任,只考虑个人的才能和个性发展,而不愿考虑国家、集体以及社会的需要。方志敏说:"清贫,洁白朴素的生活,正是我们革命者能够战胜许多困难的地方。"①克服当前年轻人中间存在严重的价值取向上的困惑和矛盾,我们以为,最好的教育方法就是向他们灌输方志敏的"清贫"哲学思想,让他们深刻认识"清贫"的意义。

方志敏在中国革命实践活动中曾作过重大贡献,他所创立的赣东北和闽浙赣革命根据地被毛泽东称为"方志敏式根据地",邓小平、江泽民分别给予方志敏的短暂一生做出了高度评价。胡锦涛更是深情地说:"方志敏同志的一生是短暂的,但是,他的光辉业绩和崇高品德,将永垂青史,他对革命事业的耿耿忠心,党和人民永远也不会忘记。……方志敏同志是我们党的骄傲,人民的骄傲。在他身上体现的崇高品格和浩然正气,是我们党的宝贵精神财富,必将激励一代又一代人,为党和人民的事业不懈奋斗。"②方志敏给我们留下的极其珍贵的精神财富,尤其是他在狱中以顽强毅力写下的《清贫》、《可爱的中国》、《狱中纪实》、《死!——共产主义殉道者的记述》、《我从事革命斗争的略述》等光辉著作,已成为中国人民一份极其珍贵的精神财富。"清贫"内容渗透在方志敏的整个文献中,凝聚为方志敏的思想核心,形成了一种独特的哲学思

---

① 《方志敏文集》,人民出版社 1985 年版,第 167 页。

② 胡锦涛:《在方志敏诞辰 100 周年座谈会上的讲话》,《光明日报》1999 年 8 月 21 日。

想。这一哲学思想中透露出的精神,就像一面鲜艳的旗帜在召唤我们,就像一阵催人奋进的号角在鼓动我们,同时也像一面清澈的镜子在照着我们每一个人的所作所为。我们以为,在研究方志敏的"清贫"哲学思想中,势必能从中国哲学史上挖掘出一种新型的、前人少有论述的哲学思想。这既丰富了中国哲学史的内容,又展示了中国共产党人的崭新的哲学思想;同时,我们也认为,方志敏的"清贫"思想有理论深度,已形成一种具有独特内容的哲学思想;另外,也是为进一步了解方志敏,深刻认识方志敏的思想,弘扬方志敏的"清贫"精神。这一切,都说明我们有可能,也有必要从哲学高度来论述方志敏"清贫"思想,在理论研究上进行大胆尝试,来展示这种崭新的哲学思想。

三、方志敏的物质观和精神观

胡锦涛指出:"方志敏同志是我们党的骄傲,人民的骄傲。在他身上体现的崇高品格和浩然正气,是我们党的宝贵精神财富,必将激励一代又一代人,为党和人民的事业不懈奋斗。"[1]方志敏在狱中以顽强毅力写下的《清贫》、《可爱的中国》、《狱中纪实》、《死!——共产主义殉道者的记述》、《我从事革命斗争的略述》等光辉著作,已成为中国人民一份极其珍贵的精神财富。那么,如何进一步把握方志敏给我们留下的这一精神财富?无疑了解方志敏的物质观和精神观是极为重要的。综观方志敏的狱中遗稿,我们不难得出,"清贫"彰显了方志敏独特的物质观和精神观。

(一)方志敏的物质观

方志敏狱中遗稿的核心内容是"清贫",方志敏的物质观正是以此而显示其内容的。何为"清贫"?顾名思义,"清贫",即:清苦、贫寒。在现代汉语中,"清贫"和"富裕"既是相对应又是相对立的一个词语。在日常生活中,我们通常理解为"清贫"就是生活物质上的"贫穷"。而形容生活物质上的"贫穷",我

---

① 胡锦涛:《在方志敏诞辰 100 周年座谈会上的讲话》,《光明日报》,1999 年 8 月 21 日。

们常常想到的是"一贫如洗"、"家徒四壁"、"食不果腹"、"衣不蔽体"等生活状况。面临这一状况，人们往往感到的是悲伤、痛苦，形成的是害怕和恐惧。无疑，世人都希望过上富裕的生活，幸福、安逸，而力求摆脱贫穷的生活，消除悲伤和恐惧。害怕和恐惧贫穷，由此形成追求物质利益，渴望物质享受的物质观，这是人之常情，无可厚非。然而，在如何对待物质利益和物质享受上，不同的人则有不同的物质观。那么，方志敏是如何看待生活物质上的"贫穷"？面临这一状况，方志敏的感受是怎样的？由之，从方志敏的狱中遗稿中，我们可以概括出方志敏物质观的特有内容。

第一，方志敏和其他人一样，也有追求物质利益，渴望物质享受同样的要求。我们知道，方志敏的一生都是过着极其清贫生活。方志敏在他的著名文章《清贫》中就自己的清贫生活作了描述：家里唯一的财产是"穿的几套旧的汗褂裤，与几双缝上底的线袜"，①被俘时，除了一只时表和一支自来水笔之外，一个铜板也没有。这样的生活状况几乎就是前面我们所提及的"一贫如洗"、"家徒四壁"、"食不果腹"、"衣不蔽体"。从方志敏留给我们的文稿中，我们可以看出，方志敏也不想永远过这种生活。在追求物质利益，渴望物质享受上，方志敏和其他人一样，也有同样的要求。所不同的是，方志敏始终是把劳苦大众的物质利益作为他追求的目标，他所追求物质利益和物质享受不是个人的，而是劳苦大众的。可以说，方志敏的一生就是在为追求劳苦大众的物质利益和物质享受而奋斗。于此，我们可以从方志敏在《可爱的中国》中在憧憬未来的生活时所提出的希望所证实："到处都是活跃的创造，到处都是日新月异的进步，欢歌将代替了悲叹，笑脸将代替了哭脸，富裕将代替了贫穷，康健将代替了疾苦，智慧将代替了愚昧，友爱将代替了仇杀，生之快乐将代替了死之悲哀"。②为了未来劳苦大众的富裕和幸福，而不再有贫穷和疾苦，方志敏为之献出了生命。

第二，为了革命事业，方志敏情愿过着清贫的生活，在看待物质利益和物质享受上，体现了"矜持不苟，舍己为公"的共产党员的美德。方志敏在自述中

①　《方志敏文集》，人民出版社1985年版，第167页。
②　《方志敏文集》，人民出版社1985年版，第142页。

说:"我从事革命斗争,已经十余年了。在这长期的奋斗中,我一向是过着朴素的生活,从没有奢侈过。经手的款项,总在数百万元;但为革命而筹集的金钱,是一点一滴的用之于革命事业。这在国方的伟人们看来,颇似奇迹,或认为夸张;而矜持不苟,舍己为公,却是每个共产党员具备的美德。"①正是有了这种"矜持不苟,舍己为公"的共产党员的美德,方志敏在狱中写下的《死!——共产主义的殉道者的记述》有这样一段话:"我毫不希罕那华丽的大厦,却宁愿居住在卑陋潮湿的茅棚;不希罕舒适柔软的钢丝床,宁愿睡在猪栏狗窠似的住所!……一切难于忍受的生活,我都能忍受下去!这些都不能丝毫动摇我的决心,相反地,是更加磨炼我的意志!我能舍弃一切,但是不能舍弃党,舍弃阶级,舍弃革命事业。"②这里,我们可以看到方志敏和常人所不同的物质观的特有内涵。

第三,方志敏在对待物质利益上,无时不表现为"凡能为群众谋利益,得到群众拥护的革命军队,虽然物质生活较差,仍能胜利;反之,残害群众,与群众作敌的反革命军队,就是有较优的物质条件,也必失败"③的物质观。在经手数百万元的款项中,方志敏则"一向是过着朴素的生活,从没有奢侈过"。④ 他坚定地说:"我们革命不是为着发财",⑤而是为了党的事业和人民群众的利益。方志敏的清贫生活是以"先天下之忧而忧,后天下之乐而乐"为基本出发点,是达到"艰难困苦,玉汝于成"。这里的"天下"和"玉"无非是方志敏的"阶级和民族的解放,为着党的事业的成功"。在群众利益与个人利益之间,方志敏以群众利益至上,甘于自己的一生清贫,表现出高尚的革命情操。作为赣东北和闽浙赣革命根据地和红十军的主要领导,方志敏言行一致。他处处、事事留意,以维护党的形象和领导干部的形象。正是如此,他经常以清贫的物质观教育亲属和身边的战友,警告他们决不能侵犯群众利益。

由上,我们可以看到,在方志敏的物质观中,"清贫"已不再是一般意义上

---

① 《方志敏文集》,人民出版社 1985 年版,第 166 页。
② 《方志敏文集》,人民出版社 1985 年版,第 163 页。
③ 《方志敏文集》,人民出版社 1985 年版,第 196 页。
④ 《方志敏文集》,人民出版社 1985 年版,第 166 页。
⑤ 《方志敏文集》,人民出版社 1985 年版,第 167 页。

的贫穷,更不是我们所想象的所谓"一贫如洗"、"家徒四壁"、"食不果腹"、"衣不蔽体"的生活状况,而是为党的事业和人民群众的利益甘于清苦而致的一种精神境界,正如方志敏所说:"清贫、洁白朴素的生活,正是我们革命者能够战胜许多困难的地方!"①

(二)方志敏的精神观

在方志敏的狱中遗稿中,同样,我们可以得出,方志敏的精神观也是以"清贫"来展示其内容的。中国有一句俗语,叫作"人穷志短"。而对方志敏来说,则是"人穷志不短"。清贫的生活,落后的国家,受人欺负的民众,激起了方志敏的斗志,形成了他的内容非常丰富的精神观。在方志敏的狱中遗稿中,我们可以从战斗意志、竭诚的信仰、死的理念及雄心壮志等方面概括出方志敏的精神观。

其一,"清贫"的生活磨炼出方志敏坚强的为中国民族解放奋斗的战斗意志。我们知道,方志敏所处的是半封建半殖民地社会,当时的社会状况是国家的落后和人民的贫穷。方志敏和当时的每一个中国人一样过着难于忍受的"清贫"生活。国家的落后、人民的贫穷和难于忍受的生活,并没有消退方志敏的斗志,而恰恰相反,则磨炼出了方志敏坚强的意志和毫无畏惧的思想。正如他自己所表白的:"一切难于忍受的生活,我都能忍受下去!这些都不能丝毫动摇我的决心,相反地,是更加磨炼我的意志!"②坚强的意志产生毫无畏惧的战斗精神,"半殖民地的中国,处处都是吃亏受苦,有口无处诉。……我却因每一次受到的刺激,就更加坚定为中国民族解放奋斗的决心。"③正因如此,方志敏明确提出:"欲求中国民族的独立解放,绝不是哀告、跪求哭泣所能济世,而是唤起全国民众起来斗争,都手执武器,去与帝国主义进行神圣的民族革命战争,将他们打出中国去,这才是中国唯一的出路"。④

---

① 《方志敏文集》,人民出版社 1985 年版,第 167 页。
② 《方志敏文集》,人民出版社 1985 年版,第 163 页。
③ 《方志敏文集》,人民出版社 1985 年版,第 132 页。
④ 《方志敏文集》,人民出版社 1985 年版,第 136 页。

其二，"清贫"的精神坚定了方志敏竭诚的马克思列宁主义信仰。方志敏说："因为我所处的经济环境，和我对于新的思潮的接受，故对于社会的吸血鬼们——不劳而食的豪绅地主资产阶级，深怀不满，而对于贫苦工农群众，则予以深刻的阶级同情。"①在对贫苦工农群众深刻的阶级同情中，方志敏选择了苏维埃，并明确指出："我已认定苏维埃可以救中国，革命能取得最后胜利"。②为了苏维埃，为了革命能取得最后胜利，方志敏坚定地指出："我能舍弃一切，但是不能舍弃党，舍弃阶级，舍弃革命事业。我有一天生命，我就应该为它们工作一天"。③ 这里的"舍弃一切"，表现了方志敏对"清贫"生活的淡定精神。由之，方志敏确定了对马克思列宁主义的信仰。方志敏说："我们始终是党的拥护者和执行者，是马克思列宁主义竭诚的信仰者，我们相信共产国际的伟大和他领导世界革命的正确，我们相信中国布尔什维克党中央的伟大和领导中国革命的正确，我们坚决相信在国际和中央列宁主义领导之下，中国革命和世界革命必能在不远的将来得到全部成功！"④正是如此，方志敏毫无畏惧地说："敌人只能砍下我们的头颅，决不能动摇我们的信仰！因为我们信仰的主义，乃是宇宙的真理！"⑤"一个共产党员，应该仅努力到死！奋斗到死"⑥

其三，"清贫"的思想境界形成了方志敏"使更多生命幸福快活"而死的理念。方志敏具有崇高的"清贫"的思想境界，他为中国人民不再贫穷宁愿过着清贫的生活，在清贫的条件下战斗以致被俘、牺牲，死得很壮烈。正是有了"清贫"的思想境界，使方志敏形成了"使更多生命幸福快活"而死的理念，这里，我们可从方志敏的狱中遗稿中得到映实。在方志敏有关"死"的论述中，我们不难看出，方志敏关于"死"的理念和一般人对"死"的看法是不同的。在一般的常人心目中，死意味着生命的结束，躯体和思想的彻底消亡。然而在方志敏看来，死是生命的终结，但也是生命的升华，是一种精神的产生。这种精神带来

---

① 《方志敏文集》，人民出版社 1985 年版，第 15 页。
② 《方志敏文集》，人民出版社 1985 年版，第 3 页。
③ 《方志敏文集》，人民出版社 1985 年版，第 163 页。
④ 《方志敏文集》，人民出版社 1985 年版，第 107 页。
⑤ 《方志敏文集》，人民出版社 1985 年版，第 144 页。
⑥ 《方志敏文集》，人民出版社 1985 年版，第 163 页。

的是更多生命幸福快活的存在。对此,方志敏说的很明确:"假如我不能生存——死了,我流血的地方,或者我瘗骨的地方,或许会长出一朵可爱的花来,这朵花你们就看作是我的精诚的寄托吧!"①这里的"精诚的寄托"就是希望通过他的死,带来有更多生命的幸福快活。从哲学角度分析方志敏这种"死"的理念,我们可以说,死是一种对生命的否定。而这种否定,并不仅仅是终结,也是升华,终结的是躯体,升华的是一种让更多生命幸福快活的精神,是方志敏"精诚的寄托"的一朵可爱的花。

其四,"清贫"和"富裕"的辩证关系促使了方志敏化"清贫"为"富裕"的雄心壮志。"清贫"和"富裕"是一对矛盾,方志敏以强烈的爱国心从中揭示了它们之间相互统一、相互转化的辩证关系。方志敏说:"目前的中国,固然是江山破碎,国弊民穷,但谁能断言,中国没有一个光明的前途呢?"②"今日的失败,安知不是明日更大成功之要素"?③在这里,方志敏为我们揭示了"江山破碎,国弊民穷"和"光明的前途"之间相互统一、相互转化的辩证关系。方志敏在《可爱的中国》中明确提出,未来的中国是把"悲叹"转化为"欢歌"、"贫穷"转化为"富裕"、"疾苦"转化为"康健"、"愚昧"转化为"智慧"、"仇杀"转化为"友爱"、"死之悲哀"转化为"生之快乐",这里,更是把"清贫"和"富裕"之间的统一和转化的辩证法表达得淋漓尽致。面临疮痍满目的中国和饥寒交迫的民众,方志敏指出:"中国在战斗之中斩去了帝国主义的锁链,肃清自己阵线内的汉奸卖国贼,得到了自由与解放,这种创造力,将会无限地发挥出来。到那时,中国的面貌一将会被我们改造一新。所有贫穷和灾荒,混乱和仇杀,饥饿和寒冷,疾病和瘟疫,迷信和愚昧,以及那慢性的杀灭中国民族的鸦片毒物,这些等等都是帝国主义带给我们可憎的赠品,将来也要随着帝国主义的赶去而离去中国了。"④这段话充分显示了方志敏化"清贫"为"富裕"的雄心壮志。

总之,方志敏的精神观涵盖的内容非常丰富,而无论哪方面内容,都是和

---

① 《方志敏文集》,人民出版社 1985 年版,第 143 页。
② 《方志敏文集》,人民出版社 1985 年版,第 141 页。
③ 《方志敏文集》,人民出版社 1985 年版,第 163 页。
④ 《方志敏文集》,人民出版社 1985 年版,第 141 – 142 页。

"清贫"密切联系。我们可以,说,方志敏是一位民族英雄,方志敏精神是一种民族精神,这一精神的实质就是"清贫"。

(三)把握方志敏物质观和精神观的意义

由上可知,在方志敏的物质观和精神观的内容中,"清贫"像一条红线,始终贯穿其中,使我们不时感到其闪烁的光芒。把握方志敏的以"清贫"为实质的物质观和精神观,无论从理论上还是在现实中都有重大意义。

首先,方志敏的物质观和精神观是方志敏的"清贫"思想的展示,而这一以"清贫"为实质的物质观和精神观,成了方志敏"清贫"思想的独特内容,它既和中国的传统思想密不可分,又展示了中国共产党人崭新的思想,在中国现代思想史上是一朵令人赞赏的奇葩。"清贫"内容渗透在方志敏的整个文献中,凝聚为方志敏的思想核心,形成了方志敏的物质观和精神观。我们以为,了解方志敏的以"清贫"而展示的物质观和精神观,势必能从中国现代思想史上挖掘出中国共产党人的一种新型的理论思想。这既丰富了中国现代思想史的内容,又呈现了中国共产党人独特的理论思想。同时,我们还认为,了解方志敏的以"清贫"为实质的物质观和精神观,也能使我们进一步深刻认识方志敏的思想深度,从而更好地弘扬方志敏的"清贫"精神。

其次,方志敏的物质观和精神观对我们党形成艰苦朴素的优良传统作风有着重要意义,对共产党人具有很好的教育作用。毛泽东指出:"夺取全国胜利,这只是万里长征走完了第一步。中国的革命是伟大的,但革命以后的路程更长,工作更伟大,更艰苦。这一点现在就必须向党内讲明白,务必使同志们继续地保持谦虚、谨慎、不骄不躁的作风,务必使同志们继续地保持艰苦奋斗的作风。"①方志敏的以"清贫"为实质的物质观和精神观和我们党的"两个务必"要求有密切的内在关系。它们都体现了我们党的根本宗旨,反映了共产党人的政治本色,要求每一个中国共产党党员保持廉洁奉公、无私奉献、清贫一生、忠心为民;发扬坚持理想、坚守信仰、忠于党和人民事业的奉献精神。

再次,方志敏的物质观和精神观像一面鲜艳的旗帜在召唤我们,像一阵催

---

① 《毛泽东选集》(四卷合订本),人民出版社 1964 年版,第 1328 – 1329 页。

人奋进的号角在鼓动我们,像一面清澈的镜子在照着我们每一个人的所作所为。以"清贫"为实质的物质观和精神观对我们,尤其是领导干部树立为民执政的思想有着重要的指导作用。当前,由于市场经济条件下社会群体利益分配的判断和价值观念的多元化,不少人包括一些领导干部在价值观念上产生困惑,使得他们在看待个人同他人、社会的种种问题时,往往只是强调自己应得到的权利、荣誉和金钱,而很少考虑到国家、集体以及社会的需要。对这些人来说,个人的物质利益是第一位,而什么理想、信仰,均置之脑后。这些人根本无法正确处理好为民与为利的关系。他们的物质观和精神观和方志敏的物质观和精神观是背道而驰的。方志敏的物质观和精神观对这些人具有极为重要的教育意义,方志敏的物质观和精神观告诉我们,一个人只要活着,就必须首先想到党的事业,国家的未来和人民的利益。生命的意义就在于为党的事业,国家的未来和人民的利益而放弃个人的物质幸福,甚至承受某种屈辱乃至牺牲也心甘。因此,我们以为,当前最好的教育方法就是向社会中的每一个人灌输方志敏的物质观和精神观,让大家都能深刻认识"清贫"的意义,从而克服目前社会中存在的价值取向上的困惑和矛盾,纯洁我国的社会风气。

四、方志敏的人生价值观

《我从事革命斗争的略述》是方志敏在狱中面临死亡,回忆自己的人生往事,即经历的人生道路及人生态度而写。《钢铁是怎样炼成的》作者尼古拉·奥斯特洛夫斯基有一句经典名言:"人最宝贵的是生命,生命对于人只有一次。一个人的生命应当这样度过:当他回忆往事的时候,他不致因虚度年华而悔恨,也不致因碌碌无为而羞愧;在临死的时候,他能够说:'我的整个的生命和全部的精力,都已献给世界上最壮丽的事业——为人类的解放而斗争。'"这正是方志敏《我从事革命斗争的略述》的最真实写照。在《我从事革命斗争的略述》中,方志敏人生价值观得到最集中、最突出的体现。历时近八十年,方志敏的人生价值观仍然有着重要的现实意义,值得我们认真学习和深入研究。

(一)方志敏的人生理想和信念

顾名思义,人生价值观是指关于人生价值的根本观点和看法,说到底就是对人生目的和人生意义的认识。人生价值观决定人生态度。而人生价值观又是由人生的理想和信念所决定。有了伟大的理想和信念才能树立正确的人生价值观。因此,我们论及方志敏的人生价值观,首先必须了解方志敏的人生理想和信念。

方志敏生活在中国正处于资本主义列强侵略,国家落后,人民贫穷的半封建半殖民地时期。面临资本主义社会的强势和反革命势力的猖獗,方志敏在《我从事革命斗争的略述》中坚定地指出:"资本主义的社会,必然要覆灭,代之而起的,必然是共产主义,反革命必然要失败,革命到最后一定胜利,这是绝对的真理,同时,这也是我的基本信仰。"[①]在这一基本信仰,方志敏形成了他的人生理想和信念。方志敏在《我从事革命斗争的略述》中,对自己的人生理想和信念表述得非常明确。方志敏说:"我们始终是党的拥护者和执行者,是马克思列宁主义竭诚的信仰者,我们相信共产国际的伟大和他领导世界革命的正确,我们相信中国布尔什维克党中央的伟大和领导中国革命的正确,我们坚决相信在国际和中央列宁主义领导之下,中国革命和世界革命必能在不远的将来得到全部成功!"正是有了这一人生理想和信念,也就有了"我是共产党员,我与你势不两立,我要消灭你,岂能降你? 我既被俘,杀了就是,投降,只证明你们愚笨的幻想而已"[②]的坚定意志;有了"我们绝不是偷生怕死的人,我们为革命而生,更愿意为革命而死!"[③]奋斗目标,更有了饱含方志敏认识人生目的和人生意义的特定的人生价值观。

特定的人生理想和信念决定了特定的人生价值观。何谓方志敏特定的人生价值观? 综观《我从事革命斗争的略述》,我们认为,方志敏特定的人生价值观的核心内容就是为光明奋斗,为党的事业献身。方志敏在《我从事革命斗争

---

① 《方志敏文集》,人民出版社 1985 年版,第 35 页。
② 《方志敏文集》,人民出版社 1985 年版,第 104 页。
③ 《方志敏文集》,人民出版社 1985 年版,第 103 页。

的略述》说:"我渴望着光明;我开始为光明奋斗——奋斗了一生,直到这次被俘入狱,直到被杀而死!"①黑暗的时代背景和坎坷的人生经历,造就了方志敏为光明奋斗,为党的事业献身的人生价值观。

首先,方志敏出生和成长于黑暗的时代。贪官污吏对工农群众的压榨,光怪陆离的选举把戏,苛捐杂税的重征,重租、重利的盘剥,帝国主义深入农村的侵略。工农群众的痛苦是日益加深的社会状况,使方志敏一方面"受着压迫和耻辱的生活着",另一方面则"不安于这黑暗的时日","我是一个黑暗的憎恶者,我是一个光明的渴求者。因为我所处的经济环境,和我对于新的思潮的接受,故对于社会的吸血鬼们——不劳而食的豪绅地主资产阶级,深怀不满;而对于贫苦工农群众,则予以深刻的阶级同情。"②憎恶黑暗,渴望光明,这就是方志敏之所以能树立为打破旧世界,建立新世界而献出自己一生的人生价值观的根本原因。

其次,方志敏的人生经历是极为坎坷的。方志敏的学生时代是"中国农村的衰败、黑暗、污秽,到了惊人的地步"③。他的家庭由于经济困难,男人只能在私塾读三年书,即出来种田,女子是不必读书的,而方志敏十七岁进高小,二十岁毕业后靠父亲东扯西借,借到几十块钱才能投考到南昌工业学校,至于以后由于借贷无门在九江南伟烈学校只读了一年就辍学了。"我如此亲尝着这负债的苦味,深味着负债人心中不可描画出来的深忧!"④然而艰难的生活并没有浇灭方志敏树立远大的理想,形成人生价值观的热火。方志敏在思想上痛恨剥削阶级,同情贫苦的工农群众。在现实中则积极参加革命活动。在弋阳高等小学读书,组织了反劣绅官僚的九区青年社;在南昌工业学校组织了揭露校内腐败的学生自治会;在九江南伟烈学校勇敢地提出"我不相信基督教",在此基础上,方志敏选择了追求光明的革命道路,参加社会主义青年团和中国共产党。"从此,我的一切,直至我的生命都交给党去了!"可见,方志敏形成坚

①　《方志敏文集》,人民出版社1985年版,第10页。
②　《方志敏文集》,人民出版社1985年版,第15页。
③　《方志敏文集》,人民出版社1985年版,第12页。
④　《方志敏文集》,人民出版社1985年版,第14页。

定的为党的事业而献身的人生价值观是和他的坎坷的人生经历密切相连。

黑暗的时代背景和坎坷的人生经历,造就了方志敏实现渴望光明,为光明奋斗的人生目的。正是有了这种为光明奋斗的人生目的,才有了方志敏为打破旧世界,建立新世界而奋斗一生的坚忍不拔的信仰,视死如归的精神,甘于清贫的本色和行端影直的正气;才有了方志敏为了党的事业成功,为了广大劳苦人民过上幸福生活,不惜牺牲自己生命的理想和信念;才彰显了方志敏对人生目的、意义认识的真谛。

(二)方志敏树立正确的人生价值观的体现

把生命交给党,始终不渝、毫不动摇地听从党的安排,这是方志敏树立正确的人生价值观的具体体现。胡锦涛指出:"我们纪念和学习方志敏同志,就要像他那样,树立坚定正确的理想和信念,不论在什么样的情况下,都始终不渝、毫不动摇。"①方志敏36岁慷慨就义,其生命虽然短暂,但革命经历非常丰富,哪里需要就奔向哪里,一切听从党的安排。按照上级党组织的安排,他在革命斗争中曾担任过多种不同的工作。无论什么工作,什么样的情况下,他都像胡锦涛所指出的"始终不渝、毫不动摇"。这里,我们可以从《我从事革命斗争的略述》中得到印证。

方志敏在《我从事革命斗争的略述》中,对自己的人生道路和革命经历作了概述。方志敏是一九二四年正式加入共产党,在他看来,"这是我生命史上一件最可纪念的事"。② 从此,方志敏的一生就交给了党,其人生的目的和意义就是为党的事业而奋斗。入党后,方志敏前后担任过省农民协会秘书长、县委书记、苏维埃主席、红十军政治委员会主席、军委会主席及省委书记等职务。他做过农民工作、国民革命工作、苏维埃工作、军队政治及军事领导工作等,据方志敏在《我从事革命斗争的略述》中说,他的每项工作都是按照党的要求去做的,无论自己的身体状况如何,个人想法怎样,以党的事业为重,一切都毫无怨言地服从党的安排。如在国共第一次合作时,他以共产党员身份加入国民

---

① 胡锦涛:《在方志敏诞辰100周年座谈会上的讲话》,《光明日报》,1999年8月21日。
② 《方志敏文集》,人民出版社1985年版,第23页。

党,积极做国民革命工作;北伐战争时,参加广东第一次全省人民代表大会,当任江西省农民协会秘书长;到江西吉安深入农民群众进行减租运动;到横丰任区委书记,领导横丰暴动;在弋阳、贵溪等地任县委书记,领导红军在横丰、德兴、万年等地打败敌人的进攻,扩大了苏区;担任军委会主席,建立了一支有较强战斗力的独立团,连续攻击下汉口、景德镇、弋阳、余江、乐平、德兴等城市;在苏维埃工作,任江西东北革命委员会主席,由于"左"的盲动主义的立三路线,苏区遭到很大的摧残和损失,即使如此,他仍然坚信"只有苏维埃才能救中国"①;到红十军任替代政治委员,尽管对这一项工作党的知识和经验不够,有些书籍和方法很少知道,但方志敏仍然保护着"革命的热诚和积极性",在整顿军中一些散漫混乱的现象上取得很大成就,并取得了江西的贵溪、余江和福建的长涧源、赤石街,崇安城等地的战斗胜利,方志敏说"此次担任军政委虽只是45 天,虽比较做后方工作要辛苦得多,但精神都是十分愉快,因为我觉得人生较痛苦的莫如战争的失败:而较快乐的莫如战争的胜利。"②在第五次反围剿中,任红十军政治委员会主席,领导创建皖南新的苏维埃根据地,"虽然我的痔疮大发,每天留了很多脓血,不但不能走路或者骑马而且不能坐椅子。如果做要半躺着坐。我还是忍住痔痛出发,我下了决心去完成党所给的任务。"③

为什么方志敏能做到无时无刻地听从党的安排,个人服从党的需要,以为党的事业而奋斗作为他的人生价值观呢? 在《我从事革命斗争的略述》中,方志敏写道:"因为共产党终究是人类改进的阶级,——无产阶级的政党。它有完整的革命理论,革命政纲和最崇尚的理想,它有严密的党的组织和铁的精神,它有正确的战略和策略,它有广大的经过选择而忠诚于革命事业的党员群众,并且它还有得到全党诚心爱戴的领袖;它与无产阶级和一般劳苦群众,保持亲密的领导关系,它对于阶级以及全人类解放事业的努力、奋斗和牺牲精神,只要不是一匹疯狗,都会对它表示敬意!"④正是有了对党的这一高度认

---

① 《方志敏文集》,人民出版社 1985 年版,第 64 页。
② 《方志敏文集》,人民出版社 1985 年版,第 70 页。
③ 《方志敏文集》,人民出版社 1985 年版,第 95 页。
④ 《方志敏文集》,人民出版社 1985 年版,第 23 - 24 页。

识,使方志敏也就有了"树立坚定正确的理想和信念,不论在什么样的情况下,都始终不渝、毫不动摇"的人生精神。可以说,"始终不渝、毫不动摇"是方志敏树立正确的人生价值观的具体体现。

由此,我们从《我从事革命斗争的略述》中所叙述的方志敏的革命历程和人生道路中可以得出一个明确的结论,这就是:方志敏对人生目的和意义认识的人生价值观,就是"党要我做什么事,虽死不辞!"①

(三)方志敏人生价值观的基本特征

方志敏人生价值观的基本特征是坚定性和乐观性。无论何时何地,环境多么恶劣,身体多么糟糕,甚至面临死亡,方志敏的人生价值观始终是坚定的和乐观的。在《我从事革命斗争的略述》中有一段方志敏对自己人生价值观的最直接表白。这就是方志敏在被俘入狱后面临死亡时所写的:"我们是共产党员,当然都抱着积极奋斗的人生观,绝不是厌世主义者,绝不诅咒人生,憎恶人生,而且愿意得脱牢狱,再为党的工作。但是我们绝不是偷生怕死的人,我们为革命而生,更愿意为革命而死!到现在无法得生,只有一死谢党的时候,我们就都下决心就义。"②从这段表白中,不难分析出方志敏为党的事业和人民的幸福奋斗的人生价值观的两个基本特征:坚定性和乐观性。"一死谢党"是坚定性的表现;"绝不是厌世主义者,绝不诅咒人生,憎恶人生"是乐观性的表现。正是有了坚定性和乐观性,才使得方志敏面临死亡,心中无一点个人悲伤、忧愁,"我们心体泰然,毫无所惧,我们视死如归!"③在方志敏心中,个人和党比起来,根本不算什么,只有党的事业和人民的幸福才是最为重要的,为党的事业和人民的幸福奋斗而活着的人才有真正的价值。

不计较个人得失,为党的事业和人民的幸福奋斗坚定而又乐观地活着,对方志敏来说,这并不仅仅是口头语言,更是实践行为。在《我从事革命斗争的略述》中,我们可以看到,方志敏的革命实践行为处处都闪烁着为党的事业和

---

① 《方志敏文集》,人民出版社1985年版,第95页。
② 《方志敏文集》,人民出版社1985年版,第103页。
③ 《方志敏文集》,人民出版社1985年版,第103页。

人民的幸福奋斗坚定而又乐观地活着的火花。诸如,在反帝国主义的五卅运动中,他带病参加了"江西沪皖后援会"工作,尽管有严重的肺病,甚至吐血,但他仍然尽力之所及去做,将反帝运动深入于偏僻县份的群众中;在国共第一次合作中,冒轻则坐牢,重则枪毙的危险,秘密做革命工作;在北伐战争中,冲破党内陈独秀机会主义的束缚,面临国民党"A、B团"的进攻,积极组织农民运动;在吉安的减租运动中,召集农民代表大会及农民群众大会,积极做贫苦农民的思想工作,以激起"到会各色各样的农民们,都表现出不能再忍耐下去的愤怒态度,散会时的口号,吼得特别洪大"。面临"昔日在革命运动中努力拼命地共产党员,到此,被捕的被捕,逃走的逃走,坐牢的坐牢,杀头的就更多了"①的情况,他说:"我是一个马克思主义笃诚的信仰者,大革命遭受失败,但我毫无悲观失望的情绪。"②大革命失败,潜伏回家乡弋阳之中,坚持"造起炉灶,再来干吧",深入农村,组成了二十几个党员的支部以及同样多的群众团体,并形成了武装力量;在土地革命中,计划秋收起义,为建立革命根据地打下了基础;在根据地,面临极端艰苦斗争,环境险恶的困难,他指出:"我们是为着主义的信仰,阶级的解放,抱定了斗争到底的决心,所以生活虽然痛苦,而精神还是非常愉快的。"③正是有了为党的事业和人民的幸福奋斗坚定而又乐观地活着的人生价值观,方志敏在担任弋阳县委书记时,敌人进攻十分紧张之时,说了一段表现坚定而又乐观的话:"不向困难投降,而要战胜困难;不怕生活艰苦,而要忍受一切的艰苦;不怕工农群众文化知识的低下,而要不禅烦的去说服,去教育,这就是我们当时的工作精神。"④

在《我从事革命斗争的略述》的字里行间,我们可以看到,在方志敏的人生经历中,遇到的困难和遭到的挫折都比一般常人要多。然而方志敏为党的事业、人民的幸福而贡献一生的人生价值观的坚定性和乐观性,则是一般常人所难以达到的。正是有了这种坚定的、乐观的为党的事业和人民的幸福而贡献

---

① 《方志敏文集》,人民出版社1985年版,第34页。
② 《方志敏文集》,人民出版社1985年版,第35页。
③ 《方志敏文集》,人民出版社1985年版,第50页。
④ 《方志敏文集》,人民出版社1985年版,第55—56页。

一生的人生价值观,才有了方志敏的宽阔的政治胸襟、高尚的思想情操、执着的革命精神,也才有了方志敏面临死亡却仍然"抱着积极奋斗的人生观"。

(四)方志敏人生价值观具有重要的现实意义

老一辈无产阶级革命家叶剑英在读到方志敏的《我从事革命斗争的略述》时曾写道:"血染东南半壁红,忍将奇迹作奇功。文山去后南朝月,又照秦淮一叶枫。"中国现代文学巨匠郭沫若同样在读了方志敏《我从事革命斗争的略述》后写道:"千秋青史永留红,百代难忘正学功。纵使血痕终化碧,弋阳依旧万株枫。"①从这些诗句中,我们不仅可以看到方志敏的人生辉煌,也可以看到方志敏在《我从事革命斗争的略述》中所展示的人生价值观给我们留下的宝贵的精神财富。

方志敏在《我从事革命斗争的略述》中所展示的人生价值观具有重要的现实意义,对年轻一代有着深刻的教育作用。目前,我们正处于经济社会迅速发展,改革开放进程加速的新时代,和方志敏所生活的时代已发生了巨大的变迁。不同时代呈现出不同的时代特征和历史使命。我们今天的时代特征是中华崛起,民族复兴,我们今天的历史使命是实现中国梦。作为担负完成实现中国梦的历史使命的年轻一代,需要像方志敏一样,有伟大的信仰,有坚定的理想信念,有对人生目的和人生意义的正确认识,有积极健康的人生态度,以确立正确的人生价值观,选择正确的人生方向。应该肯定,今天年轻一代树立正确的人生价值观,为党的事业、祖国的未来和人民的幸福,为完成实现中国梦的历史使命中,努力学习,积极奋斗,这是主流。然而,我们也应看到,今天年轻一代生活相对比较富裕,人生经历也无大曲折,涉世不深,思想不稳定,情感易波动,喜欢幻想,社会上出现的一点点变化,往往就会引起了一些年轻人的人生价值观的变化,出现了价值分化和价值矛盾,形成信仰是多元的、理想是多样的、价值是多向的特点。

如何引导年轻一代形成正确的人生价值观,是目前我们面对的一个迫切的问题。这是因为年轻一代是未来社会的支柱和希望,他们的人生价值观的

---

① 方梅:《方志敏全传》,解放军出版社 1999 年版,第 511 – 512 页。

形成及形成怎样的人生价值观,是一个关系到国家命运和前途的问题,是关系到国家发展兴衰的问题,就此,我们以为,方志敏在《我从事革命斗争的略述》对引导年轻一代形成正确的人生价值观是一本难得的教科书。我们应以方志敏在《我从事革命斗争的略述》中所展示的人生价值观对年轻一代进行广泛宣传和教育,使年轻一代在方志敏精神的激励下,做到弘扬和继承我国优良传统,思想政治素质得到提高,把党的事业和人民的利益放在个人利益之上,不断地塑造自我、提升自我,并在自己的人生道路上,按照党和祖国的要求不断调控自我行为,为完成实现中国梦的历史使命而贡献自己的一生。

五、方志敏关于"死"的理念

从1935年1月29日被俘到8月6日英勇就义,短短半年多一点的时间,方志敏面临死亡,写了数篇闻名遐迩的文稿。综观这些文稿,可以说,几乎所有的论述都是方志敏关于"死"的理念的具体体现。这一理念不仅在方志敏的整个思想中具有非常重要的意义,而且有着独特的哲学意义。

(一)方志敏"死"的理念

在方志敏狱中给我们留下的文稿中,《我们临死以前的话》和《死——共产主义的殉道者的记述》是专门阐述方志敏对"死"的看法。另外,在其他文稿中,也有多处表述了方志敏关于"死"的观点。方志敏的这些对"死"的看法和观点形成了本文所要解读的方志敏关于"死"的理念。

方志敏关于"死"的理念和一般人对"死"的看法不同,最主要的是,它蕴含着非常深刻的哲学意义:死在一般的常人心目中意味着生命的结束,躯体和思想的彻底消亡。然而在方志敏看来,死是生命的终结,但也是生命的升华,是一种精神的产生。这种精神带来的是更多生命幸福快活的存在。对此,方志敏说的很明确:"假如我不能生存——死了,我流血的地方,或者我瘗骨的地方，或许会长出一朵可爱的花来，这朵花你们就看作是我的精诚的寄托吧！"①
这里的"精诚的寄托"就是希望通过他的死，带来有更多生命的幸福快活。这
段话集中体现了方志敏关于"死"的理念的独特内容。从哲学角度分析方志敏
这种"死"的理念，我们可以说，死是一种对生命的否定。而哲学上的否定，其
实质是旧事物的灭亡和新事物的产生，没有否定就没有新的事物产生。因此，
"死"对生命的否定并不仅仅是终结，也是升华，产生的是一种带来更多生命幸
福快活的精神，带来的是方志敏"精诚的寄托"的一朵可爱的花。可见，方志敏
关于"死"的理念蕴含着非常深刻的哲学道理。这也就是我们所说的方志敏关
于"死"的理念和一般人对"死"的看法不同之所在。

胡锦涛指出："我们纪念和学习方志敏同志，就要像他那样，树立坚定正确
的理想和信念，不论在什么样的情况下，都始终不渝、毫不动摇。"②为什么方
志敏关于"死"的理念会和一般的常人对死的看法有所不同呢？可以说，胡锦
涛的这段话为我们提供了答案。坚定正确的理想和信念产生伟大的信仰、明
确的奋斗目标和正确的人生观。这里，只要我们认真研读方志敏给我们留下
的文稿，了解方志敏的信仰、奋斗目标及特有的人生观，我们就不难回答为什
么方志敏关于"死"的理念会和一般的常人对死的看法不同的原因。沧海横
流，方显示英雄本色。中国革命斗争的时势成就了方志敏的伟大信仰。

方志敏的信仰是什么呢？即："我已认定苏维埃可以救中国，革命能取得
最后胜利"，③因为，"我们始终是党的拥护者和执行者，是马克思列宁主义竭
诚的信仰者，我们相信共产国际的伟大和他领导世界革命的正确，我们相信中
国布尔什维克党中央的伟大和领导中国革命的正确，我们坚决相信在国际和
中央列宁主义领导之下，中国革命和世界革命必能在不远的将来得到全部成
功！"④正是如此，方志敏毫无畏惧地说："敌人只能砍下我们的头颅，决不能动

---

①　《方志敏文集》，人民出版社1985年版，第143页。

②　胡锦涛：《在纪念方志敏同志诞辰100周年座谈会上的讲话》，《人民日报》1999年8月
　　21日。

③　《方志敏文集》，人民出版社1985年版，第3页。

④　《方志敏文集》，人民出版社1985年版，第107页。

摇我们的信仰！因为我们信仰的主义，乃是宇宙的真理！"①有了铁一般的坚硬的信仰，就必然形成明确的奋斗目标。伟大信仰决定了方志敏的奋斗目标。在其奋斗目标上，也就有了"我愿意牺牲一切，贡献于苏维埃和革命"②的坚强决心；有了"我是共产党员，我与你势不两立，我要消灭你，岂能降你？我既被俘，杀了就是，投降，只证明你们愚笨的幻想而已"③的坚定意志；有了"我能舍弃一切，但是不能舍弃党，舍弃阶级，舍弃革命事业。我有一天生命，我就应该为它们工作一天"④和"一个共产党员，应该仅努力到死！奋斗到死"⑤的崇高理想。信仰、奋斗目标形成了人生观。方志敏的人生观就是："我们是共产党员，当然都抱着积极奋斗的人生观，绝不是厌世主义者，绝不诅咒人生，憎恶人生，而且愿意得脱牢狱，再为党工作。但是，我们绝不是偷生怕死的人，我们为革命而生，更愿意为革命而死！"⑥"假使能使中国民族得到解放，那我又何惜于我这一条蚁命！"⑦

从方志敏的信仰、奋斗目标及特有的人生观中，我们完全可以说，方志敏关于"死"的理念是一种深深扎在中国革命事业中，为"可爱的中国"而奋斗的精神，这一精神孕育了"清贫"思想，升华了物质决定意识，意识对物质具有巨大的能动的反作用的辩证唯物主义基本原理。

（二）方志敏对死的态度

方志敏关于"死"的理念包含有方志敏对死的意义、死的价值、死的期望等认识，由此形成方志敏对死的态度。其核心内容是：只要死得其所，生命就不会终结。关于死的意义，方志敏明确地指出："为着共产主义牺牲，为着苏维埃流血，那是我们十分情愿的啊。"⑧关于死的价值，方志敏坚定地提出："不屈而

---

① 《方志敏文集》，人民出版社 1985 年版，第 144 页。
② 《方志敏文集》，人民出版社 1985 年版，第 3 页。
③ 《方志敏文集》，人民出版社 1985 年版，第 104 页。
④ 《方志敏文集》，人民出版社 1985 年版，第 163 页。
⑤ 《方志敏文集》，人民出版社 1985 年版，第 163 页。
⑥ 《方志敏文集》，人民出版社 1985 年版，第 103 页。
⑦ 《方志敏文集》，人民出版社 1985 年版，第 132 页。
⑧ 《方志敏文集》，人民出版社 1985 年版，第 144 页。

死,是一种积极的行动,这样的死,可以激起同志们对敌人的仇恨,提高同志们斗争的不折不挠和赴死如归的牺牲心。"①关于"死"的期望,方志敏深情地说:"假如我还能生存,那我生存一天就要为中国呼喊一天;假如我不能生存——死了,我流血的地方,或者我瘗骨的地方,或许会长出一朵可爱的花来,这朵花你们就看作是我的精诚的寄托吧!"②由此,关于死的态度,方志敏坦荡地认为:"我们是共产党员,为革命而死,毫无所怨,更无所惧"。③ 综合方志敏的关于死的意义、死的价值、死的期望及对死的态度的表述,其马克思主义哲学原理的内容非常明确。

首先,马克思主义哲学认为,规律是事物内在的、本质的、必然联系。规律是客观的,不以任何人的意志而转移,然而在规律面前,人们也不是无能为力的。我们知道,在哲学中有必然王国和自由王国之说。必然王国指人们受规律的支配和奴役的一种状态;而自由王国是指人们摆脱了规律的奴役,能够驾驭规律的一种状态。"死"是人的生命的自然规律。在方志敏看来,人终规有一死,这是一种任何人都必须遵循的自然规律。哲学的必然王国和自由王国原本是就社会状态而言。然而,我们同样也可以把它们喻为人的生命的两种不同的精神状态。于此,我们可以说,对于死,一般的常人往往处于必然王国中,而方志敏则走向了自由王国。面临死,方志敏以"我们常是这样笑说着。我们心体泰然,毫无所惧,我们是视死如归"④的坦然态度,显示了一个唯物主义者的风范。同时,方志敏面临死亡的到来毫无所惧,特别是当他把死和理想和信念联系在一起的时候,他对死的态度更是达到一般的常人所没有的思想境界。一个革命者,牺牲生命,并不算什么希奇事。流血,是革命者常常遇着的,历史上没有不流血的革命,不流血,会得到成功吗? 为党为苏维埃流血,这是我十分情愿的。流血的一天,总是要来的。⑤ "同志们! 你们先死几天,我们

---

① 《方志敏文集》,人民出版社1985年版,第162页。
② 《方志敏文集》,人民出版社1985年版,第143页。
③ 《方志敏文集》,人民出版社1985年版,第107页。
④ 《方志敏文集》,人民出版社1985年版,第103页。
⑤ 《方志敏文集》,人民出版社1985年版,第148页。

马上就要跟着来死的,我不必为你们伤心了!"①方志敏的这些话,使我们看到了一个革命者在死神面前不屈不饶的战斗精神,从中也使我们品味到走向自由王国的一个坚定的辩证唯物主义者和无神论者的思想内涵和精神真谛。

其次,马克思主义哲学认为,世界上的一切事物都包含着矛盾,矛盾双方相互依存、共处于一个统一体中,双方在一定条件下相互转化。在方志敏关于"死"的理念中有一条主线,就是死与生的辩证关系。在方志敏看来,死与生是分不开的,始终交织在一起。因此,对死对生,方志敏都看得很重。从方志敏在狱中留下的文稿中,我们可以看到,方志敏虽不怕死,但他并不想死。面临死的到来,他也感到痛苦,为避免死,他准备着越狱。可以说,方志敏面临的是生向死的转化,但他从未放弃死向生的转化。生的伟大,死的光荣,这是方志敏关于"死"的理念中的生死格言,也是方志敏对待生死相辅相成的对立统一关系的坚定信念。围绕死与生对立统一关系这条主线,方志敏挖掘出"屈辱"和"意志"、"欢歌"和"悲叹"、"清贫"和"富裕"、"康健"和"疾苦","智慧"和"愚昧"、"友爱"和"仇杀"、"生之快乐"和"死之悲哀"、"江山破碎,国弊民穷"和"光明的前途"、"今日的失败"和"明日更大成功"等之间的辩证关系。他以"今日的失败,安知不是明日更大成功之要素"②的目光,看到了"江山破碎,国弊民穷"的中国的未来有一个"光明的前途";从"今日的失败"看到了"明日更大成功"。未来的中国将是"到处都是活跃的创造,到处都是日新月异的进步,欢歌将代替了悲叹,笑脸将代替了哭脸,富裕将代替了贫穷,康健将代替了疾苦,智慧将代替了愚昧,友爱将代替了仇杀,生之快乐将代替了死之悲哀"。③从这里,我们可以非常肯定地说,方志敏是一个唯物主义者,也是一个辩证法家。

再次,马克思主义哲学告诉我们,事物的发展是前进性与曲折性的统一,其总趋势是前进的、上升的,具体道路是曲折的。这条原理要求我们,既要坚信前途是光明的,对未来要充满必胜的信心,同时又要准备遇到各种困难、遭

---

① 《方志敏文集》,人民出版社 1985 年版,第 105 页。
② 《方志敏文集》,人民出版社 1985 年版,第 163 页。
③ 《方志敏文集》,人民出版社 1985 年版,第 142 页。

受各种挫折的精神准备。可以说,这条原理在方志敏关于"死"的理念是有充分体现的。如,面临疮痍满目的中国,方志敏指出:"中国在战斗之中斩去了帝国主义的锁链,肃清自己阵线内的汉奸卖国贼,得到了自由与解放,这种创造力,将会无限地发挥出来。到那时,中国的面貌一将会被我们改造一新。所有贫穷和灾荒,混乱和仇杀,饥饿和寒冷,疾病和瘟疫,迷信和愚昧,以及那慢性的杀灭中国民族的鸦片毒物,这些等等都是帝国主义带给我们可憎的赠品,将来也要随着帝国主义的赶去而离去中国了。"①为此,方志敏指出,"目前的中国,固然是江山破碎,国弊民穷,但谁能断言,中国没有一个光明的前途呢?"②在这里,他始终坚信中国革命事业必然成功,一个人人都生活在和谐美好社会的新中国一定能够建立。同时,方志敏也清醒地看到,中国革命事业的艰巨性和复杂性,死亡随时夺取革命者的生命的曲折道路。对生,他不盲目乐观,对死,他也没有悲观论调。对此,他非常明确地指出:"我们现在准备着越狱,能成功更好,不能成功则坚决就死!"以个人悲壮的"死"换来更多的人为未来的幸福生活的革命斗志,对此,方志敏深情地表白了:"永别了!请你们努力吧!我这次最感痛苦的,就是失却了党努力的机会。"③不错,不屈而死,是一种积极的行动,这样的死,可以激起同志们对敌人的仇恨,提高同志们斗争的不折不挠和赴死如归的牺牲心。"④这里,既表现了以方志敏对未来充满必胜的信心,也反映了方志敏随时为革命而牺牲的思想准备。

(三)方志敏关于"死"的理念的思想渊源

中国古代有诸多哲学家论述过有关"死"的问题。其中最著名的、对后人影响最大的莫过于孔子提出的"杀身成仁"和孟子提出的"舍生取义"两个哲学命题。孔子说:"志士仁人,无求生以害仁,有杀生以成仁。"⑤意思是说,有志之士和仁慈之人,决不为了自己活命而做出损害仁义的事情,而是宁可牺牲自

---

① 《方志敏文集》,人民出版社 1985 年版,第 141－142 页。
② 《方志敏文集》,人民出版社 1985 年版,第 141 页。
③ 《方志敏文集》,人民出版社 1985 年版,第 118 页。
④ 《方志敏文集》,人民出版社 1985 年版,第 162 页。
⑤ 《论语·卫灵公》。

己也要恪守仁义的原则。孟子说:"生,亦我所欲也;义,亦我所欲也;二者不可得兼,舍生而取义者也。"①意思是说,生命,也是我所要的,正义,也是我所要的,二者不能同时都得到,就选择正义而舍去生命。孔子的"杀身成仁"和孟子的"舍生取义"影响了中国历史上一代又一代的英雄豪杰,也留下一批又一批浩然名句。如战国时期著名刺客荆轲的"风萧萧兮易水寒,壮士一去兮不复还"②;三国时期"建安之杰"曹植的"捐躯赴国难,视死忽如归"③;南宋民族英雄文天祥的"人生自古谁无死,留取丹心照汗青。"④;明代民族英雄于谦的"粉身碎骨浑不怕,要留清白在人间。"⑤;近代戊戌变法"六君子"之一谭嗣同的"我自横刀向天笑,去留肝胆两昆仑"⑥等,这些传世绝句是中华民族的精神财富。方志敏是中国现代史上的一位民族英雄,也是中国历史上的英雄豪杰。他在狱中写下的有关"死"的名言名句,诸如:"只要你不是一个断了气的死人,或是一个甘于亡国的懦夫,谁能按下你不挺身而起,为积弱的中国奋斗呢?""敌人只能砍下我们的头颅,决不能动摇我们的信仰!因为我们信仰的主义,乃是宇宙的真理!""清贫,洁白朴素的生活,正是我们革命者能够战胜许多困难的地方。""为着阶级和民族的解放,为着党的事业的成功,我毫不希罕那华丽的大厦,却宁愿居住在卑陋潮湿的茅棚;不希罕美味的西餐大菜,宁愿吞嚼剌口的苞粟和菜根;不希罕舒服柔软的钢丝床,宁愿睡在猪栏狗巢似的住所!""我们活着不能与草木同腐,不能醉生梦死,枉度人生,要有所作为!""我能舍弃一切,但是不能舍弃党,舍弃阶级,舍弃革命事业。我有一天生命,我就应该为它们工作一天!"等等,同样堪称中华民族精神财富的传世绝句。

无疑,方志敏关于"死"的理念和孔子的"杀身成仁"和孟子的"舍生取义"的命题有渊源关系,和中国历史上的英雄豪杰的视死如归的英雄气概有共同性。然而,方志敏关于"死"的理念则带有时代特征,有自己的独特之处。一方

---

① 《孟子·告子上》。
② 《史记·刺客列传》。
③ 《白马篇》。
④ 《过零丁洋》。
⑤ 《石灰吟》。
⑥ 《狱中题壁》。

面,它表现在方志敏是一位无产阶级革命战士,他的"死"是"为着共产主义牺牲,为着苏维埃流血"①。他的"仁"和"义"有着崭新的内涵,是指"我能舍弃一切,但是不能舍弃党,舍弃阶级,舍弃革命事业。我有一天生命,我就应该为它们工作一天"②;是指"冲毁法西斯国民党血腥统治,达到独立自由的工农的苏维埃新中国的建立"③。显然,这里的"仁"和"义"是其他任何英雄豪杰不可能具有的。另一方面,它还表现在方志敏是一位辩证唯物主义和历史唯物主义者,他始终坚持生死一体,无法分开的对立统一关系;认为"死"是一种既是生命终结也是生命升华的辩证否定;死亡即至,他则以实事求是精神,反思错误,寻求真理。面临死亡,他想到的是有更多生命能幸福快活的存在,想到的是中国美好的未来。这种辩证唯物主义和历史唯物主义的思想境界,更是历史上的任何一位英雄豪杰所无法达到的。

中国现代文人林语堂有一句名言:"当我们承认人类不免一死的时候,当我们意识到时间消逝的时候,诗歌和哲学才会产生出来。"④由上,我们完全可以说,方志敏关于"死"的理念是方志敏面临死亡随时到来时所形成的,它既是给人传诵的诗歌,更是令人深思的哲学。

六、方志敏的中国梦

从 1935 年 1 月 29 日被俘到 8 月 6 日英勇就义,方志敏在狱中度过半年的时间。在这面临死亡,受尽磨难的半年时间中,方志敏写了《我从事革命斗争的略述》、《我们临死以前的话》、《在狱中致全体同志书》、《可爱的中国》、《死——共产主义殉道者的记述》、《清贫》、《狱中纪实》等十多篇发自内心深处感受的遗稿。这些狱中遗稿,集中表现了方志敏的爱国情结,充分展示了方

---

① 《方志敏文集》,人民出版社 1985 年版,第 163 页。
② 《方志敏文集》,人民出版社 1985 年版,第 163 页。
③ 《方志敏文集》,人民出版社 1985 年版,第 108 页。
④ 《林语堂文集》(第七卷),作家出版社 1996 年版,第 42 页。

志敏的中国梦。习近平指出,"实现中华民族伟大复兴,就是中华民族近代以来最伟大的梦想。这个梦想,凝聚了几代中国人的夙愿,体现了中华民族和中国人民的整体利益,是每一个中华儿女的共同期盼。"①方志敏是中华儿女中的杰出一员,从他的狱中遗稿中,我们看到了方志敏实现中华民族伟大复兴的夙愿,看到了一个中华儿女的对实现国家昌盛、民族富强和人民幸福生活的期盼的中国梦。

(一)方志敏的中国梦的内涵

固然,在方志敏整个狱中遗稿中并没有出现类似中国梦的字样。但是,遗稿中每一篇的字里行间无不透露出方志敏中国梦的倾诉,表现出方志敏中国梦的思想。方志敏的中国梦是和方志敏强烈的爱国情结密切相连。这种强烈的爱国情结则是我们每一个读过方志敏狱中遗稿的人都非常熟悉的。作为一个身陷囹圄,面临死亡的人,方志敏没有悲观,没有屈服,没有抱怨个人的不幸,相反,他看到了祖国、民族和中国人民的未来,描绘了实现中国梦的美好憧憬,并表示,实现国家繁荣昌盛、民族独立富强,人民过上幸福生活的中国梦就是他生存的目的,只要能生存一天,他就会为实现中国梦奋斗一天,就算死了,他也要"长出一朵可爱的花",祝福祖国、民族和人民的美好未来。对此,我们为方志敏拳拳爱国心,精忠报国志的爱国情结所深深感动。

读狱中遗稿,我们不难理解,方志敏的中国梦是在方志敏对中国的大好河山和辉煌历史感到骄傲自豪和中国正遭受帝国主义的侵略掠夺感到悲愤痛苦的撞击中而形成的。方志敏把中国比作可爱的母亲。在狱中遗稿中,他赞颂了中国的大好河山和辉煌历史,非常自豪地说:"中国是生育我们的母亲",②她是一个身体魁伟、胸宽背阔的妇女。中国有许多有名的崇山峻岭,长江巨河,以及大小湖泊。中国地底下蕴藏着无限的宝藏。有雄巍的峨眉,妩媚的西湖,幽雅的雁荡。"中国民族在很早以前,就造起了一座万里长城和开凿了几

---

① 习近平:《在参观"复兴之路"展览时的讲话》,《人民日报》2012 年 11 月 30 日。
② 《方志敏文集》,人民出版社 1985 年版,第 132 页。

千里的运河,这就证明中国民族伟大无比的创造力"。① 然而,方志敏面临的是中华民族遭受的苦难之重,贪官污吏对劳动群众的压榨,帝国主义对我国的侵略和掠夺,我们的国家就像一个快要死去了的母亲的社会现实,由此,方志敏极为痛苦地说:"母亲的左臂,连着耳朵到颈,直到胸膛,都被砍下来了! 砍下了身体的那么一大块——五分之一的那么一大块! 母亲的血在涌流出来,她不能哭出声来,她的嘴唇只是在那里一张一张的动,她的眼泪和血在竞着涌流!"②骄傲自豪与悲愤痛苦的强烈撞击,形成了方志敏坚定的历史使命,这就是:要"从崩溃毁灭中,救出中国来,从帝国主义恶魔生吞活剥下,救出我们垂死的母亲来,"③也正是有了这一历史使命,使方志敏产生了他强烈的中国梦。

何谓方志敏的中国梦? 方志敏说:"目前的中国,固然是江山破碎,国弊民穷,但谁能断言,中国没有一个光明的前途呢? 不,决不会的,我们相信,中国一定有个可赞美的光明前途。"④"到那时,中国的面貌将会被我们改造一新。所有贫穷和灾荒,混乱和仇杀,饥饿和寒冷,疾病和瘟疫,迷信和愚昧,以及那慢性的杀灭中国民族的鸦片毒物,这些等等都是帝国主义带给我们可憎的赠品,将来也要随着帝国主义的赶走而离去中国了。朋友,我相信,到那时,到处都是活跃的创造,到处都是日新月异的进步,欢歌将代替了悲叹,笑脸将代替了哭脸,富裕将代替了贫穷,康健将代替了疾病,智慧将代替了愚昧,友爱将代替了仇恨,生之快乐将代替了死之忧伤,明媚的花园将代替了暗淡的荒地! 这时,我们民族就可以无愧色地立在人类的面前,而生育我们的母亲,也会最美丽地装饰起来,与世界上各位母亲平等的携手了。"⑤在这段集中表述方志敏中国梦的文字里,方志敏用"所有贫穷和灾荒,混乱和仇杀,饥饿和寒冷,疾病和瘟疫,迷信和愚昧,以及那慢性的杀灭中国民族的鸦片毒物,这些等等都是帝国主义带给我们可憎的赠品,将来也要随着帝国主义的赶走而离去中国了"的言论表达了他为实现中国梦的坚定决心;用"欢歌"、"笑脸"、"富裕"、"康

---

① 《方志敏文集》,人民出版社 1985 年版,第 141 页。
② 《方志敏文集》,人民出版社 1985 年版,第 134 页。
③ 《方志敏文集》,人民出版社 1985 年版,第 136 页。
④ 《方志敏文集》,人民出版社 1985 年版,第 141 页。
⑤ 《方志敏文集》,人民出版社 1985 年版,第 141 – 142 页。

健"、"智慧"、"友爱"、"生之快乐"、"明媚的花园"的词句描绘了他对实现中国梦的美好憧憬;用"中国一定有个可赞美的光明前途"、"无愧色地立在人类的面前"、"与世界上各位母亲平等的携手"等内容抒发了他实现中国梦的崇高抱负。

分析上述方志敏所表达的中国梦,我们以为,方志敏中国梦的核心内容就是不受帝国主义的侵略,没有贫穷和愚昧,人民过上富裕、康健的幸福生活,国家繁荣昌盛、民族独立富强。为实现这一中国梦,方志敏不顾个人得失,甘于清贫,面临死亡从不屈服,不断奋起抗争。

(二)方志敏的中国梦的产生

从方志敏狱中遗稿中,我们可以得出,方志敏的中国梦是和方志敏出生和成长的生活经历、"清贫"的精神境界,以及对共产主义的信仰是紧密相连的。这是我们读方志敏狱中遗稿的一个深刻体会。

首先,从方志敏出生和成长的生活经历来说。在狱中遗稿中,方志敏多次谈到自己出生和成长的生活状况。方志敏出生和成长的时代是"中国农村的衰败、黑暗、污秽,到了惊人的地步"①。对当时的黑暗情形,方志敏概括为:贪官污吏对工农群众的压榨;光怪离奇的选举把戏;苛捐杂税的重征;重租重利的盘剥;帝国主义深入农村的侵略;日益加深的工农群众的痛苦。正是在这样的社会状态中,方志敏出生在中国江西一个非常落后和贫穷的乡村,其农民大多数是"欠债欠租,朝夕不能自给"。② 方志敏的家庭虽然是足以自给的中农,但经济仍然非常困难,男人只能在私塾读三年书,即出来种田,女子是不必读书的,而方志敏读书就是靠父亲东扯西借。"我如此亲尝着这负债的苦味,深味着负债人心中不可描画出来的深忧!"③"在这长夜漫漫,天昏地暗的地方,我生活着,我受着压迫和耻辱地生活着"④。然而,方志敏并没有安于这黑暗

---

① 《方志敏文集》,人民出版社1985年版,第12页。
② 《方志敏文集》,人民出版社1985年版,第10页。
③ 《方志敏文集》,人民出版社1985年版,第14页。
④ 《方志敏文集》,人民出版社1985年版,第10页。

的时日,他明确地指出:我"不安于这黑暗的时日;我渴望着光明;我开始为光明奋斗"。① 从生活痛苦中寻求如何使"千千万万的农民都得到完全的解放"②的奋斗道路,从充满贫穷和灾荒,混乱和仇杀,饥饿和寒冷,疾病和瘟疫,迷信和愚昧的残酷现实想到"中国一定有个可赞美的光明前途",由之,方志敏产生了国家繁荣、民族独立、人民的幸福,即实现中国梦的伟大抱负。

其次,从方志敏"清贫"的精神境界来说。"清贫"精神融贯于方志敏的整个狱中遗稿中,是方志敏留给我们的极其珍贵的精神财富。方志敏一生都是过着极其清贫生活。方志敏在狱中遗稿中就自己的清贫生活作了描述:家里唯一的财产是"穿的几套旧的汗褂裤,与几双缝上底的线袜",③被俘时,两个国民党士兵搜遍全身,除了一块怀表和一支钢笔,没有一文钱。方志敏真的那么贫穷? 对此,方志敏给予了答案,他说:"我从事革命斗争,已经十余年了。在这长期的奋斗中,我一向是过着朴素的生活,从没有奢侈过。经手的款项,总在数百万元;但为革命而筹集的金钱,是一点一滴的用之于革命事业。"④这里,我们可以看到,在方志敏心目中,个人的贫穷算不了什么,只有革命事业是至高无上的。那么,方志敏的革命事业是什么? 方志敏说:"因为我所处的经济环境,和我对于新的思潮的接受,故对于社会的吸血鬼们——不劳而食的豪绅地主资产阶级,深怀不满,而对于贫苦工农群众,则予以深刻的阶级同情。"⑤在对贫苦工农群众深刻的阶级同情中,方志敏选择了苏维埃,"我已认定苏维埃可以救中国,革命必能得最后的胜利,我愿意牺牲一切,贡献于苏维埃和革命。"⑥方志敏认为,只有苏维埃才能救中国,才能使中国繁荣昌盛、中华民族独立富强、中国人民过上幸福生活。可见,在方志敏这里,"清贫"并不等于贫穷,而是为群众谋利益,使人民群众过上富裕生活的一种精神境界,方志敏"清贫"生活的目的就是要战胜各种困难救中国,实现他的中国梦,正如方

---

① 《方志敏文集》,人民出版社 1985 年版,第 10 页。
② 《方志敏文集》,人民出版社 1985 年版,第 12 页。
③ 《方志敏文集》,人民出版社 1985 年版,第 167 页。
④ 《方志敏文集》,人民出版社 1985 年版,第 166 页。
⑤ 《方志敏文集》,人民出版社 1985 年版,第 15 页。
⑥ 《方志敏文集》,人民出版社 1985 年版,第 3 页。

志敏所说:"清贫、洁白朴素的生活,正是我们革命者能够战胜许多困难的地方!"①

　　再次,从方志敏对共产主义的信仰来说。美好的梦想来自于坚定的信仰,坚定的信仰决定了坚强的意志。从狱中遗稿中,我们可以看到,方志敏的不受帝国主义的侵略,没有贫穷和愚昧,人民过上富裕、康健的幸福生活,国家繁荣昌盛、民族独立富强的梦想是因为他具有"资本主义的社会,必然要覆灭,代之而起的,必然是共产主义,反革命必然要失败,革命到最后一定胜利"②的坚定信仰。而方志敏对苏维埃和革命,对共产主义的坚定信仰决定了方志敏面临各种困难,甚至死亡,从不屈服,不断奋起抗争的坚强的革命意志。从狱中遗稿中,我们知道,方志敏的一生是为革命事业奋斗的一生。早在学生时期,方志敏就积极参加了革命活动。如在弋阳高等小学读书,组织了反劣绅官僚的九区青年社;在南昌工业学校组织了揭露校内腐败的学生自治会;在九江南伟烈学校勇敢地提出"我不相信基督教"。入党后,方志敏前后担任过江西省农民协会秘书长、横峰、弋阳、贵溪等县的县委书记、赣东北革命委员会主席、红十军政治委员会主席、军委会主席及闽浙赣省委书记等职务。他领导了横丰暴动;建立了党的武装力量;创建了闽浙赣皖苏维埃根据地;率领了红军北上抗日先遣队。方志敏为革命事业奋斗的一生是极其坎坷的,但他的革命意志则是非常坚强的。这在狱中遗稿中可以看到,诸如:他带有严重的肺病,甚至吐血仍然坚持艰苦的革命活动;在陈独秀机会主义和李立三盲动主义对党的事业和苏区的摧残压力下坚持正确路线;面临国民党"A、B团"的进攻,大革命的失败,"昔日在革命运动中努力拼命地共产党员,到此,被捕的被捕,逃走的逃走,坐牢的坐牢,杀头的就更多了"③的情况,保持旺盛的革命斗志;在极端险恶的环境和困难下组织群众,形成武装力量,扩建革命根据地。方志敏之所以具有"一切难于忍受的生活,我都能忍受下去"④的坚强的革命意志,正如他

---

① 《方志敏文集》,人民出版社 1985 年版,第 167 页。
② 《方志敏文集》,人民出版社 1985 年版,第 35 页。
③ 《方志敏文集》,人民出版社 1985 年版,第 34 页。
④ 《方志敏文集》,人民出版社 1985 年版,第 163 页。

所说的:"我是一个马克思主义笃诚的信仰者"。① "我们是为着主义的信仰,阶级的解放,抱定了斗争到底的决心"。② "敌人只能砍下我们的头颅,决不能动摇我们的信仰! 因为我们信仰的主义,乃是宇宙的真理!"③正是因为有了这一坚定信仰,我们也就不难理解,方志敏为什么具有为革命事业而献身的坚强意志和产生梦寐以求的实现国家繁荣、民族独立、人民幸福的中国梦。

由上,我们以为,方志敏出生和成长的生活经历、"清贫"的精神境界,以及对共产主义的信仰,对我们理解方志敏的国家繁荣昌盛、民族独立富强,人民过上幸福生活的中国梦是有重要作用的。

(三)方志敏实现中国梦的现实行为

在读狱中遗稿中,我们还深刻地体会到,方志敏的中国梦不仅是对未来的理想憧憬,更是他生命存在的现实行为。方志敏的一生是为实现中国梦而奋斗的一生,他以他的现实行为为我们诠释了如何实现中国梦。因此,解析方志敏中国梦,我们以为,更重要的是学习方志敏如何为实现中国梦的现实行为。可以说,这是我们把握方志敏中国梦的重心内容。

从狱中遗稿中,我们认为,方志敏实现中国梦的现实行为最突出的表现是:

第一,揭露帝国主义对中国的侵略,号召每一个中国人奋起反抗,显示中华民族伟大的斗争力量,这是方志敏实现中国梦的核心内涵。

我们知道,方志敏所生活的社会背景正是帝国主义侵略并肆意欺侮中国的黑暗时代。在狱中遗稿中,方志敏深刻揭露了帝国主义对中国的大量侵略罪行,其具体有:一是洋人管理中国的邮政,外国人在中国地方建立起租界,外国兵舰和轮船在中国长江内随意行驶和停泊,教会学校里外国教员和中国教员待遇差异,以及在中国上海的法国公园门口树起"华人与狗不准进园"的牌子等帝国主义带给国人的耻辱;二是在"帝国主义对中国日深月甚的经济侵

① 《方志敏文集》,人民出版社 1985 年版,第 35 页。
② 《方志敏文集》,人民出版社 1985 年版,第 50 页。
③ 《方志敏文集》,人民出版社 1985 年版,第 144 页。

略,使农村经济急剧的衰退下去,农民生活更加穷苦不堪",洋货摧毁了手工业,洋布使土机织的布逐渐绝迹,中国茶叶在国际市场惨跌等帝国主义深入农村的侵略;三是传教的洋人"自认为文明人,认我们为野蛮人,他们是优种,我们却是劣种;他们昂首阔步,带着一种藐视中国人、不屑与中国人为伍的神气",①他们"以精神的鸦片,来麻醉中国人的头脑,消磨中国人的民族意识和阶级觉悟,造成大批的依附信仰洋大人的顺民"②的帝国主义对中国实行文化侵略。通过对帝国主义从政治、经济、文化等方面对中国侵略的深刻揭露,方志敏义愤填膺地指出"只要你不是一个断了气的死人,或是一个甘心亡国的懦夫……谁能按下你不挺身而起,为积弱的中国奋斗呢"。③ 正是如此,面对同胞遭受到虐打和羞辱,他说那"不仅是鞭打那三个同胞,而是鞭打我中国民族,痛在他们身上,耻在我们脸上!"④他朝着那些以虐待自己的同胞取乐的打手们怒而喊"打";对传教的洋人,他指出:他们"到中国来赚钱,来享福,来散播精神的鸦片——传教的洋人,却是有十分的可恶的","总引起我心里的愤愤不平",⑤"无论如何,我是不会相信基督教的";⑥对日本帝国主义侵略中国,他愤怒地说:"企图灭亡中国的横暴,心里愤激到了极点,真愿与日本偕亡!"⑦方志敏还严厉批评了那些胆怯帝国主义的人,认为"他们只看到帝国主义的飞机大炮,忘却自己民族伟大的斗争力量。"⑧方志敏认为,只要全国民众能够觉悟起来,中华民族伟大的斗争力量则是无穷的,帝国主义一定会赶出中国去,中华民族必将独立富强,中国梦也必将实现。为此,他为"唤起全国民众起来斗争,都手执武器,去与帝国主义进行神圣的民族革命战争,将他们打出中国去"而奋斗了一生,直至牺牲了生命。

第二,为工农阶级谋解放,使人民群众真正过上幸福生活,这是方志敏实

---

① 《方志敏文集》,人民出版社 1985 年版,第 125 页。
② 《方志敏文集》,人民出版社 1985 年版,第 21 页。
③ 《方志敏文集》,人民出版社 1985 年版,第 126 页。
④ 《方志敏文集》,人民出版社 1985 年版,第 131 页。
⑤ 《方志敏文集》,人民出版社 1985 年版,第 125 页。
⑥ 《方志敏文集》,人民出版社 1985 年版,第 21 页。
⑦ 《方志敏文集》,人民出版社 1985 年版,第 13 – 14 页。
⑧ 《方志敏文集》,人民出版社 1985 年版,第 137 页。

现中国梦的根本目的。

　　在狱中遗稿中,方志敏曾多次谈到要为工农阶级谋解放,使人民群众过上幸福生活的话题。通过狱中遗稿中方志敏的自述,我们可以看到,无论在学校还是在家乡、在城市还是在农村,无论是做群众工作还是进行武装斗争,方志敏总是特别关注人民群众的生活。方志敏指出:"中国的劳动阶级和农民,不但吃尽人世间的苦,而且苦到不能生存了。然而,这种现象,是不会永久下去的。"①正是如此,他坚定地说:"千千万万的农民都得到完全的解放,这是我们应该走的一条正确路线。"②方志敏是赣东北苏维埃的创建人和领导人。在赣东北苏维埃的工作中,方志敏始终是把"苏维埃政府亲密的与工农群众联成一片","时时刻刻的都在想着如何去改善群众的生活,使群众生活日渐向上"。③毛泽东曾称赞方志敏的赣东北苏维埃的工作,"把群众生活和革命战争联系起来了","他们是革命战争的良好的组织者和领导者,他们又是群众生活的良好的组织者和领导者。"④从这里,我们不难理解群众的利益和幸福在方志敏心目中的位置。在方志敏看来,人民的利益就是国家和民族的利益,人民的幸福就是国家和民族的幸福,我们实现中国梦的根本目的就是使中国全体人民都过上幸福生活。对此,方志敏说:"他们都承认我是一个革命者;不过他们认为我只顾到工农阶级的利益,忽视了民族的利益,好像我并不是热心爱中国爱民族的人。朋友,这是真实的话吗? 工农阶级的利益,会是与民族的利益冲突吗? 不,绝不是的,真正为工农阶级谋解放的人,才正是为民族谋解放的人,说我不爱中国不爱民族,那简直是对我一个天大的冤枉了。"⑤可见,方志敏实现中国梦的根本目的就是使全中国人民过上幸福生活,而方志敏以他的现实行为,使他建立和领导的赣东北苏维埃政府真正成了"工农劳苦群众自己的政府"⑥。

---

　　① 《方志敏文集》,人民出版社 1985 年版,第 192 页。
　　② 《方志敏文集》,人民出版社 1985 年版,第 12 页。
　　③ 《方志敏文集》,人民出版社 1985 年版,第 88 页。
　　④ 《毛泽东选集》(四卷合订本),人民出版社 1964 年版,第 122 页。
　　⑤ 《方志敏文集》,人民出版社 1985 年版,第 122 页。
　　⑥ 《方志敏文集》,人民出版社 1985 年版,第 87 页。

　　第三,为了党的事业和革命斗争的需要,为了祖国的美好未来,不惜牺牲自己的一切,这是方志敏实现中国梦的奋斗道路。

　　方志敏狱中遗稿中的《我们临死以前的话》和《死——共产主义的殉道者的记述》对"死"作了专门阐述,在其他文稿中,也有多处关于"死"的表述。诸如:"党要我做什么,虽死不辞。"①"我们是共产党员,为革命而死,毫无所怨,更无所惧"。② "为着共产主义牺牲,为着苏维埃流血,那是我们十分情愿的啊。"③"假如我还能生存,那我生存一天就要为中国呼喊一天;假如我不能生存——死了,我流血的地方,或者我瘗骨的地方,或许会长出一朵可爱的花来,这朵花你们就看作是我的精诚的寄托吧!"④"不屈而死,是一种积极的行动,这样的死,可以激起同志们对敌人的仇恨,提高同志们斗争的不折不挠和赴死如归的牺牲心。"⑤"假使能使中国民族得到解放,那我又何惜于我这一条蚁命!"⑥等等。从这些表述中,我们可以看到,在方志敏心目中,国家繁荣、民族独立,人民幸福的中国梦一定能够实现,即使自己活不到那一天,也要奋斗到底。为了党的事业和革命斗争的需要,为了祖国的美好未来,方志敏不惜牺牲自己的生命,这就是方志敏的奋斗道路。在这条奋斗道路上,方志敏以其现实行为令我们极为感动:一是他不仅过着非常清贫的生活,还长期患有严重的肺病,但全然不顾地坚持艰苦的革命工作。他说:"肺病是我青年时期最凶恶的敌人,它损害了我的健康,大大地妨碍了我的学习,我的工作","无日不困顿于肺病的痛苦之中"。⑦ 由于长期的艰苦工作,方志敏的肺病越来越重,走多了路吐血,睡晚了吐血,受了刺激也吐血。但疾病并没有改变方志敏为实现中国梦想的行为,"我仍然是干而复病,病好复干",⑧"只要有一天病好,我就得积

---

① 《方志敏文集》,人民出版社 1985 年版,第 95 页。
② 《方志敏文集》,人民出版社 1985 年版,第 107 页。
③ 《方志敏文集》,人民出版社 1985 年版,第 144 页。
④ 《方志敏文集》,人民出版社 1985 年版,第 143 页。
⑤ 《方志敏文集》,人民出版社 1985 年版,第 162 页。
⑥ 《方志敏文集》,人民出版社 1985 年版,第 132 页。
⑦ 《方志敏文集》,人民出版社 1985 年版,第 23 页。
⑧ 《方志敏文集》,人民出版社 1985 年版,第 26 页。

极工作一天"。① 二是在监狱身陷囹圄中,死亡即将降临,他却仍然想着党的事业,想着祖国的美好未来,想着中国梦的实现。他说:"我爱护中国之热诚,还是如小学生时代一样的真诚无伪;我要打倒帝国主义为中国民族解放之心还是火一般的炽烈。"②"我虽然不能实际的为中国奋斗,为中国民族奋斗,但我的心总是日夜祷祝着中国民族在帝国主义羁绊之下解放出来之早日成功!"他还呼吁自己的同志:"不要悲观,不要畏馁,要奋斗!要持久的艰苦的奋斗!把各人所有的智慧才能,都提供于民族的拯救吧!无论如何,我们决不能让伟大的可爱的中国,灭亡于帝国主义的肮脏的手里!"③这里,方志敏把自己完全融入中国梦的实现中,从而使他的死和他的生一样,都展示出实现中国梦的非凡作用。

总之,方志敏的狱中遗稿为我们今日延续一代又一代中国人的夙愿,即实现中华民族伟大复兴的中国梦留下了非常宝贵的精神财富,对我们实现国家昌盛、民族富强和人民幸福生活的中国梦具有重要的现实意义。

七、方志敏的民生思想

民生的内涵极为丰富,覆盖面非常广,但最简单,也是最集中的则是指人民群众的生活。如何改善和提高人民群众的生活这一民生问题,在方志敏这位毕生为中国人民谋解放而奋斗的革命先烈心目中,是一个为之终身思考的至高无上的问题。在方志敏留给我们的文稿中,他曾多次谈到人民群众的生活的话题。无论在学校还是在家乡、在城市还是在农村,做群众工作还是进行武装斗争,方志敏总是特别关注人民群众的生活状态,并多次明确表示要为人民群众过上幸福生活不惜牺牲自己生命的决心。由此,我们认为,方志敏的民生思想是极为突出的,是方志敏留给我们一份非常宝贵的精神财富,对目前开

---

① 《方志敏文集》,人民出版社 1985 年版,第 35 页。
② 《方志敏文集》,人民出版社 1985 年版,第 142 页。
③ 《方志敏文集》,人民出版社 1985 年版,第 143 页。

展的党的群众路线教育实践活动有着特别重要的现实意义。

（一）方志敏民生思想的产生

方志敏的民生思想是方志敏亲临人民群众过着穷苦不堪生活的黑暗时代，情系人民群众而产生。

方志敏生活在中国正处于资本主义列强侵略，国家落后，人民贫穷的半封建半殖民地时期。在《我从事革命斗争的略述》中，方志敏以自己故乡为缩影，从六个方面概述了当时中国社会的黑暗情形，这些方面都突出反映了当时中国人民极其贫困的生活状态。如在"贪官污吏对工农群众的压榨"方面，方志敏以漆工镇警察派出所的一个巡官压榨民众为例，指出"县衙门千方百计压榨民众的事情，多到数不胜数"，"民众冤抑无处诉，叫苦连天"；①在"苛捐杂税的重征"方面，方志敏列举田赋加征、盐税加重、货物征税及临时各捐等，指出"这些捐税，一年比一年加重，如千金重担，沉沉地压在民众身上"；②在"重租重利的盘剥"方面，方志敏分析佃户向地主租田种受剥削的原因，指出"穷而借债，借债更穷，更趋愈下，贫苦人只有陷入万丈的痛苦深渊中去了"；③在"帝国主义深入农村的侵略"方面，方志敏依据"洋货"侵入农村造成"原有的土机织的布，即逐渐绝迹"、"茶叶跌价，卖茶所得钱，还不够摘茶的工资"的原因，指出"帝国主义对中国日深月甚的经济侵略，使农村经济急剧的衰退下去，农民生活更加穷苦不堪"；④在"工农群众的痛苦是日益加深"方面，方志敏以工农群众"受饥挨饿，甚至不能生存"的现状，指出"群众的赤贫化，以至于走到饥饿死亡线上，这还能压制他们不心怀怨恨而另找出路以打破目前不可忍耐的现状吗？"⑤目睹黑暗时代带给中国人民艰难的、贫困的生活状态，使得方志敏从小就形成痛恶帝国主义的侵略和贪官污吏的恶行，渴望中国人民过上幸福生活的愿望，也使方志敏逐渐树立了改变中国人民贫困的生活状态的决心。正如

---

① 《方志敏文集》，人民出版社 1985 年版，第 6 页。
② 《方志敏文集》，人民出版社 1985 年版，第 8 页。
③ 《方志敏文集》，人民出版社 1985 年版，第 9 页。
④ 《方志敏文集》，人民出版社 1985 年版，第 9 页。
⑤ 《方志敏文集》，人民出版社 1985 年版，第 9 页。

方志敏所说:"在这长夜漫漫,天昏地暗的地方,我生活着,我受着压迫和耻辱地生活着;我长大起来了,我逐渐不安于这黑暗的时日;我渴望着光明——奋斗了一生直到这次被俘入狱,直到被杀而死!"①

方志敏之所以关心人民群众的生活,并为之而不惜献出生命,就是由方志敏对人民群众的情怀所决定。方志敏对人民群众有着深厚的感情,他出生在中国南方农村一个普通的农民家庭,和人民群众一样,他亲尝过生存艰难和生活贫困的苦味,有着对人民群众内心深忧的深味。在自述中,方志敏告诉我们,在"中国农村的衰败、黑暗、污秽,到了惊人的地步"②中,他的家庭经济和其他农民家庭一样,生活非常艰难,"男人只能在私塾读三年书,即出来种田,女子是不必读书的"。方志敏在投学中,仅靠父亲东扯西借,借到几十块钱才能投考到南昌工业学校,之后由于借贷无门在九江南伟烈学校只读了一年就辍学了。"我如此亲尝着这负债的苦味,深味着负债人心中不可描画出来的深忧!"③

怀有对人民群众深厚的主观感情和亲临人民群众过着穷苦不堪生活的客观社会背景,二者的融合,是方志敏产生民生思想的主客观条件。可以说,情系人民群众是方志敏产生民生思想的必然缘由。

(二)方志敏民生思想的农民情结

方志敏生于和长期生活在农村,与农民有较多接触,对农民的生活状态非常熟悉,也对贫苦农民怀有真挚而深厚的感情。投身革命后,他长期从事农民运动,领导农民进行武装斗争,其工作又都直接和农民联系在一起,因此,方志敏的民生思想则更多的是表现在中国农民身上。

方志敏是非常熟悉中国农民的。他也了解中国农民最根本的利益是什么,也知道为改变农民群众贫困的生活最有效的办法是什么。方志敏认为,要切实改变农民群众贫困的生活状态,首先要了解农民的根本利益和最需要什

---

① 《方志敏文集》,人民出版社1985年版,第10页。
② 《方志敏文集》,人民出版社1985年版,第12页。
③ 《方志敏文集》,人民出版社1985年版,第14页。

么。对此,他严厉抨击了当时国民党蒋介石无视中国农民的利益和生活所需,在农村推行所谓"新生活运动",指出:"如果你要责备这些农民,为什么这样不爱清洁卫生,不实行'新生活运动',那我可以告诉你,他们被人剥削,苦到饭都弄不到吃,那里还有余力来讲清洁卫生;苦到几乎不能生活,那里还能实行新生活。"①在方志敏看来,要解决农民生活问题,首先是消除对农民的剥削,使农民有饭吃。而要做到这一点,就必须使农民拥有土地。因为,农民拥有了自己的土地,就可以极大地改善其贫困的生活状态。因此,农民最根本的利益问题就是土地问题。方志敏认为,改变农民群众贫困的生活状态最有效的办法,就是给农民分得土地,这是因为,农民"不但要求土地,而且要求土地,要求根本毁灭豪绅地主的封建剥削制度,他们要从重重的压迫下,站起来伸一伸腰儿,做个自由的人!"②对此,方志敏指出:"千千万万的农民,缺地或无地,自己亏本的租耕地主的土地,'锄头挂上壁,马上没饭吃',终年辛苦种田,弄得自己挨饿受冻,不能得到最低程度的温饱,这种情形,能够永久继续下去吗? 能够永久压制他们不起来反抗吗? 能够永久压制他们不起来要求土地吗? 这是做不到的,这是谁也做不到的。"③正是如此,方志敏在省农民协会工作中,在农民代表大会上,在组织武装暴动时,以及在苏维埃政府里,都无时不提到农民的土地问题。我们知道,农民的土地问题也正是毛泽东当时所关注的问题,毛泽东曾先后制定了《井冈山土地法》、《兴国土地法》、《土地法》以及《中华苏维埃共和国土地法》等,并在实践中多次完善土地分配办法。可见,方志敏这一思想和毛泽东是完全一致的。

为中国农民的实际利益而奋斗,使方志敏确定了人生追求的目标,也使他的民生思想得到极大释放。方志敏自述中说道:他每次看到农村的落后和农民的贫困,心里总感到很难过。他认为,仅靠改良是不够的,只有彻底革命才能使农村的落后和农民的贫困得到改变。由此,方志敏得出了:"无产阶级革命成功,实行了无产阶级专政,才把全国农村,不是改良而是彻底的改造了,千

---

① 《方志敏文集》,人民出版社1985年版,第11页。
② 《方志敏文集》,人民出版社1985年版,第32页。
③ 《方志敏文集》,人民出版社1985年版,第42页。

千万万的农民都得到完全的解放,这是我们应该走的一条正确路线。"①寻找到这条使"千千万万的农民都得到完全的解放"的正确路线,从此,方志敏一生追求的目标都放在中国农民的实际利益上。如在担任省农民协会秘书长中,他提出:"没有积极地领导农民群众向剥削阶级进攻,以致会员没有得到更多革命的实际利益,农民对你们协会也就不会有深厚的热情。"②在参加农民群众大会上,他认为:"不必说什么理论,只把这种地主剥削农民的实际情形,用通俗易懂的话,具体地说与他们听。"③在总结暴动失败的原因时,他说:"虽然是暂时失败了,但给了群众许多实际利益"④虽败犹荣。在赣东北苏维埃政府工作之际,面临农民群众的贫困生活,他更是"时时刻刻都在想着如何去改善群众的生活,使群众生活日渐向上"。在方志敏看来,"苏维埃政府,是工农群众自己的政府,非常亲近群众。倾听群众的意见,忠实的为群众谋利益。"⑤毛泽东曾称赞方志敏的赣东北苏维埃的工作,"把群众生活和革命战争联系起来了","他们是革命战争的良好的组织者和领导者,他们又是群众生活的良好的组织者和领导者。"⑥被俘入狱后,面临死亡,方志敏仍然没有忘记农民群众的利益,在《在狱致全体同志书》中,他告诫同志们说:"我希望同志们更加深入群众,与群众打成一片"。⑦ 由上,我们可以看到方志敏的农民情结,可以看到农民群众的利益在方志敏心目中的位置。正是如此,我们也就不难理解方志敏把为中国农民的实际利益而奋斗确定为他的人生追求目标,更不难理解方志敏的民生思想的内涵了。

(三)方志敏民生思想中的爱党、爱国、爱民

在方志敏的民生思想中,党的事业和人民的利益是一致的。方志敏作为

---

① 《方志敏文集》,人民出版社 1985 年版,第 12 页。
② 《方志敏文集》,人民出版社 1985 年版,第 27 页。
③ 《方志敏文集》,人民出版社 1985 年版,第 31 页。
④ 《方志敏文集》,人民出版社 1985 年版,第 40 页。
⑤ 《方志敏文集》,人民出版社 1985 年版,第 85 页。
⑥ 《毛泽东选集》(四卷合订本),人民出版社 1964 年版,第 122 页。
⑦ 《方志敏文集》,人民出版社 1985 年版,第 113 - 114 页。

中国共产党的一名杰出党员,始终把党和人民群众密切联系在一起,把党的事业和人民的利益密切联系在一起。面临国民党反动派对人民群众的屠杀,他愤然指出:"你能不能够消灭中国千千万万工农群众的贫穷?你若能够的话,那也省得你劳力,革命包管不会起来","你若能够把中国千千万万工人农民,杀个干净,自然共产党就没有了"。① 这里,方志敏告诉了我们,共产党的革命事业与消除工农群众生活的贫困完全一致。针对党内一些无视群众贫困生活的党员,方志敏斥责为"冒牌党员",指出他们是"更忘记了千千万万的工农劳苦群众正在啼饥号寒无法生存"。② 这里,方志敏还告诉了我们,如果无视工农群众的生存和生活,那就不配做一个真正的共产党员。正是如此,方志敏把工农群众的生存和生活看得高于一切,一生履行"忠实地为人民谋利益"。在艰苦的革命斗争中,他把斗争的胜利和为人民群众谋利益融合在一起,认为"凡能为群众谋利益,得到群众拥护的革命军队,虽然物质条件较差,仍能胜利"。③ 在赣东北苏维埃工作时,他把群众生活和革命战争融合在一起,指出:"苏维埃政府,是工农群众自己的政府,非常亲近群众,倾听群众的意见,忠实的为群众谋利益"。④ 在身居赣东北苏维埃政府最高领导位置,掌握相当权力时,他表现了"矜持不苟,舍己为公"的美德,即:"经手的款项总在数百万元,但为革命而筹集的金钱,是一点一滴的用之于革命事业。"⑤由此可见,方志敏以他的具体行为印证了党的事业和人民的利益的一致性,完全体现了习近平所说的:"我们党来自人民、植根人民、服务人民,党的根基在人民、血脉在人民、力量在人民。失去了人民拥护和支持,党的事业和工作就无从谈起。"⑥

在方志敏的民生思想中,国家和民族的前途与人民的利益是一致的。在方志敏看来,人民的利益就是国家和民族的利益,人民的幸福就是国家和民族

① 《方志敏文集》,人民出版社 1985 年版,第 42 页。
② 《方志敏文集》,人民出版社 1985 年版,第 108 页。
③ 《方志敏文集》,人民出版社 1985 年版,第 196 页。
④ 《方志敏文集》,人民出版社 1985 年版,第 85 页。
⑤ 《方志敏文集》,人民出版社 1985 年版,第 166 页。
⑥ 习近平:《在党的群众路线教育实践活动工作会议上的讲话》,新华网 . 2013 年 6 月 18 日。

的幸福,爱民就是爱国、爱民族。对此,方志敏说:"他们都承认我是一个革命者;不过他们认为我只顾到工农阶级的利益,忽视了民族的利益,好像我并不是热心爱中国爱民族的人。朋友,这是真实的话吗? 工农阶级的利益,会是与民族的利益冲突吗? 不,绝不是的,真正为工农阶级谋解放的人,才正是为民族谋解放的人,说我不爱中国不爱民族,那简直是对我一个天大的冤枉了。"①这里,方志敏为我们阐述了"国"与"民"关系的深刻道理。我们知道,中国古人在"国"与"民"的关系上有不少论述,如孔子说:"古之为政,爱民为大"。② 孟子也说:"民为贵,君为轻、社稷次之"。③ 应该肯定,方志敏并不是孔孟的孝子贤孙,但中国古代重民的传统思想不可避免对方志敏的民生思想会产生一定影响,则是不可否定的。有民才有国,有国才有家,这是"国"与"民"辩证统一的道理。这个道理深深烙在方志敏的民生思想中。正是如此,方志敏把"为工农阶级谋解放"和"为民族谋解放"融为一体,认为我们为实现国家的富强和民族的独立奋斗的根本目的就是使中国全体人民都能过上幸福生活,而中国全体人民都过上了幸福生活就是我们国家的富强和民族的独立地实现。可见,方志敏的民生思想和方志敏的爱国思想密切相连。

爱党、爱国、爱民,三者融为一体,就能形成巨大的中华民族力量。这些力量足以实现中华民族伟大复兴,也足于实现方志敏的使人民群众过上幸福生活的民生思想。

(四)方志敏民生思想的现实意义

党的十八大提出:"围绕保持党的先进性和纯洁性,在全党深入开展以为民务实清廉为主要内容的党的群众路线教育实践活动,着力解决人民群众反映强烈的突出问题,提高做好新形势下群众工作的能力。"④根据中共中央部署,目前,党的群众路线教育实践活动正自上而下在全党深入开展。在此,我

---

① 《方志敏文集》,人民出版社 1985 年版,第 122 页。
② 刘乐贤:《孔子家语》,燕山出版社 2009 年版。
③ 赵敏俐、尹小林:《国学备览》(第 1 卷),首都师范大学出版社 2008 年版,第 143 页。
④ 胡锦涛:《坚定不移沿着中国特色社会主义道路前进为全面建成小康社会而奋斗》,人民出版社 2012 年版,第 51 页。

们了解和学习方志敏民生思想,有着特别重要的现实意义。

第一,方志敏民生思想对我们进一步理解党的群众路线的重要性有重要的认识意义。把人民群众的利益放在首位,关心人民群众生活,是我们党一贯的优良传统作风,也是党的群众路线的具体体现。我们党历届领导人在不同时期都论述了这个问题。在战争年代,毛泽东就曾指出:“一切群众的实际生活问题,都是我们应当注重的问题。”①他专门撰写了《为人民服务》一文,提出全党同志,特别是领导干部必须全心全意为人民服务。在改革开放时期,邓小平提出的“三个有利于”判断的标准,其中之一就是“是否有利于提高人民的生活水平”,他认为,我们一切改革的出发点和落脚点,都是不断提高人民生活水平。之后,江泽民、胡锦涛也多次说过,在社会主义现代化建设中,要重视人民群众的利益,把关心群众生活摆到突出的位置。在江泽民的“三个代表”重要思想中,其中之一就是提出我们党“始终代表中国最广大人民的根本利益”,他提出必须坚持把人民的根本利益作为我们工作的出发点和归宿;在胡锦涛的科学发展观中,他提出了“以人为本”,指出要以人民群众的实际利益和提高人民群众生活为我们工作之根本。党的十八大召开以来,新一届党的领导人同样格外关心人民群众的生活,习近平在党的十八大选出新一届中央政治局常委第一次同中外记者见面时就明确指出:“人民对美好生活的向往,就是我们的奋斗目标”。② 认为实现中国梦就是要让人民群众过上幸福生活。可见,我们党历届领导人都非常重视人民群众的实际利益,关心人民群众的生活,这既体现了我们党一贯的优良传统作风,也说明了党的群众路线的重要性。习近平指出:“群众路线是党的生命线和根本工作路线”。③ 党的群众路线要求我们,要坚持全心全意为人民服务的根本宗旨,立党为公、执政为民。只有这样,我们才能真正做到把人民群众凝聚在一起;也只有这样,我们党才能保持先进性和纯洁性,党的执政基础和执政地位才能得以巩固。而方志敏的民生思想

---

① 《毛泽东选集》(四卷合订本),人民出版社 1964 年版,第 123 页。

② 习近平:《新一届中央政治局常委同中外记者见面时讲话》,《人民日报》2012 年 11 月 16 日。

③ 习近平:《在党的群众路线教育实践活动工作会议上的讲话》,新华网.2013 年 6 月 18 日。

以它特定时期的特有内容为我们理解党的群众路线的重要性,无疑提供了重要的认识作用。

第二,方志敏民生思想对我们当前正确处理社会发展和提高人民群众生活的关系有重要的启迪意义。

通过中国共产党领导广大人民群众的浴血奋战和无数革命先烈的抛头颅、洒热血,方志敏所生活的"江山破碎,国弊民穷"的黑暗时代已被彻底推翻,经过社会主义建设特别是改革开放,今天的中国,即"我们的母亲",已经完全如方志敏所比喻的"一个身体魁伟、胸宽背阔的妇女"站起来了。然而,应该看到,当前在我们国家,群众生活还存在诸多实际问题,如收入、住房、教育、医疗、环境及社会保障等问题都摆在我们面前。那么,在改革开放取得巨大成就,社会主义现代化建设有了迅猛发展之际,我们又如何改善群众生活,解决群众的实际问题呢? 对此,我们以为,方志敏在赣东北苏维埃"把群众生活和革命战争联系起来了"的做法很值得我们学习。在残酷的战争岁月中,方志敏领导苏区人民一方面取得了革命战争的胜利,另一方面又提高了群众生活水平。毛泽东用"他们是革命战争的良好的组织者和领导者,他们又是群众生活的良好的组织者和领导者"①对方志敏赣东北苏维埃的做法给予了高度评价。今天我们在改革开放年代里,我们又何尝不能一方面积极推动社会的进步和发展,另一方面又使人民群众过上美好的幸福生活呢? 习近平说:"我们的人民热爱生活,期盼有更好的教育、更稳定的工作、更满意的收入、更可靠的社会保障、更高水平的医疗卫生服务、更舒适的居住条件、更优美的环境,期盼着孩子们能成长得更好、工作得更好、生活得更好。"②我们相信,在党中央的正确领导下,经过全国上下的共同努力,人民群众的期盼一定能够实现,我们的社会也一定会有更大的发展。因为,社会的发展和人民群众生活的提高是密切不可分的。这就是方志敏民生思想给我们的启迪。

第三,方志敏民生思想对我们如何做好保持党同人民群众的血肉联系的

---

① 《毛泽东选集》(四卷合订本),人民出版社 1964 年版,第 122 页。

② 习近平:《新一届中央政治局常委同中外记者见面时讲话》,《人民日报》2012 年 11 月 16 日。

这个永恒课题有重要的警示意义。

习近平指出:"保持党同人民群众的血肉联系是一个永恒课题"。这个课题,我们党自建立以来就一直努力在做。毛泽东在做,老一辈无产阶级革命家在做,方志敏也在做。历史证明,他们都完成得很好。现在我们也正在做。那么,我们如何才能完成好这个课题呢?我们以为,要保持党同人民群众的血肉联系,最根本的就是要体现人民群众的根本利益,而关心人民群众的生活,则是体现人民群众根本利益的最直接表现。只有这样,我们的事业才能得到人民群众的拥护和支持,正如习近平所指出:"得民心者得天下,失民心者失天下,人民拥护和支持是党执政的最牢固根基。"①对此,方志敏为我们树立了楷模。当年方志敏开创的赣东北革命根据地由小到大、由弱到强,就是因为方志敏做到了密切联系群众,关心群众生活,尽最大努力帮助群众解决生活困难,保持与赣东北人民群众的血肉联系,从而得到赣东北人民群众的拥护和支持。在无数次危急关头,人民群众宁肯牺牲自己,也要保护方志敏。显然,人民拥护和支持就是赣东北革命根据地在非常艰难的条件下仍然能得以发展壮大的根本原因。

当前,保持党同人民群众的血肉联系同样是进行社会主义建设,实现社会主义现代化的需要。进行社会主义建设,实现社会主义现代化的任务需要依靠人民群众去完成的。没有人民群众的积极参加,再好的改革方案也会落空,再宏伟的目标也难以实现。那么,如何才能把人民群众的积极性充分调动起来呢?习近平说:"我们一定要始终与人民心心相印、与人民同甘共苦、与人民团结奋斗,夙夜在公,勤勉工作,努力向历史、向人民交出一份合格的答卷。"②这是调动人民群众的积极性最好的答案,也是方志敏的民生思想给我们最明确的答案。由此,方志敏的民生思想给我们的警示,就是:如果中国共产党无视人民群众的生活,就不能代表人民群众的根本利益,那么,要保持党同人民群众的血肉联系则是无法想象的。不能保持党同人民群众的血肉联系,我们党的执政就没有牢固的根基。没有牢固根基的执政是不会长久的。

---

① 习近平:《在党的群众路线教育实践活动工作会议上的讲话》,新华网.2013年6月18日。
② 习近平:《新一届中央政治局常委同中外记者见面时讲话》,《人民日报》2012年11月16日。

第三章

高校的教育教学及人才培养述略

中共中央、国务院《关于进一步加强和改进大学生思想政治教育的意见》指出,大学生是十分宝贵的人才资源,是民族的希望,是祖国的未来。加强和改进大学生思想政治教育,提高他们的思想政治素质,把他们培养成中国特色社会主义事业的建设者和接班人,对于全面实施科教兴国和人才强国战略,确保我国在激烈的国际竞争中始终立于不败之地,确保实现全面建设小康社会、加快推进社会主义现代化的宏伟目标,确保中国特色社会主义事业兴旺发达、后继有人,具有重大而深远的战略意义。为贯彻落实中共中央、国务院《关于进一步加强和改进大学生思想政治教育的意见》,我们必须努力做好高校的教育教学及人才培养工作。

高校是整个社会体系的重要组成部分,更是培养社会人才的重要阵地。加强高校教育教学及人才培养工作,促进大学生全面发展,是社会主义现代化建设的必然要求。要调动高校的全部力量投入到教育教学及人才培养工作中去,发挥各部门的作用。因此,认真研究高校教育教学及人才培养,寻求其规律和工作方式,有着重要的理论意义和深远的现实意义。

多年来,经过一些专家学者的深入探讨和高校教育教学工作者的不懈努力,高校教育教学及人才培养工作取得了很大成绩,一方面,大学生的思想道德素质、科学文化素质、身体心理素质等都有了很大提高,另一方面,各高校教育教学及人才培养更加适应社会发展的需求。目前,在我国高校,教育教学及人才培养已成为整个高等教育的龙头教育和重头大戏。但我们还应该看到，从高校教育教学及人才培养来说，无论是专业知识还是教学目的，无论是课程设置还是教学模式，与社会发展的需求还存在很多不尽如人意的地方，这就需要我们认真研究和积极探索新形势下高校教育教学及人才培养的规律和途径。

○教育教学及人才培养是高校的中心工作，也是衡量高校办学质量的根本标准。我们要树立创新意识，形成我国各高校的特色。世界名校的创新做法对我们有启发作用。目标的确定，人才的使用和质量的提高，三者缺一不可，密切联系，融为一体，这是达到我国高校教育教学及人才培养的最基本的保证。

○我国高校思想政治教育的根本要求应该是"以人为本"。这是时代发展的需要，是高校培养人才目标的需要，是实现学生的全面发展的需要。高校思想政治教育必须从过去的传统模式中走出来，要坚持以人为主体，以人为前提，以人为动力，以人为目的；把学生从教育对象转变为教育主体；把"以人为本"和理想信念教育融合为一体；在思想政治教育中，体现为人文关怀和道德情感。

○我国高等教育实现跨越式发展，为我国现代化建设培养了大批人才。虽然经过高校及从事思想政治教育专业教育的教师作了不少努力，但思想政治教育专业大学生的实践能力提高缓慢的问题依然没有解决。我们必须注重思想政治教育专业大学生加强实践能力的培养。

○把实践纳入高校思想政治教育专业教学的重要内容中，是由高校思想政治教育专业的特征和培养目标所决定。要根据不断变化着的实际来讲述思想政治教育专业的内容，在思想政治教育专业课程体系中，实现结构性突破，达到理论知识讲授和实践能力培养的统一。当代思想政治教育专业大学生要树立新的理念。

○思想政治教育专业作为高校的一个必设专业，占有十分重要的地位。

目前,思想政治教育专业大学生存在实践能力弱的缺陷。把培养大学生的实践能力摆在凸出位置,增强思想政治教育专业大学生的实践能力,这对提高思想政治教育专业大学生的市场竞争力及高校自身的生存力具有重要意义。

○目前,和其他专业相比,高校思想政治教育专业大学生的实践能力提高甚微。提高思想政治教育专业大学生的实践能力有不少障碍。解决的办法是走"有的放矢"的路子,即:改革大学思政专业的课程设置和教学方法,拓宽第二课堂活动的内容和形式,为提高思想政治教育专业大学生的实践能力提供广阔的舞台,并强化其探索性和创造性精神。

○高校思想政治教育专业大学生认为,在高校思想政治教育专业的教学中,实践应该摆在第一位。大学生真正要学的并不是教材上的那些知识和理论,而是将这些知识和理论运用于社会实践的能力。为了让自己拥有全面、系统而深入地分析和独立思考的能力,前提是需要拥有深厚的专业知识。在思想政治教育专业中,学生学得很被动,教师的教学效果也不好。而实践的加入就能很有效地解决这样的问题。能使学生的学习从被动变主动,教学的质量将大大提高。

○目前我国高校在育人方面还存在很多不足。为克服这些不足,高校思想政治教育中的"育人"方法是:一是在学生方面,做好大学生做什么人和怎样做人的思想教育;二是在教师方面,提高教师的职业道德素质和教育教学工作的才能。

○师德是指教师的道德准则和规范。教师是否具有师德,与是否具有献身于教育事业的精神直接联系。师德决定师能,衡量一名教师的师能,需要看他的知识水平和从事教育教学活动的能力这两方面的情况。无论哪一方面,都与师德密切联系在一起。在师能和师德的关系上,师德是至上的,是催人奋进、克服一切杂念的思想武器。

○随着体制改革的不断深入,人才流动,高校教师到校外兼职则越来越普遍。高校教师到校外兼职是有一定积极作用,但也有负面影响。为使其积极意义最充分地显示出来,而使其负面影响降低到最小限度,必须要有领导有方、管理有序的学校和高素质、高水平的教师两个条件。

○普通高校办成人高等教育有"利"有"弊",但"利"远远大于"弊",而且,"弊"完全是可以克服的。普通高校办成人高等教育是"一体两翼",要摆正普通教育和成人教育这两"翼"的位置。成人高等教育有着不同于普通高等教育的特点,因此,在成人高等教育管理和教学上要有着不同于普通高等教育的方法。

○普通高校办成人高等教育的教学模式,关系到教与学的沟通、教学内容、教学方法及学生的接受和掌握的专业知识等。在构建普通高校办成人高等教育的教学模式上,要有正确的指导思想,树立坚定的教育理念;了解和掌握普通高等教育和成人高等教育的内在构成因素;切合普通高校的适合成人高等教育发展的具体教学条件的实际。

○高校统战工作必须有为教学服务的职能。在履行为教学服务的职能中,要把其和高校统战工作其他方面的职能融合在一起,通过联系、调研及协调等工作途径而实施。正确定位,理顺关系,以及有切合实际的方略,是高校统战工作履行为教学服务的职能的保证。

一、树立创新意识,为高校教育教学及人才培养而努力

我们知道,教育教学及人才培养是高校的中心工作,也是衡量高校办学质量的根本标准。自党的十八大对教育工作提出新要求和《教育部关于全面提高高等教育质量的若干意见》出台,我国各高校掀起了深入推进教学改革和建设,全面提高人才培养质量的热潮。习近平曾说:"高校是汇聚人才的高地,是培养人才的基地,在国家经济社会发展全局中居于重要地位。"①在中共中央

---

① 习近平:《在第十八次全国高等学校党的建设工作会议的讲话》(2009 年 12 月 24 日)。

政治局第 9 次集体学习中习近平又进一步指出,"要深化教育改革,推进素质教育,创新教育方法,提高人才培养质量,努力形成有利于创新人才成长的育人环境。高等学校的根本任务是培养人才。"①目前,各高校在教育教学及人才培养上,同心协力,共同奋斗,展示出蒸蒸日上的景象。然而,在我们面前,希望和困难共存。那么,如何克服困难,实现党的十八大提出的要求呢? 很重要的一点,就是要树立创新意识,形成我国各高校的特色,踏踏实实的工作,达到迅速而又全面的发展。

(一)世界名校的创新做法对我们具有启发意义

在 2002 年 8 月 1 日的《科学时报》上,登载了一篇题为《世界著名大学校长纵论大学之道》的文章。文章中列举了世界上一些著名大学打造世界一流大学的创新做法。我认为,对我国高校在教育教学及培养人人才上是有启发的。如美国哈佛大学的明确详尽的规划大学的主要发展目标、实践进程以及实现这些目标的关键因素和特别重视选聘高水平的院系的领导和教师,以不同形式呈现卓越的教学。美国卡内基—梅隆大学重视理论的应用;重视学科间的交叉合作;重视创新,内部结构体系小而紧凑;倡导强强组合。美国的斯坦福大学提出的"四种'内功'":1. 反思大学的远景、使命和组织架构。2. 教学与研究相互促进。3. 大力倡导学术自由。4. 坚持自我表现管理和相互竞争的灵活结构。美国波士顿学院提出建设一流教师队伍,提供一流的教学、研究设施;为教师确定合班的教学和科研工作量。英国牛津大学提出应该做到参与经济的发展和真理的探究的统一。法国巴黎高等师范学校认为大学就如企业,有自己的"客户"和"产品",她的"客户"就是公立机构,她最耀眼的"产品"就是她能培养的优秀毕业生,这比她自身进行的诸多研究活动更为重要。更具有影响力。英国剑桥大学在观念和具体内容上进入质量保障的核心。日本东京大学的创新的精神生活的组织新形态,无疑对我国的发展及如何创新是有重要的启发意义的。

---

① 习近平:《在中共中央政治局第 9 次集体学习的讲话》(2013 年 9 月 30 日)。

（二）联系实际，把创新融入实际工作中

第一，瞄准目标，团结合作。

目标是方向，是奋进的旗帜，是发展的尺度。目前，党中央、国务院及教育部为我国高校教育教学及人才培养已确定了明确目标。然而，就一所高校来说，仅有大目标还不够，还应该把这一大目标进行分解或细化，通过对许多具体目标的达成或对过程的改进来展开我们的工作。为此，高校各职能部门，各院、系、室，各教研室及个体的专业教师和辅助人员都要校准自己的发展目标。这些目标应因部门性质、专业不同、个人岗位不同而不一样，为实现这些目标，必须有创新或创造。同时全体教师生员工，需不断的研讨，不断地鼓劲，不断地强调团结合作，同心协力，相互支持，各就各位，不断地为确定各自目标去奋斗。缺乏具体目标的整体目标是永远实现不了的，只有具体目标的一一实现，高校教育教学及人才培养的整体目标才会实现。

第二，重用人才，确保科研。

一所学校能否进入一流，关键在于能否吸引和使用人才。为此，任何高校应该按照有利于优秀人才的吸引和凝聚，有利于人才充分发挥作用，有利于人才队伍的持续发展和动态优化的原则制定有力措施。要处理好自主培养和吸引凝聚的关系，在公平竞争中识别人才，在创新实践中培育人才，在事业发展中凝聚人才，在工作生活中关爱人才，在岗位安置上重用人才，形成多层次、全方位、系统化的人才开发的使用格局。

目前，高校人才可谓不少，获各类特殊津贴优秀人才比比皆是，但充分发挥作用的并不多。为充分发挥人才的作用，我以为，应该做到"优"和"拔"的统一。所谓"优"就是不分资历、不讲尊卑，为人才提供优质的工作和生活条件，视需要，可以为他们提供"两耳不闻窗外事"埋头苦读苦写的环境，所谓"拔"，就是为人才制定拔尖计划或拔尖目标，压任务，使他们在预期的时期获得预期的成果。

在我国，科研往往是衡量一所学校学术水平的尺度，因此，高校应采取强有力的措施，调动一切科研力量，尽可能出更多、更好的成果。要为人才制定

拔尖计划目标,压任务,要求他们出更多更好的科研成果。为确保科研,:一要充分发挥大学学报的作用,确保科研成果的数量;二要重视科研成果奖,取保科研论文的质量。要采取集体科研的形式,充分发挥带头人的作用;要重视科研所的建设,增大科研出成果的基地。

第三,抓住质量,突出教学。

高等教育的质量问题是高校发展过程中能否达到目标的一个特别重要问题。近年来我国高校规模扩大,教学人员增多,招生计划不断递增,在这种情况下,能否保证质量,这不能不引起我们担忧。

应该清醒地认识到,目前不少高校还缺乏一个健全、优质的质量管理系统,在教学、科研及管理方面,都急于提高质量。为保障质量,目前的一个重要任务就是全面建设起良性循环的运行机构。包括教学运行机构、科研运行机构和管理运行机构等,而整个运行机构中,突出是教学管理机构。因此,目前的重点应该紧抓教学质量,在如何提高教学质量上大做文章。要做好这方面文章,一要切合实际,二要突出特点,三要有创新的独到内容。当然,在做这方面文章中,单靠某一部门或某些人是不行的,而应上下里外总动员,共同努力,齐心协力。

目标的确定,人才的使用和质量的提高,三者缺一不可,密切联系,融为一体,我想这就是达到我国高校教育教学及人才培养的最基本的保证。

二、高校思想政治教育的根本要求

"以人为本"是我国高校思想政治教育的根本要求。这是因为,思想政治教育的主体是人,对象是人,其出发点和归宿也是人。高校思想政治教育是一种教育人的工作,其目的就是要使大学生具有高尚的思想素质,从而服务社会。反思高校思想政治教育的传统做法,不难发现,我们往往在对大学生进行思想教育过程中,忽视大学生作为受教育者的主体性的需要,对他们的成长规律缺乏深入认识。为培养大学生健全人格和高尚品德素质,把握思想政治教育的"以人为本"刻不容缓。

（一）高校思想政治教育中要把"以人为本"作为其根本要求

在高校思想政治教育中，为什么要把"以人为本"作为其根本要求呢？

首先，这是时代发展的需要。现代社会是政治、经济、科技、教育、文化和社会变化发展的极其迅捷的时代。现代社会人口的急剧增加，高等教育的大众化和跨越式发展，造成了更加激烈的人际竞争、职业竞争、职务竞争、岗位竞争。现代社会是知识经济时代，信息网络技术飞速发展，经济全球化趋势在曲折中发展。要适应这样一个迅速变化的、复杂的、转型的社会环境，个体没有良好的综合素质的绝对不行的。大学生虽然是同龄人中比较优秀的群体，具有较好的知识素质和技能素质，但是如果没有良好的思想政治素质将同样无法适应时代发展的客观要求。思想政治教育必须坚持"以人为本"，把提高大学生思想政治素质放在首要位置，才能真正提高大学生的思想政治素质，使大学生具备适应时代发展要求的全面发展的综合素质。

其次，这是高校培养人才目标的需要。我国高校的教育目标是培养合格的社会主义建设者和接班人，在对于人才的素质要求中，必须把培养学生具有较高的思想政治素质放在首位，这是社会主义建设事业对人才素质的最基本的规格要求。思想政治素质是大学生诸素质中的核心素质，是学校教育活动的中心任务。高校思想政治工作者只有高度重视并切实做好大学生思想政治素质教育和培养，才能确保我国高等教育人才培养目标的有效实现。

再次，这是实现学生的全面发展的需要。高校思想政治教育坚持以人为本，就是以实现大学生的全面发展为目标。只有坚持把"以人为本"的价值取向贯穿与发展学生的各个方面、各个环节，才能在高校教育事业的基础上，不断提高学生的德智体美的发展；才能尊重学生，不断激发学生的学习积极性，充分发挥他们的聪明才智，从而使高校思想政治教育的过程成为学生的全面发展的过程，使高校教育发展的成果成为促进学生的全面发展的动力。

最后，这是增强大学生的主体意识的需要。大学生心理特点和行为特征具有特殊性，坚持"以人为本"，充分考虑大学生心理特点和行为特征，根据大学生实际情况开展思想政治教育工作。最大限度地调动他们的学习积极性和主动性,使大学生自觉主动地认识自我和完善自我,把自己塑造成为具有优秀个性特征和良好素质的社会主体,从而能够有效地面对生活,适应社会,实现自己的人生价值。

(二)我国高校思想政治教育要突破传统的模式

应当承认,目前我国高校思想政治教育从主流方面看至今还处于一种传统的模式之中。分析这种模式的特点,我们以为,主要表现为:

第一,对大学生所施加的是各种既定的道德规范以及与之相适应的观念。客观地讲,目前高校思想政治教育中所依据的不少道德规范往往是一种被抽去了人性的本质内涵,空洞的、抽象的行为规定,带有教条性,而缺乏因时而异、因人而异的有效性。对于这些向大学生所灌输的道德规范,大学生只能是简单地接受,做出与之相符合的反应。而我们的思想政治教育者而往往又把这些道德规范当作大学生思想品德教育中起决定作用的因素,使大学生只能处于接受者被塑造的客体地位,成为一根根灌满了各项道德规范、概念的"香肠"。

第二,在大学生思想政治教育中,所能达及的只是大学生的行为表现。应当说,高校思想政治教育只能是建立在人与人之间的心灵理解基础上,而不是仅仅停留在某些大学生的行为表现上。可以说,思想政治教育的根本就在于教育者对受教育者心灵的理解、关怀。当受教育者从教育者那里听到的只是对某些行为的约束,而无法从思想政治教育中得到心灵上的理解、关怀,他的道德品质又怎么能形成呢? 心灵上的理解、关怀是思想政治教育的根,离开了心灵上的理解、关怀,思想政治教育只会是无根之草、无本之木。

第三,思想政治教育的目的仅是为提高认识,而丢弃内心情感和境界的提升。这实际上是把思想政治教育"教育人、改变人"的目的等同于智育的"认识"要求,也就是没有将把握人性与把握物性这两种根本不同的过程加以区分,为此,贯穿于高校思想政治教育过程中的,仍然是掌握知识、形成概念的那一套。

上述传统思想政治教育模式的特点,必然会造成了思想政治教育理论与实践中的"人学空场",它既不是以人,即大学生为主体的,所传授的又是带有教条性的道德规范,在实施中又缺乏对大学生心灵上的理解、关怀。正因为如此,思想政治教育变成毫无主体能动性,枯燥无味,令人厌烦的灌输与说教。现实要求,高校思想政治教育必须从这种传统模式中走出来。

(三)高校思想政治教育中"以人为本"的方法

如何做到高校思想政治教育中"以人为本"呢? 我们认为,其主要方法有:

第一,从"以人为本"的理念出发,在尊重人、理解人、关心人、爱护人、帮助人、造就人这一观点上,展开思想政治教育的全新视野。思想政治教育坚持以人为本的核心理念,就是要以人为中心,突出人的发展。因此,高校思想政治教育应当坚持以人为主体,以人为前提,以人为动力,以人为目的。具体来说,就是,一方面要坚持尊重人、解放人和塑造人。尊重人,就是尊重人的社会价值和个体价值,尊重人的独立人格、不同需求、能力差异,尊重人的创造和权利。解放人,就是不断冲破一切束缚人的聪明才智充分发挥的体制、机制观念,塑造成责任的主体。另一方面,要坚持以服务大学生全面发展为重点,教育是核心,管理是保证,服务是拓展。要以大学生成长成材为中心,帮助学生成长、解决学生困难、方便学生办事、维护学生权益,真正做到关心学生困难、关爱学生进步、关注学生就业。

第二,把学生从教育对象转变为教育主体。以往的高校思想政治教育是将教育者定性为教育过程中的主体,将受教育者的大学生定性为教育过程中的客体。这是有违"以人为本"的。在教育实施过程中,我们应倡导人人是主体的全员参与的思想政治教育。在高校思想政治教育中,要树立大学生的主体意识,引导大学生的自我教育,使大学生认识到,从思想政治教育的实施过程来看,大学生是教育的对象,是形式上的客体,但教育需要大学生的主动参与,大学生自身也是教育的主体。不仅如此,大学生间的相互影响、启发也发挥着重要的作用。

第三,把"以人为本"和理想信念教育融合为一体。胡锦涛在全国加强和改进大学生思想政治教育工作会议上明确指出,对大学生的思想政治教育要以理想信念教育为核心,深入进行正确的世界观、人生观、价值观教育。① 理想信念教育是核心,就是说,在"以人为本"的思想政治教育中,要以马克思主义基本理论和党的基本知识为重点,让大学生树立为人民服务的宗旨和为共产主义伟大理想奋斗终生的人生抱负,具有以爱国主义为核心的团结统一、爱好和平、勤劳勇敢、自强不息的民族精神教育,使大学生做到爱国守法、明礼诚信、团结友善、勤俭自强、敬业奉献,达到大学生的全面发展。

第四,在思想政治教育中,体现为人文关怀和道德情感。思想政治教育中体现人文关怀和道德情感,实际上,就是"以人为本"的具体反映。思想政治教育是做人的工作。人的情感是丰富多彩的,健康情感应以提升现代人格为目的,弘扬民族精神为己任。要培养学生热爱生命、热爱生活、热爱自然、追求高尚情操。在具体实施过程中,必须从根本上改变思想政治教育中大学生被动接受的地位,突出大学生的主体角色,以更开阔的思路,更加开放的体系,更加灵活的机制,更加多样的形式,努力激发广大学生自我完善,自我超越的主动性和积极性,从而真正有效地全面提高学生的整体素质以适应素质教育新形式的发展要求。

三、高校思想政治教育专业大学生实践能力的缺失与培养

目前,我国高等教育实现跨越式发展,为我国现代化建设培养了大批人才。但我们也应该看到,我国高等教育在人才培养上长期存在的一些问题,诸如:重书本知识的传授,轻实践能力的培养;重教师的讲授,轻学生的探索;重考试成绩,轻整体素质的提高等倾向仍然普遍存在。"高分低能"现象的出现引起教育部及高校对学生实践能力的审视。在教育部下发相应文件后,各高校纷纷加强对学生实践能力的培养,使大学生的实践能力得到空前提高。但

---

① 胡锦涛:《在全国加强和改进大学生思想政治教育工作会议上的讲话》(2005 年 01 月 19 日)

思想政治教育专业大学生的实践能力提高却很缓慢。在当今用人单位注重应聘者实践能力的要求下,对我们思想政治教育专业大学生的就业是十分不利的。为此,提高思想政治教育专业大学生的实践能力也就倍受关注。

(一)高校思想政治教育专业大学生实践能力的缺失

2005 年国际著名的麦肯锡公司发表的调查报告《应对中国隐现的人才短缺》指出:"2005 年中国有 310 万高校毕业生,是美国的 2 倍多,但只有不到 20%能够满足跨国公司在实际应用技巧和英语水平方面的要求;中国每年有 60 万名新工程师'诞生',比美国多出 9 倍,但仅有 1.6 万人拥有在外国公司工作的实用能力和语言能力。"①从这份报告里我们不难看出,我国高校对学生实践能力的培养是如此贫乏。而思想政治教育专业大学生实践能力缺失则是首当其冲。

思想政治教育专业作为高校的一个必设专业,无论哪种类型的大学,思想政治教育都占有十分重要的地位。由于思想政治教育专业所开设的马列主义哲学原理等课程本身存在实践价值弱的缺陷,教师难以对这些课程开展行之有效的实践教学,再加上许多思想政治教育专业大学生把大量时间花费在过英语四、六级及考研上,从而忽略了对自身实践能力的培养,许多实习学校的老师指出现在的思想政治教育专业实习生连粉笔字都写不好。思想政治教育专业大学生实践能力弱的缺陷在应聘时也被完全暴露出来。许多用人单位对刚招聘过来的思想政治教育专业大学生的评价往往是:对理论知识的掌握是还可以的,但对实际操作却无从下手,必须对他们进行上岗再培训。这是许多用人单位不愿看到的。为此,许多用人单位在应聘条件上大都注明有工作经验者优先的条款。这无疑为思想政治教育专业学生就业设置了一个更高的门槛。为改变思想政治教育专业大学生理论修养强、实际动手能力弱的局面,高校及从事思想政治教育专业教育的教师作了不少努力,但思想政治教育专业大学生的实践能力提高缓慢的问题依然没有解决。

---

① 彭宁. 麦肯锡报告称跨国公司在华遭遇高级人才短缺,《北京晨报》,2005。

（二）高校思想政治教育专业大学生实践能力的培养

在这里我们必须明确，我们所讲的实践能力主要是指知识转化为能力，即将理论知识转化为自己的能力，它的实质就是对知识的应用能力。那么我们如何使知识转化为自己的能力？列宁曾说过"理论要变为实际，理论要由实践来鼓舞，由实践来修正，由实践来检验。"①体现了理论要由实践来检验的思想，强调将理论知识与实践相结合才能使理论知识更加完善。其实对学生实践能力的注重，我国自古以来多有阐述。古代荀子"知之不若行之，学至与行而止矣。"②就提倡知与行的统一，更是指出学习的最终目的在于实践。墨子有"厚乎德行，辩于言谈，博乎道术"③之说，其中"博乎道术"是行为上、技能上的要求，指"兼士"要有行为上之能力，既是理论家，更是实践家。朱熹更是强调"学者诸书须将圣贤言语，体之于身。"只有"从容于句读文义之间，而体验于操存践履之实，然后心静理明，渐见意味"④，指出实践方能深刻理解知识。我国著名教育家叶圣陶曾说过，"理解是必要的，但理解之后必须能够运用。"⑤不仅我国学者注重实践教学，古希腊时期的智者派也十分强调练习和实践在教学中的重要作用。其代表人物普罗泰戈拉称说，"要想成为有教养的人，就应当用自然的禀赋和实践。"⑥现在德国实行的"双元制"教育体制就很好的证明了这一点。它的职业教育由学校和企业共同承担，每周有三天半到四天时间在企业里学习实际知识，一天到一天半时间在职业学校里学习理论知识。它将实践教学摆在凸出的位置，为德国培养了大批实践型人才，是比较成功的教育体制。综述上面提及的古今中外学者的论述，对我们今天培养思政专业大学生的实践能力是有很大启迪意义的。

我国高等教育在由精英教育走向大众教育的今天，对大学生的培养定位

---

① 《列宁选集》（第3卷），人民出版社1972年版，第398页。
② 袁强　贾艳红　伍德勒：《中外教育简史》，安徽大学出版社2002年版，第43页。
③ 袁强　贾艳红　伍德勒：《中外教育简史》，安徽大学出版社2002年版，第45页。
④ 袁强　贾艳红　伍德勒：《中外教育简史》，安徽大学出版社2002年版，第52页。
⑤ 《叶圣陶语文教育论集》（上册），教育科学出版社1980年版，第23页。
⑥ 戴本博：《外国教育简史》（下），人民教育出版社1990年版，第76页。

做了相应的调整。党的十六届六中全会通过的《中共中央关于构建社会主义和谐社会若干重大问题的决定》中强调指出:"保持高等院校招生合理增长,要注重培养学生的实践能力、创造能力和就业能力、创业能力。"为我国高等教育人才培养提出了明确目标,更是把培养大学生的实践能力摆在凸出位置。对思想政治教育专业大学生来说提高实践能力尤为重要。它有助于思想政治教育专业大学生利用所学的理论指导实践,全面地分析和解决实际问题,从而提高学生的知识运用能力。同时,还有助于树立坚定的马克思主义信念,更好地理解和贯彻党和国家的方针、政策和法规,并在政治教学中加以宣传,努力为社会主义思想政治教育工作做贡献。当然,我们注重思想政治教育专业大学生实践能力的培养,也有助于激发学生的创造能力及创业能力。各高校在提高学生实践能力方面所进行的教学改革也为制定适应思想政治教育专业大学生发展的教育模式提供了借鉴。增强思想政治教育专业大学生的实践能力对提高他们的市场竞争力及高校自身的生存力也具有重要意义。因此,我们必须注重思想政治教育专业大学生加强实践能力的培养。

四、实践:高校思想政治教育专业教学的重要内容

近些年来,全国各类普通高校都把提高大学生实践能力的问题放到了极为重要的地位来解决,使大学生实践能力得到空前提高。然而,和其他专业相比,思想政治教育专业大学生的实践能力提高甚微,虽然从事思想政治教育专业的教育、教学工作者也作过不少努力,但变化不大,这不能不令我们感到忧心。那么,如何提高高校思想政治教育专业大学生实践能力呢? 途径是多方面的,其中一个重要途径就是改革目前通行的高校思想政治教育专业的教学内容,把实践纳入高校思想政治教育专业的教学内容中。

(一)高校思想政治教育专业的教学内容中实践方面的失缺

改革目前通行的高校思想政治教育专业的教学内容,把实践纳入高校思

想政治教育专业教学的重要内容中,这是由高校思想政治教育专业的特征和培养目标密切相关。高校思想政治教育专业的根本特征,是其教学内容和社会主义的建设和发展事业紧密联系在一起,体现马克思主义理论与中国具体实践相结合的重大问题;高校思想政治教育专业的培养目标是使学生既掌握马克思主义理论知识,又了解中国具体实践,并具备参加社会主义的建设和发展事业的实践能力。就此,我们以为,在高校思想政治教育专业的教学中,缺乏实践的内容,其根本特征无法显明,培养目标也无法实现。

应该看到,目前高校思想政治教育专业的教学内容中实践方面是一个弱项。和高校其他专业相比,目前思想政治教育专业的教学内容理论性相对较强,其教学内容主要是讲授马克思主义基础理论。从专业课程设置看:主要专业必修课有:马克思主义哲学原理、马克思主义政治经济学原理、科学社会主义、毛泽东思想概论、邓小平理论概论、伦理学、逻辑学、法学概论、政治学、社会学、马克思主义经典著作选读;主要专业选修课有:中国哲学史、西方哲学史、经济学说史、中国政治思想史、西方政治思想史。上述教学内容可以分为三类:原著、原理和思想发展史。虽然有些内容是和现实密切联系,提高大学生的实践效力是有的,但更多的教学内容和现实有距离。学习经典原著,掌握原理知识,了解思想发展史,都是很难离开课堂和课本的。因此,目前高校思想政治教育专业教学内容往往是停留在课堂的理论知识讲授上,其说教的教学方法也很难改变。也正是如此,该专业教学内容的实践价值相对较弱也就显而易见了。毛泽东曾教诲我们说:"不应当把马克思主义的理论当成死的教条,要能够精通它、应用它,精通的目的全在于应用。"①这里,我们以为,作为高校思想政治教育专业的教学,固然要使我们的学生精通马克思主义的理论,但更重要的要懂得实际的运用。目前高校思想政治教育专业的学生在理论知识的掌握上是可以的,但实际的运用是不够的。高校思想政治教育专业教学内容的这种状况必然会影响其大学生的实践能力的提高。

目前,许多高校都非常重视大学生的实践能力的提高。诸如:加强实习基地建设,增设实践、实验课的课时,拓宽大学生参加社会实践的途径等,已成了

---

① 《毛泽东选集》(四卷合订本),人民出版社 1964 年版,第 817 页。

高校培养学生实践能力的重中之重的工作。通过上述工作的逐渐落实,大学生实践能力的提高是明显的,也是有目共睹的。可是,和其他专业比较,思想政治教育专业大学生的实践能力提高却不尽人意。分析其原因,固然是多方面的。有高校不大重视思想政治教育专业大学生的实践教学,关注不够的原因;有思想政治教育专业的实践教学上是缺乏固定的实践基地和缺少足够的实践经费方面的原因;也有思想政治教育专业大学生本身存在的重理论轻实践、重知识学习轻能力培养的淡薄的实践意识。然而,在诸多原因中,还有一个重要原因,就是忽视了实践在高校思想政治教育专业的教学内容中的地位,不能把实践纳入高校思想政治教育专业的教学内容中。因此,要使思想政治教育专业大学生的实践能力得到提高,势必改革目前高校思想政治教育专业的教学内容,把实践纳入高校思想政治教育专业的教学内容中。

(二)把实践纳入高校思想政治教育专业教学的重要内容中

那么,如何才能有效地改革目前通行的高校思想政治教育专业的教学内容,把实践纳入高校思想政治教育专业教学的重要内容中呢?

第一,要根据现实社会及中国的国情,结合不断变化着的实际来讲述思想政治教育专业的各门课程的内容。邓小平指出:"马克思主义从来不是教条,而是行动的指南。它要求我们根据党的基本原则和基本方法,不断结合变化着的实际,探索解决新问题的答案,从而发展马克思主义理论本身。"[①]因此,一方面,在思想政治教育专业课程的教学中,无论是马克思主义经典原著课,还是马克思主义基本原理课,或是思想政治教育基础知识课,都必须和现实社会,和中国的国情密切联系。要让学生在接受专业知识教育中感觉到,他们所学的理论知识是和现实及中国的实际情况密切联系的,对他们的人生行为及社会活动是有用的。另一方面,在各门课程的教学内容上,应增设一些和中国社会发展有关的内容,使学生深入了解我国目前的政治、经济、文化等方面的具体情况和中国社会变化中出现的新情况、新问题。要把马克思主义基础理论融会其中,引导学生潜心思考,积极探索解决新问题的答案。

---

① 《邓小平文选》(第3卷),人民出版社1993年版,第148-149页。

第二,在开设课程的教学中,应结合专业特点,从理论知识讲授和实践能力培养两方面进行统筹规划,制订出教学和实施计划。高校思想政治教育专业的任何课程教学都可以分为理论知识讲授和实践能力培养两个方面。也正是二者的统一,才构成了高校思想政治教育专业教学的特色。其实,在以往思想政治教育专业的各门课程教学中,这种统一早就非常明显。诸如:我们的教师在理论讲授上往往会举一些学生熟悉的例子来说明;无论课堂提问还是做作业、考试,其类型一般都有客观题和主观题,既有理论知识的解释,也有联系实际的论述。因此,为达到高校思想政治教育专业教学内容中的理论知识讲授和实践能力培养的统一,应该在讲课中做到理论联系实际,管好课程,研究课程,并随着社会发展不断适时对教学内容进行补充和调整。

第三,把实践教学课纳入高校思想政治教育专业教学的课程体系中。在思想政治教育专业课程体系中,应该实现结构性突破,即在专业理论教学中,增设实践教学课。实践教学课是基于学生直接经验、密切联系学生自身生活和社会生活、体现对知识的综合运用的实践性课程。它不是其他课程的辅助或附庸,而是具有自己独特功能和价值的相对独立的课程,它与其他课程具有互补性。实践教学课应纳入专业必修课中,占有较大比重的学分。要高度重视实践教学的考核,对实践教学的每一个环节都要严格把关。思想政治教育专业的实践教学课的目的是要使学生掌握实践知识,体验和认识社会,提高实践能力和创新能力;实践教学课的内容应该包括学生在实践中知识的运用、技能的习得、智力的发展、情感的体验、良好的个性品质以及发现问题解决问题的方法等。因此,思想政治教育专业的实践教学课所关注的就是培养学生关心他人、关心社会、关心生态环境、关心地球、关心可持续发展,积极参与社会,勇于承担社会责任和义务的态度,具备合作精神和自我发展的意识。

另外,为达到把实践纳入高校思想政治教育专业的教学中,还应在高校思想政治教育专业的教学中,利用一切可能的机会有意识地培养学生的实践能力。要改变"满堂灌"、"一言谈"的教学方法,为学生提供更多的课堂发言机会,促进学生细心观察、潜心思考,采用讨论、辩论、写论文等多种形式和策略促进学生实践能力的养成和提高。在有关教育学生如何学会做人、做事方面的课程教学中,更要向学生灌输以人为本的思想,树立全心全意为人民服务的精神,培养学生的认知能力和创造才能。

(三)对高校思想政治教育专业大学生的实践要求

当然,把实践纳入高校思想政治教育专业教学的重要内容中,并不是仅仅改革目前通行的高校思想政治教育专业的教学内容就可以完成的,还需要当代思想政治教育专业大学生在接受思想政治教育专业的教学内容的过程中,能跳出"一介书生"的框框,树立新的理念。

首先,思想政治教育专业的大学生要认识到他们所学的专业是一种"为天下国家之用"、"于人生有用"的知识,这种知识能帮助他们认识社会,分析问题及指导实践。为更好地使思想政治教育专业大学生毕业后能融入社会、服务社会,思想政治教育专业大学生必须树立新的理念,主动做到在接受专业知识中能理论联系实际,并发挥个人的主观能动性,积极探索教学内容的现实性,寻找能提高自己的实践能力的答案。同时,思想政治教育专业大学生还必须认识到,他们应比其他专业的大学生能更深入认识社会,更具有社会适应能力和社会责任感。

其次,思想政治教育专业的大学生必须把握"直接经验"和"间接经验"的关系,懂得"直接经验"和"间接经验"是交织在一道的,借助"直接经验"理解马克思主义理论的重要性;借助"间接经验",广泛而深刻地提高对现实社会的认识。所有思想政治教育专业的大学生都应当明白,由于"直接经验"和"间接经验"的相互结合,思想政治教育专业知识便具有了统一的性质,他们把"间接经验"和"直接经验"联系起来,实际上就是把马克思主义理论同中国具体实际情况相联系。这种联系,能帮助他们消化和吸收书本知识,促进他们思维的发展,从而达到科学世界观的形成。

再次,思想政治教育专业大学生必须具备探索性和创造性精神。这里所说的探索性精神,是指学生在对待思想政治教育专业的教学内容上,能启发思维,去发现现实中一切未知的东西。只有具有探索性精神,才能使学生具备深入实践、勇于实践的勇气,也才有创造性精神的体现。这里所说的创造性精神,是指学生在把握思想政治教育专业教学内容的基础上,去探索、创新,产生出新颖而独特的思想、理论,在实践活动过程中发挥出自己的才能。因此,无论是理论学习上还是实践知识掌握上,思想政治教育专业大学生都要有刻苦努力,认真钻研的精神;要无所畏惧,使自己成为一名具有政治素质高、理论水平强,又符合社会需要、实践能力行的人才。

五、思想政治教育专业大学生将理论知识转化为实践能力的途径

自教育部下发了《关于进一步加强高等学校本科教学工作的若干意见》中谈到了切实提高大学生实践能力的问题后,全国各类普通高校都把提高大学生实践能力的问题放到了极为重要的地位来解决,使大学生实践能力得到空前提高。然而,和其他专业相比,思想政治教育专业大学生的实践能力提高甚微,虽然从事思想政治教育专业的教育、教学工作者也作过不少努力,但变化不大,这不能不令我们感到忧心。因此,如何提高思想政治教育专业大学生的实践能力,也就更需要我们倍加关注,进行更深入的研究。

(一)思想政治教育专业大学生将理论知识转化为实践能力的重要意义

实践能力主要指知识转化为能力,即将理论知识转化为自己的能力。它的实质就是对知识的运用能力。如何使大学生把在课堂中所学到的理论知识转化为自己的能力,提高其对知识的运用能力? 对此,马克思主义经典作家们的论述对我们是有很大启发意义的。马克思、恩格斯在《共产党宣言》中就明确指出:"把教育和物质生产结合起来。"①恩格斯在《共产主义原理》中也说:"把教育和工厂劳动结合起来。"②在这里,我们不难理解到马克思、恩格斯要求我们对大学生的理论教育必须走出课本,和社会实践结合起来,培养和提高大学生的实践能力的思想。和马克思、恩格斯这一思想一脉相承,在新时期,

---

① 《马克思恩格斯选集》(第 1 卷),人民出版社 1972 年版,第 279、220 页。
② 《马克思恩格斯选集》(第 1 卷),人民出版社 1972 年版,第 279、220 页。

邓小平进一步指出："为了培养社会主义建设的重要的合格人才，我们必须认真研究在新的条件下，如何更好地贯彻教育与生产劳动相结合的方针。"①列宁有一句脍炙人口的名言："理论是灰色的，只有生活之树是常青的。"他针对只重视理论轻视实践的做法指出："理论要变为实践，理论要由实践来鼓舞，由实践来修正，由实践来检验。"②毛泽东也说过："通过实践而发现真理，又通过实践而证实真理和发展真理。"③固然，列宁、毛泽东在这里都表达了实践是检验真理的唯一标准的思想，但不仅如此。我们认为，列宁、毛泽东实际上也是给了大学生及大学教育一个告诫：掌握理论知识固然重要，但更重要的是提高实践能力，能在实践中运用理论知识的，就能使自己在课堂和书本中学到的理论知识得到完善和发展。

其实，提高受教育者实践能力的问题历来为古今中外的学者所重视，并多有论述。在中国古代，早在先秦《中庸》中的"博学之，审问之，慎思之，明辨之，笃行之"和荀子的"知之不若行之，学至于行而止矣"、"知之而不行，虽敦必困"（《儒效》）之说，就强调了受教育者的实践及实践能力的重要性。汉代的王充说："凡贵通者，贵其能用之也。"（《论衡·超奇》）宋代的程颐说："学者言入乎耳，必须著乎心，见乎行事。"（《河南程氏遗书》）朱熹也说："学之之博，未若知之之要；知之之要，未若行之之实。"（《朱子语类》）明清之际的王夫子说："才以用而日生，思以引而不竭。"（《周易外传》）在上述古人的言论中，我们不难看出，作为普通高等学校，其培养和提高大学生实践能力的重要意义。在近现代，论述此类内容的更是人多。我国著名教育家叶圣陶在自己的文章和教育过程中，曾多次强调了我们的大学教育要重视对学生的实践能力的培养，让学生多参加实践活动。他说："理解是必要的，但是理解之后必须能够运用。"④他对能力的提高作了进一步的论述："能力的长进得靠训练，能力的保持得靠熟习，其间都有个条理、步骤，不能马马虎虎一读了之。"⑤法国的思想

---

①　《邓小平文选》(1975—1982)，人民出版社1994年版，第103－104页。

②　《列宁选集》(第3卷)，人民出版社1972年版，第398页。

③　《毛泽东著作选读》(上册)，人民出版社1986年版，第136页。

④　《叶圣陶语文教育论集》(上册)，教育科学出版社1980年版，第2－3页。

⑤　《叶圣陶语文教育论集》(上册)，教育科学出版社1980年版，第183页。

家卢梭说:"要以行动而不以言辞去教育青年,他们在书本中是学不到他们从经验中学到的那些东西的。"①德国教育家第斯多惠说:"教养不在于知识的数量,而在于充分地理解、娴熟和运用你所知道的一切。"②由此,我们可以看到,提高受教育者实践能力并不仅仅是我国学者所重视,也为国外学者所关注。

由上,我们一方面完全可以了解提高大学生的实践能力在大学教育中的重要性和迫切性;另一方面我们也得到了深刻体会,这就是:对受教育者,尤其是对大学生的教育,我们决不能只停留在课堂,更不能限制在书本知识上,而应使其走上社会,投入实践,注重把所学到的理论知识转化为自己的能力,培养其对知识的运用能力,提高其实践能力;只单纯掌握理论知识,而缺乏起码的实践能力,是失败的教育,这样的教育培养不出适应社会发展需要的合格人才。

在高等教育中,我们既要重视大学生对专业理论知识的系统掌握,又要重视提高大学生把所学到的理论知识转化为自己的能力,培养他们对知识的运用能力,提高他们的实践能力。对思政专业的大学生,我们更应如此做到。这是因为,一方面思政专业作为当今大学的一个必设专业,无论哪种类型的大学,思想政治教育都占有十分重要的位置。特别是今天我们重视大学生的人文精神的培养,强调要"把德育放在首位",该专业就更显示出其特有的重要性。由此,提高思想政治教育专业大学生的实践能力的重要性也就显而易见了;另一方面是这个专业和社会主义的发展事业联系密切,体现了马克思主义理论与中国具体实践相结合的重大问题。所以,思想政治教育专业大学生实践能力的提高更应引起我们的高度重视。

(二)思想政治教育专业大学生无法将理论知识转化为实践能力的原因

然而,提高思想政治教育专业大学生的实践能力却是一件极为棘手的事,长期以来,思想政治教育专业大学生在实践中表现出来的能力总是不尽人意。分析其原因,主要有:

---

① 卢梭:《爱弥儿》,商务印书馆 1978 年版,第 354 页。
② 《西方资产阶级教育论著选》,人民出版社 1964 年版,第 360 页。

第一,目前思政专业所开设的课程,存在理论性强,实践价值弱的问题。

思政,即思想政治教育的简称。和大学其他专业相比,目前思政专业所开设的课程理论性相对较强,其课程主要是讲授马克思主义基础理论。从专业课程设置看:主要专业必修课有:马克思主义哲学原理、马克思主义政治经济学原理、科学社会主义、毛泽东思想概论、邓小平理论概论、伦理学、逻辑学、法学概论、政治学、社会学、马克思主义经典著作选读;主要专业选修课有:中国哲学史、西方哲学史、经济学说史、中国政治思想史、西方政治思想史。上述课程可以分为三类:原著、原理和思想发展史。虽然有些课程内容是和现实密切联系,提高大学生的实践效力是有的,但更多的课程内容和现实是有距离的。学习经典原著,掌握原理知识,了解思想发展史,都是很难离开课堂和课本的。因此,目前思政专业教学往往是停留在课堂的理论知识讲授上,其说教的教学方法也很难改变。也正是如此,该专业的实践价值相对较弱也就显而易见了。理论知识的掌握是可以的,但实际的运用是不够的,思政专业大学生的这种状况必然会影响其大学生的实践能力的提高。

第二,思政专业大学生所开展的第二课堂活动受专业影响,存在内容贫乏,形式有限的情况。

第二课堂活动是学生将理论知识转化为实践能力不可缺少的途径。第二课堂活动是第一课堂的延伸,是提高大学生实践能力的重要环节。学生的认识的升华和实践能力的提高都离不开第二课堂活动。虽然近些年我们致力于多内容、多形式地开展思政专业的第二课堂活动,然而,成效总不尽人意。我们知道,思政专业的第二课堂活动相比较其他专业不易开展,这固然和上面所说的思政专业的理论性强,实践价值弱的特点有关系,但也和一些大学生的偏见有关。我们知道,所谓第二课堂活动,通常是指课余时间大学生开展的学术研究、小发明、小制作等科学研究活动。不少思政专业大学生认为,小发明、小制作等科学研究活动往往是理科学生专有的,作为文科的思政专业的学生一般是挨不着边,而学术研究活动也不适应思政专业的学生,因为思政专业的学生所学的专业,虽带有学术性,但政治色彩很浓,再加上自己毕竟还是学生,理论功底和政治敏锐性有限,为防止"触电",最好是靠边站,不宜研究。因此,思政专业的第二课堂活动内容和形式往往限制在一些体育比赛和与专业关系不大的演讲或辩论赛上。

第三,思政专业大学生的实践教学得不到足够的重视,参加社会实践的途径不多,社会实践平台狭窄。

目前,许多高校都非常重视实践教学。加强实习基地建设,增设实践、实验课的课时,增加实践经费投入,拓宽大学生参加社会实践的途径等,已成了高校培养学生实践能力的重中之重的工作。客观讲,受专业限制,思政专业大学生的实践教学是不大容易进行的,但这也和一些高校不重视思政专业大学生的实践教学,在思政专业大学生的实践教学的投入较少有关。目前大学的思政专业在实践教学往往存在这样一些不足:一是缺乏固定的实践基地;二是无法形成明确的实践目的;三是没有系统的实践教学计划;四是缺少足够的实践经费。实践教学是培养大学生实践能力的主要途径,实践教学必须具备基本的硬、软件设施和条件。而思政专业大学生的实践教学恰恰缺乏其基本的硬、软件设施和条件。再加上思政专业大学生本身存在的重理论轻实践、重知识学习轻能力培养的淡薄的实践意识,思政专业大学生的实践能力能得到提高?同时,思政专业大学生参加社会实践的途径也是很有限的,笔者曾就思政专业大学生的实践走访过社会一些部门和单位,除少量的中学和社区,真正能接受思政专业大学生实习的对应部门和单位并不多,和思政专业知识密切联系、能容纳在校大学生参加的社会活动更是寥寥无几。社会实践平台狭窄,从客观上影响思政专业大学生的实践能力的提高。

第四,思政专业大学生的创新意识淡薄,缺乏无畏精神,不敢"别出心裁"、"标新立异"。

我们经常说,"科学无禁区",在各种实践活动中,大学生要勇于解放思想,善于发现和提出问题,敢于打破常规,在提高自己的创新能力上下苦功;要勇于"别出心裁"、"标新立异"。然而目前的思政专业大学生恰恰很难做到这些。和其他专业相比,思政专业大学生在创新上给人总感到是底气不足。笔者在《马克思主义经典著作选读》教学中就马克思的一段名言,即"在科学的入口处,正像在地狱的入口处一样,必须提出这样的要求:'这里必须根绝一切犹豫;这里任何怯懦都无济于事.'"①和学生进行了讨论。在讨论中,就有学生说,他敬佩马克思的无畏精神,但无法学到这种精神。在他们看来,"创新"、"无畏",以及"别出心裁"、"标新立异"都不是思政专业大学生所能做得到的。缺乏创新意识和无畏精神,不敢"别出心裁"、"标新立异"的大学生,怎么去谈提高实践能力呢?

应该指出,上述原因并非全部,仅"主要"而已。然而,这些原因已足够形成提高作为思政专业大学生的实践能力的障碍。

(二)思想政治教育专业大学生将理论知识转化为实践能力的途径

我们承认思政专业有其特殊性,提高思政专业大学生的实践能力有不少障碍,但绝不是说,在提高思政专业大学生的实践能力问题上就一筹莫展。其实,提高思政专业大学生的实践能力也是有路可走的。这条路就是:"有的放矢"。

首先,改革大学思政专业的课程设置和教学方法。

中国宋代的王安石在《上皇帝万言书》中说:"苟不可以为天下国家之用,则不教也。苟可以为天下国家之用者,则无不在于学。"伟大的马克思主义者李大钊也说:"凡是一种学问,或是一种知识,必于人生有用,才是真的学问,真的知识。"②要使思政专业大学生将所学到的理论知识转化为一种实践能力,首先要让思政专业大学生感到他们所学的专业是一种"为天下国家之用"、"于人生有用"的"真的学问"和"真的知识"。要做到这一点,改革目前大学思政专业的专业课程设置和教学方法势在必行。这种改革,我们以为:(1)开设课程的内容要紧扣中国的实际。对思政专业的大学生来说,经典原著要读,原理知识要系统掌握,思想发展史也要具体了解,这是学习专业知识的必要前提,这类课程还得开。然而开设这类课程, 定要和中国的现实、中国的国情密切联系。要让学生在接受专业知识教育中感觉到,他们所学的理论知识是和现实社会及现实的人密切联系的,对他们的人生活动及行为是有用的。(2)课程

---

① 《马克思恩格斯选集》(第2卷),人民出版社1972年版,第85页。
② 《中国当代名言博览》,上海辞书出版社2001年版,第63页。

设置上要突出实践教学课。实践教学课应纳入专业必修课中,占有较大比重的学分。另外,要高度重视实践教学的考核。对实践教学的每一个环节都要严格把关。要力求做到严细认真,一丝不苟,把知识学习同实践锻炼有机结合起来,从而将学生的知识优势转化为能力优势,使学生认识到自己的人才价值所在。(3)教师除了在课堂教学中利用一切可能的机会有意识地培养学生的实践能力之外,还必须注意课内课外有机结合,采用讨论、辩论、写论文等多种形式和策略促进学生实践能力的养成和提高。(4)改变"满堂灌"、"一言谈"的教学方法,为学生提供更多的课堂发言机会,促进学生细心观察、潜心思考,培养学生的认知能力和创造才能。

其次,把第一课堂和第二课堂融为一体,拓宽思政专业大学生的第二课堂活动的内容和形式。

高等院校不仅是大学生学习科学文化知识的殿堂,而且是培养他们实践能力,展示才华,增强自身潜在价值的广阔舞台。为此,高等院校不仅要重视大学生学习科学文化知识的第一课堂,也要重视培养他们实践能力,展示才华,增强自身潜在价值的广阔舞台的第二课堂。要把第一课堂和第二课堂融为一体,让大学生在搞好第一课堂学习的同时,结合自己所学的专业,积极参加第二课堂活动,力求通过第二课堂活动提高自己的实践能力。如何调动思政专业大学生参加第二课堂活动的积极性,使他们在第二课堂活动中达到充分发挥主观能动性,实践能力得到提高呢?我们以为,最关键的是要把第一课堂和第二课堂融为一体,做到"两手抓",把理论知识的掌握和实践能力的提高共同贯穿于第一课堂和第二课堂之中,把实践活动看成是第一课堂中教学必不可缺的一部分内容;在第二课堂中注重理论知识的运用,有目的、有计划地安排和指导好每一个实践活动,让学生通过实践活动及其协调,逐步形成和发展自己的认知结构。另外,高校的有关部门还要有意识安排和精心组织一些对思政专业的学生有吸引力的内容和形式的第二课堂活动,使思政专业的大学生能把在第一课堂中所学到的专业理论知识在第二课堂活动中有目的地运用,做到学以致用。开在第二课堂活动中,还可以让学生自己设计活动的内容和形式,拓宽学生的思维路子,调动他们的创新能力。李大钊说得好:"思想是绝对的自由,是不能禁止的自由,禁止思想自由的,断断没有一点的效果。"①只要不构成严重的政治问题,均应尊重和支持学生;要鼓励学生不囿于常规,勇于"别出心裁"、"标新立异"。即使出现错误,也应让他们去"试误",让他们受到错误的"洗礼"。

再次,丰富社会实践的内容,为提高思政专业大学生的实践能力提供广阔的舞台。

毛泽东说:"一切真知都是从直接经验发源的。"②提高实践能力,首先要让学生参加实践活动,使他们有真正获得"直接经验"的实践活动的舞台。没有实践活动的舞台,那只是"纸上谈兵",实践能力的提高无从谈起。要为思政专业大学生实践能力的提高提供广阔的舞台,首先要丰富思政专业大学生参加社会实践的内容。为此,一方面要加大力度鼓励和组织好包括三下乡、教育扶贫、青年志愿者活动等大学生常规性活动,另一方面要积极寻求能发挥思政专业大学生知识的实践平台。其次,要取得地方各级党组织和政府的大力支持,建立实践基地;同时也可以和与思政专业大学生实习的对应部门和单位协作,开展服务社会的各类活动。另外,思政专业大学生自身也要积极发挥个人的主观能动性,寻找能提高自己的实践能力的机会。思政专业大学生要力所能及地参加社会实践活动,以加深对社会的认识,增强社会适应能力和社会责任感,为更好地融入社会、服务社会做好准备。

另外,为更好地提高思政专业大学生实践能力,还应强化思政专业大学生的探索性和创造性精神。探索性可启发学生的思维,去发现一切未知的东西。因此,从某种意义上说,只有探索性的活动,才是学生真正意义上拥有机会的实践活动。思政专业大学生要通过各种实践机会,培养创造性精神。就要求思政专业大学生要有不怕失败,不怕挫折的精神;要能经受得住各种磨炼和考验,使自己百炼成钢,成为一名具有符合社会需要、政治素质高、理论水平强、实践能力行的人才;要强化思政专业大学生的精品意识,无论参加什么实践活动,都要精益求精,善始善终,力求做到不干则已,干则一定干好、干出成效。

---

① 《李大钊选集》,人民出版社1959年版,第218页。
② 《毛泽东著作选读》(上册),人民出版社1986年版,第126页。

六、大学生调研:高校思想政治教育专业教学内容中实践的地位

调研观点综述

第一,大学生真正要学的并不是教材上的那些知识和理论,而是将这些知识和理论运用于社会实践的能力。一个大学生与非大学生的区别不在于是否拥有一门专业技能,而在于是否拥有系统的分析能力。经过大学的思维训练,让我们要学会主动分析和独立思考的能力。

第二,为了让自己拥有全面、系统而深入地分析和独立思考的能力,前提是需要拥有深厚的专业知识。但在学习理论知识的同时,又不可抛开社会实践来谈理论,否则就是空谈。但是没有专业知识作为基础,深入分析问题的能力就不会凭空产生,就算拥有了这样的能力,也无法将这种能力付诸现实的工作中。因而在大学,理论学习也是非常重要的。

第三,实践在思想政治教育专业中的地位是首要的,在思政教育专业中,学生对知识的获得大都是从书本上,时间的机会相对较少,而相对来说,纯粹的理论知识的灌输是比较枯燥的,老师的教学内容也仅仅是局限在把自己的正确理解授予学生以至得到认同的方式,这样的学习来的并不深刻,那么教学的效果也就没有达到预想的水平。而实践的加入就能很有效地解决这样的问题。

第四,思想政治教育是一门理论性十分强的专业,但是最终的目的却是为了更好地指导实践,而如果自我本身对理论了解得都不够到位,如何能更好地指导实践呢? 但是如果我们在实践中自己能总结出书本上所涉及的知识,从被动变主动的学习,那么教学的质量在无形中将大大提高,所以,实践应该摆在第一位。

调研对象:上饶师范学院政治与法律学院思想政治教育专业学生

张秀梅:我觉得实践应处于主导地位,现在很多高校都是思想政治教育的

口号喊得很响,而且也的确坚持开课,但很多学生一提到思想政治,什么马克思列宁主义、毛泽东思想就头疼,思想政治教育未取得应有的效果,反而加重了学生的厌恶心理,上课不愿意听讲者大有人在。所以高校应把理论教学融于实践中,通过有趣多彩的实践活动来教育学生反而更让学生感兴趣。

陈桥:在高校思想政治教育中,实践的地位:在马克思主义哲学中,实践的地位是非常重要的,实践是检验真理的唯一标准。没有实践,社会将只能停留在理论的层面上。在高校思想政治教育中,实践的地位同样重要。实践是检验大学生是否真的学有所用的最好的方法。检验大学生是否真的真正理解所学知识。并能够运用的关键手段。没有实践,所学知识,也只能是纸上谈兵。当今的大学生,实践能力普遍较低。学的知识不能,达到实践中,有充分的指导作用。这是个值得深究的问题。大学教育偏向与理论知识的教育而忽视了实践的作用。然而。再好的理论最终都必须回到实践中,接受实践的检验。理论与实践两者的地位可以是相当的。不能顾此失彼,这样是不能真正达到教育的真正目的的。

韩玉华:以往实践是作为一门教学手段运用在思政教学中,其实实践在教学内容中也占有非常重要的地位。马克思把实践的观点引入了认识论和历史观中,认为人是可以认识和改造世界的,人具有主观能动性,并且实践是检验真理的唯一标准。历史观中指出实践在社会变革中的作用,人民群众是时间的主题,创立了唯物史观。实践的观点使得马克思主义哲学同唯心主义和一切旧唯物主义的界限彻底得到了划分。

赵桂芬:在高校思政教育专业的教学内容中,实践应该处于一个核心的地位。无论是课本中的有关实践的内容知识还是教学这块领域,都应该提升实践的作用,强调实践的地位。这对于学生的人生观有着很大的影响,因为在他们的以后道路中就会自然的注重实践。并且,思政专业作为一个师范类的专业,这样无形之中他们的教学中也会注重实践。

方晓燕:作为思想政治教育专业的学生,我完全能体会在学习本专业内容与实践是脱节了。我虽然一直接受着相关内容的熏陶。但现在,我始终没发现那些上课的内容在我脑海里留下了任何痕迹。只是因为没有时间。比如看新闻,看报告,在这些实践中,我把他们就与我们的教学内容没联系起来,所以也不能深刻理解他们的内容。所以,实践是很重要的,学习中一直都强调要理论联系实际,这是真理。

朱海鸿:在高校思想政治教育专业的教学内容中,实践处于核心地位。思想政治教育教学活动本来就是一种实践,教育实践是思想政治传播者与受体之间的纽带。实践出真知,正确的认识来源于实践,并通过实践的检验而形成的。

吴启平:在高校思想政治教育专业的教学内容中实践应处于核心重要地位。大学生是祖国的未来,如今大学生社会实践能力已经严重低于世界同等年龄的人,所以我们有必要提高大学生实践能力。其次,培养具有创新意识和实践能力人才是高等教育的重要目标,我国《高等教育法》中也明确规定,"高等教育的任务是培养具有创新精神和实践能力的高级专门人才"。我们应该用理论指导实践,更应该使理论回归实践中去接受实践的检验,从实践中去总结和不断创新和完善理论,从而更加好地指导实践工作。

朱俊华:马克思主义是我们立党立国的根本指导思想,是全党全国人民团结奋斗的共同思想基础。高等学校思想政治理论课承担着对大学生进行系统的马克思主义理论教育的任务,是对大学生进行思想政治教育的主渠道。充分发挥思想政治理论课的作用,用马克思列宁主义、毛泽东思想、邓小平理论和"三个代表"重要思想武装当代大学生,是党的教育方针的具体体现,是社会主义大学的本质特征,是党和国家事业长远发展的根本保证。

龚莉:高校面临着学生走出社会,因此要加强对实践的重视,通过课堂上的互动,网络中的互动,心理上的互动。来实现教育、知识、实际操作上的统一。

王倩:在高校思想政治教育专业的教学内容中,实践的地位是很重要的。全部社会生活在本质上是实践的。实践是认识的来源,实践是检验真理的唯一标准,只有在实践中认识才能发展。在教学内容中,我们不应仅仅学习它的理论知识,这样就会失去现实意义,变的空洞而乏味,只有亲身体验的东西,受益才会最深,教育工作才会更成功。

刘超蓉:当今社会,很多人认为大学生缺乏实践能力,很难适应社会的要求。那么是哪里出问题了呢? 我认为学校有不可推卸的责任。在学校的理论学习中,应该更多的重视实践。而在我们思想政治教育的学习中,理论的学习固然是很重要的,但是,思想政治的目的就是要用于指导实践,离开实践,他将失去他存在的意义。因此,在平时的教学过程中,就应该把理论的学习与实践结合起来,教师可以根据教学内容的不同,适当地加入一些实践的元素。

邱小英:实践是检验真理的唯一标准,在高校思想政治教育专业的教学内容中,我们应将实践重点放于教学内容中,我们应将实践的方式、方法,通过学习教给我们未来的老师们。我们还应提高学生的思想觉悟,让学生高度重视实践的地位,鼓励、教育学生多讲自己的知识运用于实践,让实践去检验我们所学的知识。

陶慢丽:我认为时间在思想政治教育专业中的地位是首要的,我们了解到,在思政教育专业中,学生对知识的获得大都是从书本上,时间的机会相对较少,而相对来说,纯粹的理论知识的灌输是比较枯燥的,老师的教学内容也仅仅是局限在把自己的真确理解授予学生以至得到认同的方式,这样的学习来的并不深刻,那么教学的效果也就没有达到预想的水平。而实践的加入就能很有效地解决这样的问题,众所周知,思想政治教育是一门理论性十分强的专业,但是他最终的目的却是为了更好地指导实践,而如果自我本身对理论了解得都不够到位,如何能更好地指导实践呢? 但是如果我们在实践中自己能总结出书本上所涉及的知识,从被动变主动的学习,那么教学的质量在无形中将大大提高,所以,实践应该摆在第一位。

刘心情:思想政治教育专业,相对来说是个理论性很强的专业,在学习过程中,要求学生具有较强的抽象思维能力,但这不是说在教学过程中,让学生永久地停留在抽象的形上世界中,恰恰相反,应该把理论和实践结合起来,各种经济学原理,哲学原理,政治理论都要和实践联系起来才能更好地理解,例如在哲学教学中,具体问题具体分析这个原理只有运用到解决实践的问题上才显示出其真理性;经济学原理中最简单的价值理论,也要通过列举实践的例子来分析,理解了之后才更好地运用到实践中。从这个角度来讲,实践在思政教学中处于必不可少的地位。

徐伟鹏:很多人都认为思想政治教育只是简单的枯燥无味的说教,事实上,我一开始也这样认为。所以说,没有任何实践的思想政治教育是不合适的,实践在思想政治教育中应处于最重要地位。因此,在思想政治教育中应发挥出实践的重要作用。把实践提到日程上来,理论与实践相结合,这才是做好思想政治教育工作的必然举措。

李万华:实践证明,育人工作需要第一课堂与第二课堂的紧密结合,社会实践教育是第二课堂的有效形式。第一课堂之外时间充裕,空间广阔。社会实践教育并不仅仅限于寒暑假,在活动时间上,可以利用周末、节日或课余时间;在活动地点上,就近就便,立足校园,放眼周边,深入社区,特别是把广泛开展社区志愿者援助行动作为社会实践教育的重要形式;在活动内容上,突出专业实践和有效服务(所谓有效服务就是群众喜欢和需要的服务活动)如医疗服务、法律咨询、文艺演出等;在活动组织上,计划要清楚,措施要得当,队伍要精干,保障要有力。社会实践教育项目化是规范管理的措施,是注重实效的体现和强调科研的标志。首先,把社会实践教育的活动内容优化整合,实行项目罗列;其次,制定项目化的具体方案,如项目申报书、项目指导教师、项目评审办法等;再次,进行项目招标、投标和运作;最后是总结成果,并且将优秀成果作为"挑战杯"全国大学生课外学术科技作品竞赛的优先申报作品,把大学生社会实践活动与"挑战杯"有机结合。面向新的世纪,社会生活发生了复杂而深刻的变化。作为在高校德育工作中具有重要地位的社会实践教育,在新形势面前,更应认真总结、研究。

余玮玮:作为师范类的学生要培养出良好的教学素质和良好的心理素质,良好的教学素食要求同学积累丰富的专业知识,良好的心理素质注重平时的上台训练,要积极参加演讲等形式的实践,所以,在高校思想政治教育专业的教学内容中,实践与学习专业知识都应摆在首位,不可偏废其一。

童建文:思想政治教育专业在传统意义上是一门理论性专业,但实践在教学内容中的核心地位是不容动摇的。理论课教学如果脱离现实生活和社会实践就会丧失其理论的生命力和说服力。只有联系当前国际国内社会的实际,着眼于对实际问题的理性思考,才能做到有的放矢,使学生对理论产生认同,引起共鸣和反思。

陈涛:我以为实践应该排在第一位的,因为由实践能得到真正的知识,而认识最终又是指导实践的,所以归根结底还是实践。

段美凤:我认为高校的思想政治教育是在教育人的思想、观念,包括人生观、价值观、世界观等,意在提高人的精神层面,进行人格塑性,也就是说主要是思想上的教育精神上的升华,实践处于次要地位,实践只是教育成果的见证。

邬小燕:在高校思想政治教育的教学内容中,我认为应当以学习专业理论知识为主,扎实自己的专业知识,为以后的实践奠定基础。当然在教学内容中应当适当地辅以实践,提高实践能力,把学习理论和实践结合。

邱龙元:高校思想政治教育专业理论性太强,学生学起来比较枯燥无味,觉得它离我们太遥远,老师应该把理论联系实际,让学生在生活实践中深化对理论的理解,把实践作为第一位,把我们与社会的距离拉近,融入社会。

刘刚:培养具有创新精神和实践能力的高级专门人才,是新形势下高等学校的重要任务之一。所以实践应处于核心并且是主导地位,提高广大教育工作者和大学生对社会实践活动的认识,从而培养出高素质创新人才。

娄丹:在思想政治教育专业的一些课程的学习中,大多数是关于理论知识的讲解,然而,实践是认识的主要来源,如果只是从课本中中间间接地得到认识,那么就无法发挥实践是检验认识是否正确的唯一标准的作用,因此我们认为在专业学习中应做到理论联系实际。

吴丽:我认为实践应该居于首位。因为思想和理论来源于实践,也就是说没有实践就没有理论。而思想政治教育的对象是人,要在学习的过程中加以实践,才能使此项工作发挥最大的效力,所以我认为实践应该居于首位。

鲁晓玲:在高校的思想政治教育专业的教学内容中,实践当然处于第一位,实践是检验真理的唯一标准,在教学过程中应改让学生自己去实践。

杨芳华:思政专业多是理论课程,应掌握过硬的理论知识,发挥理论知识对实践的指导作用。

程治明：理论上讲实践是认识的来源，是检验真理的唯一标准，事实上也如此。大学生是即将踏入社会的人才，必须要有真才实干的本领。因此不仅要有理论知识，而且更重要的是具有实践能力。

李志鹏：就读期间，应以实践活动来建业所学的知识和促进所学知识的完善。临近毕业，更要注重实践活动。

黄敏兰：实践是必不可少的，搞思想政治教育不仅仅只从思想理论上灌输，也要开展实践调查。要深入实践，让每个学生有机会参与。

占淑云：思想政治教育在外人的印象中似乎是没有灵性，死气沉沉的，而且在新时期我们更应该加入实践，把思政教育变得更为灵活。

周丽娟：实践应处于很重要的地位但不是第一位。因为思政专业理论性强，但理论不能脱离实践，应组织学生参加一些社会实践活动。

李圆：实践对高校思想政治教育的教学具有重要的作用，只有将理论运用到实践中去，才能加强我们对理论知识的理解和运用。比如开展调查和研究，这能充分调动我们学习思想政治教育的积极性。

陈高强：理论应与实际相结合，因此在教学中不可忽视实践的作用，应把实践放在重要的位置。

吴志娟：尽管实践在唯物史观中决定认识，但在高校的政治教学过程中，实践很难处于第一位，因为高校政治教学更注重理论的培养。但实践也必须摆在重要位置，学习理论的目的最终是为实践服务的。

冷银玲：思想政治教育专业培育出来的学生大多数是从事教师职业，因此，首先必须让学生熟练掌握专业知识，然后要有适当的实践活动，锻炼同学们的胆量，口才及其他方面的能力，提高各方面的综合素质。

王思蓉：实践处于重要地位，也是学习的最终目的，课堂上学习的理论知识是为指导实践服务，只有在实践中才能把理论知识真正变成自己的知识。

陈璐：实践应处于首要地位，究其原因主要是，实践是知识的来源、发展的根本动力，没有实践就没有知识、没有理论，那也就没有思想政治专业教育。

陈齐嘉：实践教学应留到工作教学中去，以后工作中有的是实践机会。

邓丹：实践处于重要地位，在学习中实践，将学到的知识运用于实践。

高健:应加大实践的比重,应将理论与实践并重。

洪雪飞:思想政治教育的学习应建立在实践基础上,把原理与实践结合。

黄春明:实践处于不可缺少的地位,应在教学中穿插实践。

黄丹:实践应处于首要地位,理论必须联系实际,把学到的知识运用到实践中去。

赖婷:理论与实践相比,实践应占三分。思想政治教育应偏向教育和时事等相关讨论的实践。学理论的目的就是用于实践。所以在学习时要穿插一些实践活动,融会贯通。实践的重要性无可比拟,实践能加深我们对知识的理解,提高对理论知识的运用。

颜欢:在教学中,理论来源于实践,实践是检验真理的唯一标准,所以实践处于首要地位。

殷小娟:应以提高理论修养为主,兼之以实践。实践应在足厚的理论修养下进行。

黄小林:在高校思想政治教育专业的教学内容上,我认为实践应处于辅助地位,但可考虑适当地增加比重,毕竟,我们现在没有那么好的条件,应更好地掌握理论技巧,将其更好地贯穿于辅助的实践中。

陈损:在高校思想政治教育专业的教学内容中,理论和实践都很重要,但我认为实践应处于第一位,因为,我们学再多的理论知识,目的还是希望通过学习理论知识来改进我们的实践活动,实践就好比是学习理论知识的归宿。所以实践应处于第一位。

曾小斌:思想政治教育实践是思想政治教育研究人的思想形和发展的来源和基础,但作为理论学习阶段,实践应放于学生巩固理论知识的辅导地位。

张兵:实践是教育来源的唯一途径,同时实践也检验思政教育符合与否。

张国梅:中国有句古话:纸上得来终觉浅,绝知此事要躬行。这句话道出了实践的重要性。思想政治教育中,教学的内容是以前伟大的理论。理论的东西难免会有些空洞、抽象。所以需要大量的史实去填充,当然也可以是老师讲述当前的重大事件。

赵文燕:实践是检验真理的唯一标准。我们应该本着实践第一位,不拘于课本和所谓的真理,从实践出发,实事求是,敢于创新,与时俱进。

钟丽萍:与教育处于同等地位,在学时进行实践,以巩固所学知识。

骆丽娟:在高校思想政治教育专业的教学中内容中,实践应处于与理论相结合,实践第一位。

章腾飞:应放在亟待开发运用的地位。在课堂上,老师多多运用实践中的例子来讲解,会令人印象深刻。

周小红:认识来源于实践,实践应处于重要地位。思想政治教育学是一门应用型科学,有强烈的实践性,思想政治教育研究的资料直接来源于思想政治的实践,要从资料的分析中引出理论。

周艳楣:思想政治教育作为一种理论性强的教育,对理论要求甚高。实践是认识的来源,把理论工作做好,最基本的就是回到实践。

邹倩如:理论融入实践,理论与实践一样重要。

朱恃兴:实践和理论相辅相成,同等重要。

王惠:实践随着不同阶段而改变。大一应放在首位,把高中所学运用于实践。大二、大三注重理论。大四更注重实践,多参加活动,如试教。

周学琴:我们没有像革命家一样在中国广大的土地上进行实践,而是安逸地在象牙塔里生活学习。所以实践处于重要地位。

刘萤:理论源于实践,实践是检验真理的唯一标准,没有经过实践的理论是空洞的。应放在第一位,因为实践是认识的来源。

罗华香:实践应处于首位,历史唯物主义阐述实践是认识的来源、目的,是检验认识正确与否的唯一标准,思想政治教育的知识同样来源于实践,只是在正确的理论指导下的实践,才能进一步认识世界。

骆芬:虽然国家把思想政治教育专业放在重要地位,但在高校专业中仍然比较冷。理论枯燥乏味,仍是以教为主的传统模式,专业就业前景不理想,人才培养和目标应予以转变,应培养学生的创新能力,最有效的方法是实践。

明彩华:实践是检验真理的唯一标准,在高校思想政治教育专业的教学内容中,要突出实践的作用,注重理论联系实际把教学内容应用于实践,在实践中更好地丰富教学内容、丰富理论成果。

赖优华:由于思想政治教育专业大多数设计理论知识,我觉得实践并不是很重要,适当的举行一些辩论赛即可。

万红飞:在高校思政专业的教学内容中,实践应处于非常重要的作用,重视实践结合政治。

宁亮:实践要与理论相结合,在讲述完理论后,要再去实践,在实践中检验理论的正确与否,因此,实践应处于突出地位。

欧阳丽:实践是检验真理的唯一标准,在教育中,我们获得认识并形成认识,而知识最终要投入实践。所以在教育中获得的知识,最终可以帮助我们投身实践,尤其是利于投身社会及工作中去,故我认为实践重要,不可或缺。

邱雨萍:实践是检验真理的唯一标准,应多实践,将理论应用于实践。多实践,多探讨,多深入。多与学生交流,多带学生实践,不要只照书本念。

舒鏖:实践决定认识,马克思主义哲学充分肯定实践的作用与地位的最好论证。因此,不要只拘泥于课本和所谓的绝对真理,而应从实际出发,实事求是,敢于创新,与时俱进。

苏小莉:思想政治教育是从心里去改造一个人,让他有思想、有抱负、有理想,这是内在品质的修炼和培养。我觉得教学与思想政治教育的教学内容关系不大。但也不能说是没关系。

王蓉蓉:只有理论没实践是不行的,只实践没理论也不行。理论处于辅助地位,帮助我们深刻了解消化知识。

袁观连生:在大四之前的三年,实践应处于次要地位。学习理论知识,增加知识储备是学生的主要任务,而在大四之时,实践则上升到了主要地位,学生则应通过实习不断实践以提高及适应教室环境和角色转变。

邓婷:实践应处于主要地位,应学以致用。

程欢莲:实践应和理论教学处于同等地位,要重视社会实践活动。

徐细华:理论与实践是同样重要的,但学习理论的同时要联系实际,且更加注重实践的地位。

王冬凤:在高校思想政治教育专业的教学内容中,实践应比课堂教育更加重要。因为思想政治教育专业的内容中,我们从上小学开始就已开始涉及,现在需要的是深入了解,而实践则是最好的途径。

吴玉兰:实践比理论教学显得尤为重要,毕竟实践是主观间于客观之间的,实践也真理的唯一标准。

瞿芸:在高校思想政治教育专业的教学内容中,实践与理论平等的地位,只有理论学得好,才能更好地运用于教学中,实践要注意不是很多,作为学生目前更加注重知识总结积累。

章国明:我认为任何一门学科最重要归于实践,不实践就等于白学。思想政治教育也是一样,实践处于核心,关键地位,最终也是实践。充分调动学生的积极性,多给学生实践的机会。

孙寒娇:在高校思想政治教育的教学内容中,坚持以读书为主,积极组织同学参加实践活动,以实践促进学习。

林家鑫:实践应处于主导核心地位。理论知识仅作为基础,今天学生的理论知识与实践能力明显呈较大反差。当中有许多学生自认为理论水平已经可以了,便不思进取,可一旦应用到实践中去,才显得不堪一击,所以我们要在实践中去检验自己。

江超颖:虽说高校思想政治教育的课程中,以课堂教学为主,但我认为,时间应该是摆在第一位的,所谓“实践是检验真理的唯一标准”。课间时间的重要性,在当今社会,能力是能否融入社会的重要标志,而时间却是培养能力的关键,所以,应重视实践。

陈素琴:实践处于关键性的地位,起着非常大的作用,它好比是一座大厦的支柱,没有它大厦如何立起来呢?让同学在读书时就可以当老师,让同学有更多的机会参与其中,亲自体验授课的感觉。对于以后同学们在教学工作中有十分大的益处。

林楠:实践的地位:我认为思政教育这个专业的理论性要强一点,所以许多知识完全可以以间接学习到,在学好这些知识的基础上,再去实践,但理论和实践不可分离,没有实践也就更不能很好地去了解这些理论,或者把理论很好地与实践相结合。

李靓:实践应处于核心地位,因为实践是检验真理正确与否的唯一标准,教学书本年内容具有相对性,在不同的时段境域具有相对性,只有不断实践,才能发展完善思政教育的教学内容。

黄莹:知识来源于实践,又服务于实践,实践是检验认识正确与否的重要标准。所以,实践与任识应处于平等地位,甚至比知识更加重要。特别是师范生,把所学的知识传授给受教育者才是重中之重。

黄敏敏:我认为实践应处于很重要的地位,实践是认识的来源,是认识发展的动力,是认识的目的和归宿。时间可以培养学生的能力和素养,只有将学习和实践结合,才能达到预期效果。

王美玉:理论来源于实践,在不断的实践中有形成新的理论。因此,在高校思政教育专业的教学内容中,应把实践放在首要地位。

凌彩娣:实践是我们学习课本知识的最终目的,学习的理论知识都是为事件作指导。因而时间应该与理论知识的学习处于同等地位。

柯芳芳:我是思政教育专业的,就这个专业而言,我觉得实践应是次要地位的。学习了马克思主义哲学原理,毛泽东思想概论,我不知道实践是如何与他们挂钩的,至少到目前为止我是这样认为的,这个专业的知识更多的是内在的思想与修养,而且实践也是需要理论指导的。

傅礼:实践应处于首位。思想政治教育理论最重视为实践服务的,理论必须与实践相结合,否则会失去时效性。

赖岗盛:用实践来落实教学内容,在实践中补充完善教学内容。

李文琴:我认为,在高校思想政治教育专业的教学内容中,实践起着主导作用。没有时间为基础的理论是空洞的,毫无实际意义可言。同样,一个学生若只是懂得理论知识,而不会运用于实践,或者根本不实践,那么这些知识也只是摆在脑海中的装饰品,没有任何用处。所以,一切贵在实践。

涂悦:实践应处于整个教育的中心位置,他应当作为教学内容中的根本目标,我们要把理论与实践相结合,将理论知识的积累转化为实践能力的提高。

邓海燕:尽管思想政治教育专业多为理论性知识和课题,但作为师范类学科,实践重要的。该专业学生以后的岗位是教师,育人工作便是一件实践活动。所以,在教学工作中,应将理论课题与实践相结合,同时,实践工作的开展也有利于学生深入了解理论课题。

王娟:在高校思想政治教育专业的教学内容中,实践应处于一个非常重要的地位。思想政治教育应属于一种理论教育,"理论要与实践相结合"空谈理论是没有用的,只有通过实践,才能检验理论真确与否,只有通过实践我们才能获得更多的实际有用的知识。

程奇枝:在我看来,思政教育中,理论固然非常重要,但是实践也很有必要。因为,第一,他可以增强学生学习的兴趣,加深对理论知识的理解和运用。第二,有助于学生养成实践的习惯,在实践中找到在课本中难以解答或不能解答的问题。在实践中发现一些问题,可以完善一些理论知识。第三,实践是新课的重要内容。

黄敏敏:我认为实践应处于很重要的地位,实践是认识的来源,是认识发展的动力,是认识的目的和归宿。时间可以培养学生的能力和素养,只有将学习和实践结合,才能达到预期效果。

邹思虹:我认为实践应处于第一位,因为高校思政专业中的课程多是理论化的东西,当老师只以书本为教材,空说理论就让人很难了解。而且高效的思政专业中的课程理论性又非常强,所以应该注重联系实际,用实际去解释理论。

章国明:我认为任何一门学科最重要归于实践,不实践就等于白学。思想政治教育也是一样,实践处于核心,关键地位,最终也是实践。充分调动学生的积极性,多给学生实践的机会。

孙寒娇:坚持以读书为主,积极组织同学参加实践活动,以实践促进学习。

王美玉:理论来源于实践,在不断的实践中有形成新的理论。因此,在高校思政专业的教学内容中,应把实践放在首要地位。

凌彩娣:实践是我们学习课本知识的最终目的,学习的理论知识都是为事件作指导。因而时间应该与理论知识的学习处于同等地位。

柯芳芳:我是思政教育专业的,就这个专业而言,我觉得实践应是次要地位的。学习了马克思主义哲学原理,毛泽东思想概论,我不知道实践是如何与他们挂钩的,至少到目前为止我是这样认为的,这个专业的知识更多的是内在的思想与修养,而且实践也是需要理论指导的。

傅礼:实践应处于首位。思想政治教育理论最重视为实践服务的,理论必须与实践相结合,否则会失去时效性。

赖岗盛:用实践来落实教学内容,在实践中补充完善教学内容。

宋晓丹:实践应处于第二位,而学习才应处于首位。大学校园学术研究氛围浓厚,是学习的好环境。现如今有好多大学生四年虚度,荒废了学业。而大学生进入社会后,得到的实践的机会很多,而只有学习好知识,才能施展出才华。

李文琴:我认为,在高校思想政治教育专业的教学内容中,实践起着主导作用。没有实践为基础的理论是空洞的,毫无实际意义可言。同样,一个学生若只是懂得理论知识,而不会运用于实践,或者根本不实践,那么这些知识也只是摆在脑海中的装饰品,没有任何用处。所以,一切贵在实践。

涂悦:实践应处于整个教育的中心位置,他应当作为教学内容中的根本目标,我们要把理论与实践相结合,将理论知识的积累转化为实践能力的提高。

孙令华:达到专业知识服务于实践,应用以实践的效果。

邓海燕:尽管思想政治教育专业多为理论性知识和课题,但作为师范类学科,实践重要的。该专业学生以后的岗位是教师,育人工作便是一件实践活动。所以,在教学工作中,应将理论课题与实践相结合,同时,实践工作的开展也有利于学生深入了解理论课题。

王娟:在高校思想政治教育专业的教学内容中,实践应处于一个非常重要的地位。思想政治教育应属于一种理论教育,"理论要与实践相结合"空谈理论是没有用的,只有通过实践,才能检验理论真确与否,只有通过实践我们才能获得更多的实际有用的知识。

程奇枝:在我看来,思政教育中,理论固然非常重要,但是实践也很有必要。因为,第一,他可以增强学生学习的兴趣,加深对理论知识的理解和运用。第二,有助于学生养成实践的习惯,在实践中找到在课本中难以解答或不能解答的问题。以及在实践中发现一些问题,可以完善一些理论知识。第三,实践是新课标课改的重要内容。

黄丽:实践应处于十分重要的地位,思想教育很重要,书本上有很多理论的东西,但最终还是要运用于实践中去,实践是检验真理的唯一标准,同时学生通过自己的实践丰富自己的理论知识,提高自己的能力。

邹思虹:我认为实践应处于第一位,因为高校中思政专业中的课程多是理论化的东西,当老师只以书本为教材,空说理论就让人很难了解。而且高效的思政专业中的课程理论性又非常强,所以应该注重联系实际,用实际去解释理论。

张芳霞:在高校思想政治教育的教学内容中,实践应处于首位。这对于大学生现在所面临的就业问题,应该有巨大的影响。虽是思想政治教育专业,不仅要让精神以行动为载体,还要付诸实践在实践中得出经验和教训。

七、解决大学生深层次思想问题的渠道

高校是为国家、为社会输送人才的地方。高校的使命特别重大,因为高校培养的学生如何,直接关系到国家的教育大业、关系到下一代人的成长的重大问题。为使我们培养出的学生合格,胜任教育及其他职业,我们务必要做好两方面工作,即专业知识传授和思想政治教育。这两者缺一不可。前者实际上是提高学生职业才能及理论水平问题,后者实际上是教育学生做什么人和怎样做人问题。两者的统一,也就是我们通常所说的"教书育人"的内涵。

(一)我国高校育人渠道的现状及问题

应该肯定,目前我国高校在大学生中开展的活动是比较多的,其形式也是多种多样的,而这些多种多样形式的活动在育人上是起了很大作用的。但是,这些活动在育人上所起的作用还是有限的,它们对活跃校园的气氛,丰富"二课"内容,锻炼学生的才能,扩大学生的知识面,无疑有很大作用,然而在解决学生的思想认识,特别是解决学生深层次思想问题上,其作用不是太大。何谓学生深层次思想问题? 学生深层次思想问题,就是指学生的世界观、人生观、

价值观。具体表现在学生头脑中的一些涉及大是大非的思想观点和认识问题,诸如对社会主义及马克思主义的信仰、信念的树立;对邓小平理论和对党中央所做的重大决策的学习、理解;对学习的目的和毕业后就业打算的确定;对《公民道德建设实施纲要》的贯彻和端正行为规范等。而这些问题中最核心的问题,则是如何认识社会主义和自己将来怎样贡献于社会主义。《中共中央关于进一步加强和改进学校德育工作的若干意见》明确指出:"青少年成长发展与国家的前途命运息息相关,因而,什么是社会主义,为什么要建设社会主义,如何建设社会主义,始终是他们关心和思考的深层次问题。"学生深层次思想问题是决定学生所作所为的关键问题。因此,要使学生身心得到健康发展,就应该帮助学生正确解决其深层次思想问题。

应该看到,学生深层次思想问题产生的原因来自于多方面,既有国内外大气候的影响,也有教学、管理方面的问题。在我们学院,学生深层次思想问题,虽不是无人问津,但至少可以说是解答甚少,人员甚少,途径甚少。因此,要解决学生深层次思想问题,单靠课堂不行,单靠班主任不行,单靠开班会不行,而应靠高校中所有和学生有联系的校、系领导和老师,靠多种渠道、多种形式的活动。而这种多人员、多渠道的情况,以往在我们学院是不能令人满意的。可以说,拓宽渠道,解决学生深层次思想问题,在高校是一个急待解决的问题。

(二)拓宽渠道,解决大学生深层次思想问题的渠道

解决学生深层次思想问题,有主渠道和支渠道两方面。

系统地对学生进行马克思主义理论教育,是解决学生深层次思想问题的主渠道。高校马克思主义理论教育的各门课,要从不同的理论侧面和不同的逻辑体系出发,分工协作,帮助学生了解和掌握马克思主义的基本理论和基本观点,树立科学的世界观、全心全意为人民服务的人生观和无私奉献的价值观;指导学生学会用辩证唯物主义和历史唯物主义的立场、观点、方法分析江泽民同志所提出的"四个如何认识",即如何认识资本主义的发展进程,如何认识社会主义的发展进程,如何认识我国社会主义改革实践过程对人们思想影响,如何认识当前的国际环境和国际政治斗争带来的影响;教会学生如何评价各种社会思潮;紧密结合改革开放和现代化建设的成功实践,回答学生们普遍关心的社会热点和难点问题;面临目前经济大潮,使学生懂得如何端正自己的行为规范,懂得怎么遵守"爱国守法、明礼诚信、团结友善、勤俭自强、敬业奉献"的公民道德基本规范。要达到上述要求,则需改革马克思主义理论课的教学内容和形式。内容上,既要做到有科学性、系统性,又要做到有针对性、现实性,要体现时代特点,贴近学生的思想、学习、生活实际;形式上,应做到讲授和讨论的结合;结合知识点多让学生写心得体会文章和小论文;让学生自述对社会热点和难点问题的认识、对自己的世界观、人生观、价值观的阐释。

在强化主渠道的同时,拓宽支渠道,全方位地对学生进行思想教育,以解决课堂教学在空间、时间上存在的限制。在支渠道方面,具体有:(1)在学生中有计划地成立学马列、学党章兴趣小组,并配备专门教师指导;(2)定期召开由校、系领导和有关教师与学生的座谈会,针对学生的思想、学习及生活实际进行座谈;(3)由有工作经验、有理论水平的教师和班主任围绕学生关心的社会热点和难点问题开设专题讲座,提高学生的鉴别能力;(4)校团委、学生处定期举办爱国主义教育、时事知识竞赛、演讲比赛;校宣传部定期出解决学生深层次思想问题的专栏或专刊;(5)校、系两级党校、团校积极开展提高学生思想认识活动,既要上课,还要组织学生进行社会调查和讨论;(6)由专家开展心理咨询活动,以帮助学生消除心理不适和心理障碍;(7)积极开展多种形式的社会实践活动,有关部门和学生所在系可以组织学生参观、访问、社会调查、法庭旁听等活动。另外,在对学生进行思想教育中,教师还应做到为人师表,要以先进的政治思想、优良的品德、较高的业务能力、诚心为学生服务的形象感染学生。

总之,在解决学生深层次思想问题上,要强化主渠道,也要拓宽支渠道,要把解决学生深层次思想问题,看成是高校中每一个从事教育、教学工作的人员的历史责任。

(三)如何拓宽渠道,解决大学生深层次思想问题

作为为国家、社会输送人才的高校,根据自己的职责,利用和学生直接接

触的便利条件和专业优势,应该把下列八个方面的工作当成日常事务工作抓:
(1)学校各级党组织每学期举办一次系列讲座,围绕国内外近期的重大事件和学生关心的社会热点和难点问题,由党员干部和具有高级职称的教师开设讲座;(2)班主任和任课教师每月一次在学生中进行一次思想动态调查,并上交书面材料;(3)学校党校定期在递交了入党申请书和已列为入党积极分子的学生中开设党课,讲解党的基本知识;(4)学校有关学生管理部门每周公布一次学生遵守《学生手册》的情况,并公开表扬和批评学生名单;(5)学校团组织定期举行团员思想教育、班际之间的时事竞赛、演讲比赛和辩论赛等活动;(6)学校教学部门结合教学内容,不定期安排学生参观爱国主义教学基地,参加法庭旁听、考察市场证券交易、参观企业、走访农村等;(7)建立领导下班制、教师联系学生寝室制,根据下班、下寝室了解到的情况,定期召开交流会和研讨会;(8)定期出大学生自己办、自己写的刊物,走访有关校、处领导,登载能帮助学生解决深层次思想问题的文章。

上述八个方面的工作,是我们系的长抓不懈的工作。这八个方面的工作,实际上就是专门解决学生深层次思想问题的。它们不仅涉及系党总支、党支部及团总支、学生会工作,也涉及系教学行政、学生管理小组工作;同时,我们也不难看出,做这些工作的人员,不仅包括了系领导和班主任,也包括了所有教师。实践证明,通过各层面的多渠道的工作展开,效果是明显的,学生的思想认识、精神面貌、学习目的、行为规范等都有了极大变化。

从上述工作思路来说,我们以为,解决学生深层次思想问题,虽然是一项复杂、艰辛的工作,但是,只要我们人人参与,拓宽渠道,这项工作我们一定能做得很好,一定会出成效。

八、高校思想政治教育中的"育人"方法

目前我们在育人方面还存在很多不足,只重视教书,而忽视育人,割裂了教书与育人的统一,这不能不引起我们的深思。就此,我们从学生和教师两方

面,谈谈大学教育中如何育人的方法。

(一)做好大学生做什么人和怎样做人的思想教育

第一,深刻了解和解决学生思想问题。

大学生思想问题,实际上就是指大学生心理状态问题,它关系到大学生如何树立正确的世界观、人生观、价值观的问题,关系到大学生的身心健康发展的问题,关系到大学生的思想道德品质问题。而大学生心理状态问题,集中体现在大学生思想品质上。因为,大学生的思想品质,直接影响到中学生头脑中的一些涉及大是大非的思想观点和认识问题,决定了大学生对《公民道德建设实施纲要》的贯彻和端正行为规范等问题。而这些问题中最核心的问题,则是做什么人和怎样做人的问题。大学生思想问题是决定大学生所作所为的关键问题。因此,要使大学生身心得到健康发展,就应该帮助大学生正确解决其思想问题。

应该看到,大学生思想问题产生的原因来自于多方面,既有社会环境的影响,也有学校的教学、管理方面的问题。在高校,大学生思想问题,虽不是无人问津,但至少可以说是解答甚少,人员甚少,途径甚少。因此,要解决大学生思想问题,单靠课堂不行,单靠班主任不行,单靠开班会不行,而应靠学校中所有和学生有联系的领导和老师,靠多种渠道、多种形式的活动。而这种多人员、多渠道的情况,以往在我们大学里是不能令人满意的。可以说,了解和解决大学生思想问题,在目前我们各高校是一个普遍存在的急待解决的问题。

第二,改革大学思想政治理论课的教学内容和形式。

系统地对大学生进行思想政治理论教育,是教育大学生做什么人和怎样做人的必要渠道。大学思想政治理论课,要以人为本,从发展大学生的身心健康的不同侧面出发,分工协作,帮助大学生了解和掌握思想品德的基本知识和基本观点,树立科学的世界观、全心全意为人民服务的人生观和无私奉献的价值观;指导大学生处理好他们在学习、生活、人际交往、升学就业和自我认识等方面的问题;教会大学生认清各种大是大非的问题;紧密结合改革开放和现代化建设的成功实践,回答学生们普遍关心的社会热点和难点问题;面临目前经济大潮,使大学生懂得如何端正自己的行为规范,懂得怎么遵守"爱国守法、明礼诚信、团结友善、勤俭自强、敬业奉献"的公民道德基本规范。要达到上述要求,则需改革目前大学通行的思想政治理论课的教学内容和形式。内容上,既要做到有科学性、系统性,又要做到有针对性、现实性,要体现时代特点,贴近大学生的思想、学习、生活实际;形式上,应做到讲授和讨论的结合;结合知识点多让大学生写心得体会文章和小论文;让大学生自述对社会热点和难点问题的认识、对自己在人生价值问题和道德品质问题上的阐释。

第三,全方位地对大学生进行思想教育。

全方位地对大学生进行思想教育,以解决课堂教学在空间、时间上存在的限制。具体有:(1)在大学生中有计划地成立宣传思想道德教育小组,并配备专门教师指导;(2)定期召开由校领导和有关教师与大学生的座谈会,针对大学生的思想、学习及生活实际进行座谈;(3)由有工作经验、有理论水平的教师和班主任围绕学生关心的社会热点和难点问题开设专题讲座,提高学生的鉴别能力;(4)学校党、团组织定期举办爱国主义教育、道德建设、时事知识竞赛、演讲比赛;定期出解决大学生深层次思想问题的专栏或专刊;(5)充分发挥高校党校的作用,积极开展提高学生思想认识活动,既要上课,还要组织学生进行社会调查和讨论;(6)由专家开展心理咨询活动,以帮助大学生消除心理不适和心理障碍;(7)积极开展多种形式的社会实践活动,可以组织学生参观、访问、社会调查、法庭旁听等活动。

(二)提高教师的职业道德素质和教育教学工作的才能

第一,教师必须要有良好的职业道德。

我们知道,职业道德是人们的职业活动紧密联系的,具有自身职业特征的道德准则和规范。这些道德准则和规范,是由各种职业的具体利益和义务,以及具体活动的内容、方式等决定的。教师的职业道德,当然也就是同教师的职业活动,即备课、上课、改作业、当班主任、做学生思想工作等紧密联系在一起的,具有由教师的利益和义务,以及教师的教育、教学的内容和方式决定的道德准则和规范。这些道德准则和规范是什么呢? 我们以为,就是要全身心投入自己所承担的教育、教学工作中,忠于职守,有高度的责任心,兢兢业业、勤勤恳恳,一丝不苟地完成自己的教育、教学任务;要勤奋好学,钻研专业指导,精益求精,开拓进取,勇于创新,不断提高自身的政治素质、业务素质和道德素质;要作风正派,为人师表,既教书又育人,深入学生之中,不畏辛劳,耐心做学生思想工作,成为学生的楷模。韩愈在《原道》中告诫说:"欲修其身者,先正其心;欲正其心者,先诚其意。"心不正,意不诚,身难修。作为教师,如果没有忠诚于教育事业的坚定信念,没有重事业、轻名利,重奉献、轻索取的春蚕精神、蜡炬精神、老黄牛精神的话,何谈什么全身心投入教育教学活动,一丝不苟地完成自己的工作任务呢? 又何谈什么忠于职守,有责任心,为人师表呢?

第二,教师必须要有胜任自己所承担的教育教学工作的才能。

教师的根本任务是教书育人,要完成这一任务,没有胜任一定的教育教学工作的才能,是不行的。显然,这里讲的才能,既表现在教书上,也表现在育人上。其实,才能应该包括"才"和"能"两方面内容。所谓"才",是指教师自身的知识水平;所谓"能"是指教师从事教育教学活动的能力。因此,衡量一名教师的师能,也就需要看他的知识水平和从事教育教学活动的能力这两方面的情况。首先,就教师的知识水平来说。要给人一碗水,自己必须要有一桶水。目前,我们正处于知识爆炸时代,科学技术迅猛发展,理论上的新成果层出不穷,知识不断更新。作为传授知识的教师,应当努力学习,刻苦钻研,掌握扎实的、丰富的知识,不断提高自己的理论水平。而要做到这一点,没有一种献身于教育事业的思想,没有一种执着追求的精神,没有一种催人奋进的心灵作用,显然是不行的。其次,就教师从事教育教学活动的能力来说。现在,无论哪一层次的学校,都在强调对学生的素质教育,在进行素质教育中,教师的能力尤为重要。试想,一位教师如果没有献身于教育事业的思想,没有执着追求的精神,对学生不了解,对教师工作缺乏兴趣,这样的教师能具有从事教育教学活动的能力吗? 几分汗水几分收成,几分付出几分回报,无论他的学历有多高,教龄有多长,如果他不肯为教育事业、为自己所承担的教育教学工作花费精力,付出心血,他就无法获得从事教育教学活动的能力,也就无法适应当前的教学改革和素质教育。

总之,要解决大学生的思想问题,使大学生的心理得到健康发展,教师应做到为人师表,要以先进的政治思想、优良的品德、较高的业务能力、诚心为大学生服务的形象感染大学生;要深入学生之中,了解学生,熟悉学生,成为"心理学"的行家。

九、师德及其与师能的关系

教师,被誉为人类灵魂的工程师,是太阳底下最光辉的职业。著名教育家克鲁普斯卡娅说:"教师是一种责任最重大、最光荣的职业。这一职业的作用和意义必将日益增加和提高。"①我国老一辈教育家徐特立也说过:"教师不仅是一个光荣重要的岗位,而且是一种崇高而愉快的事业。它对国家人才的培养,文化科学教育事业的发展,以及后一代的成长,起着重大的作用。"②胡锦涛在全国优秀教师代表座谈会上的讲话中更是指出:"教师是人类文明的传承者。推动教育事业又好又快发展,培养高素质人才,教师是关键。"③作为教师,如何挑起他肩上的重担,无愧于这一光荣的称号呢? 我们以为,师德是教师必须具备的不可缺少的最起码条件。那么,何谓师德? 师德和师能的关系又是怎样的呢?

(一)师德是对教师的基本要求

师德,即教师的职业道德。我们知道,职业道德是同人们的职业活动紧密联系的,具有自身职业特征的道德准则和规范。这些道德准则和规范,是由各种职业的具体利益和义务,以及具体活动的内容、方式等决定的。教师的职业道德,当然也是同教师的职业活动,即备课、上课、改作业、当班主任、做学生思想工作等联系在一起的,具有由教师的利益和义务,以及教师的教育、教学的

---

① 《克鲁普斯卡娅教育文选(下)》,人民教育出版社 1959 年出版,第 623 页。
② 《徐特立教育文集》,人民教育出版社 1979 年出版,第 295 页。
③ 胡锦涛:《在全国优秀教师代表座谈会上的讲话》(2007 年 8 月 31 日)

内容和方式决定的道德准则和规范。这些道德准则和规范是什么呢？我们以为，就是要全身心投入自己所承担的教育、教学工作中，忠于职守，有高度的责任心，兢兢业业、勤勤恳恳，一丝不苟地完成自己的教育、教学任务；要勤奋好学，钻研专业知识，精益求精，开拓进取，勇于创新，不断提高自身的政治素质、业务素质和道德素质；要作风正派，为人师表，即教书又育人，深入学生之中，不畏辛劳，耐心做学生思想工作，成为学生的楷模。一名教师，是否具有上述道德准则和规范，和他是否具有献身于教育事业的精神直接联系。韩愈在《原道》中告诫说："欲修其身者，先正其心；欲正其心者，先诚其意。"心不正，意不诚，身难修。作为教师，如果没有献身于教育事业的精神，就不可能有忠诚于教育事业的坚定信念，不可能有重事业、轻名利、重奉献、轻索取的春蚕精神、蜡烛精神、老黄牛精神。可见，缺乏献身于教育事业的精神，何谈什么全身心投入教育教学活动，一丝不苟地完成自己的工作任务呢？又何谈什么忠于职守，有责任心，为人师表呢？一句话，没有师德，就有愧于一个教师的光荣称号。

因此，具有师德，就能使工作在光荣重要岗位的教师具有献身于教育事业的精神，能使教师具有重事业、轻名利、重奉献、轻索取的思想境界和理想情操，在优厚的物质条件的诱惑面前不丧志的人格，也能使教师充分发挥把自己所掌握的全部知识毫无保留地传授给学生的心灵作用。中国唐朝诗人李商隐有诗云："春蚕到死丝方尽，蜡炬成灰泪始干。"现代文学家鲁迅有老黄牛"挤的是奶，吃的是草"的譬喻。这里的春蚕精神、蜡烛精神、老黄牛精神，就是对具有良好师德的教师的最真实、最形象的写照。

（二）师德决定师能

师德决定师能。师能，即教师胜任自己所承担的教育教学工作的才能。教师的根本任务是传授知识，培养人才，要完成这一任务，没有胜任一定的教育教学工作的才能，是不行的。正如胡锦涛所说："没有高水平的教师队伍，就没有高质量的教育"。① 这里的"高水平"，实际上就是指教师的师能。既然师

---

① 胡锦涛：《在全国优秀教师代表座谈会上的讲话》（2007 年 8 月 31 日）

能是指胜任一定的教育教学工作的才能,我们以为,师能应该包括"才"和"能"两方面的内容。所谓"才"是指教师自身的知识水平;所谓"能"是指教师从事教育教学活动的能力。因此,衡量一名教师的师能,也就需要看他的知识水平和从事教育教学活动的能力这两方面的情况。事实上,上述师能的两方面内容,无论哪一方面,都与师德密切联系在一起。首先,就教师的知识水平来说。革命先驱者孙中山曾说:"惟必有学识,方可担任教育。盖学生之学识,恒视教师以为进退,故教师之责任甚大。"①著名教育家赞科夫也说过:"为了顺利完成自己的任务,一个教师应当掌握深刻的知识,受过严格的师范训练,具备很高的一般文化水平和明确的思想政治方向性。"②常言道,要给人一碗水,自己必须要有一桶水。目前,我们正处于知识爆炸的时代,科学技术迅猛发展,理论上的新成果层出不穷,知识不断更新。作为传授知识的教师,应当努力学习,刻苦钻研,掌握扎实的、丰厚的知识,不断提高自己的理论水平。而要达到这一点,没有一种献身于教育事业的思想,没有一种执着追求的精神,没有一种催人奋进的心灵作用,显然是不行的。其次,就教师从事教育教学活动的能力来说。现在,无论哪一层次的学校,都在强调对学生的素质教育,在进行素质教育中,教师的能力尤为重要。教师的能力和教师知识水平相辅相成,同样也和师德分不开。试想,一位教师如果没有献身于教育事业的思想,没有一种执着追求的精神,缺乏职业道德,对教师工作缺乏兴趣,其整个精力不是放在他所从事的教育教学活动中,而是热衷于搞第二职业,醉心于赚外快,这样的教师能具有从事教育教学活动的能力吗?几分汗水,几分收成,几分付出,几分回报,无论他的学历有多高,教龄有多长,如果他不肯为教育事业、为自己所承担的教育教学工作花费精力,付出心血,他就无法获得从事教育教学活动的能力,也就无法适应当前的教学改革和素质教育。因此,要想具有胜任自己所承担的教育教学工作的才能,取决于教师的付出。而付出多少,是由他的精神,他的人格、他的思想境界和理想情操和职业道德所决定。这也就是我们所说的师德决定师能的一个基本道理。

---

① 《增补中山丛书》(第二册),上海民权图书公司1927年出版,第37页。
② [苏]赞科夫:《和教师的谈话》,教育科学出版社1980年出版,第233页。

（三）师德和师能的关系

胡锦涛说："高尚的师德，是对学生最生动、最具体、最深远的教育。"①从哲学意义上来说，师德是一种精神。作为一种精神，一种人格，一种心灵作用，它能使即使是在非常艰苦的工作条件和非常清贫的生活背景下也能一心扑在教育事业上，为传授知识，培养人才贡献自己的一切；她能使教师跑开一切杂念，心灵得到净化，视名利为粪土，视金钱为草芥，在市场经济大潮的冲击面前，站得住，挺的直，正如我国宋代诗人苏轼在《藤县时同年西园》这首诗所写："人皆种榆柳，坐待十亩阴。我独种松柏，守此一片心。"

关于师德和师能的关系，我们可以引用法国著名的军事家拿破仑的一句名言来说明。拿破仑说："世界上只有两种力量——利剑和精神。从长远来说，精神总是能征服利剑。"②可见，在"利剑"和"精神"的关系上，"精神"是至上的。就教师来说，"利剑"就是师能，"精神"就是师德。在师能和师德的关系上，师德是至上的，是催人奋进、克服一切杂念的思想武器，有了师德，就能把自己毕生精力投入到光荣的、重要的教育事业中；有了师德，就有了高尚的精神和情操，就能使手中的"利剑"所向披靡。师德，它能使人明白人生的追求是什么，自身的价值在哪里。具有师德的人，才能称得上是一名真正的人民教师，没有师德的人，就没有资格享有教师的称誉的。

在师德和师能的关系上，我们还可以从中国古代著名哲学家老子所讲的"道"中得到启迪。老子《道德经》认为，"道"是"无形之状，无物之象，是谓'恍惚'。"然而，它却是天下万物的本原，它"渊兮事物之宗"，"可以为天下母"，"道生一，一生二，二生三，三生万物"，天下万物都是由"道"产生出来的。应该明确说明，教师的"道"和老子的"道"不是一回事，老子的"道"是就宇宙而言的，教师的"道"是就培养人说的。老子的"道"具有哲学的抽象思辨色彩，教师的"道"是实实在在的教育教学的工作。因此，二者不能混为一谈。然而教师的"道"和老子的"道"也有一比，"道法自然"，对教师来讲，教师从事教育教学

---

①　胡锦涛：《在全国优秀教师代表座谈会上的讲话》(2007 年 8 月 31 日)

②　转引自：《中外名言大全》，河北人民出版社 1987 年出版，第 97 页。

工作的"道"上同样有着不可违背的规律。完成这"道",必须把师德和师能融为一体。教师的"道"支配着教师的各种行为,也决定了教师的师德和师能不可分离。师德是教师的"道"的主宰,只有以师德为依据,才能对师能及教师各种行为制定出硬性规定和衡量标准。当然,师德本身的特性和内涵,也是通过师能及教师各种行为反映出来的。这也就是我们所说的师德和师能是融为一体的。

由上,我们的结论是:就教师而言,唯有师德是最宝贵的。唯有师德才有师能,才有中国的教育事业发展的希望。如何使我们的教师都能具有良好的师德呢? 一要在教师中加强师德教育,开展经常性活动。二是要对教师的师能考核及其他行为的硬性规定中更多的融进师德的内涵,把师德具体化。三要对缺乏师德的教师予以大胆淘汰,就像我国现代教育家叶圣陶所说:"有教师不负责,有的因为对教学本无兴趣,当教师只是暂局。这种人只有严加淘汰一法。"①学生无心学习,可以开除。教师缺乏师德,身在曹营心在汉,无心从教,又何尝不能淘汰呢?

十、校外兼职:高校教师职业道德建设中不可忽视的内容

在我国高校,目前教师校外兼职是普遍现象。我们以为,教师校外兼职和教师职业道德建设有密切关系。如何处理教师校外兼职一事,是教师职业道德建设中一个不可忽视的重要内容。

(一)高校教师到校外兼职的积极作用和负面影响

据《现代汉语词典》解释:"兼"是指同时涉及或具有几种事物;"兼职"是指在本职工作之外兼任其他职务的工作。照此解释,教师兼职,就是指教师在担任教学工作的同时,兼任教学工作以外的其他工作。而本文所说的教师兼职,专指高校教师到校外兼任与教学无关的工作。过去,在我国,无论哪类学

---

① 《叶圣陶语文教育论集》,教育科学出版社1980年出版,第54页。

校,教师到校外兼职一般是不存在的,这主要在于旧的人事管理体制的过分死板,给教师造成严格的约束,教师如果要到校外兼任教学工作以外的其他工作,都属不务正业和严重违纪,轻者严肃批评,加工资、晋升职称或发津贴、分房子等都要受到影响;重者开除,淘汰出教师队伍。近些年,随着教育体制改革的不断深入,人才流动,教师到校外兼职则成了一种时尚,教师兼职越来越多,越来越普遍。那么,如何正确认识教师在校外兼职一事呢?

综观近年来教师到校外兼职的大体情况,高校教师到校外兼职是有一定积极作用的。它既具有社会效益,又具有经济效益。

从社会效益看,由于高校教师基本上都有着渊博的知识水平和较高的思维能力,在掌握科学技术和专门的学科知识上有着其他行业的人士所无法比拟的优势,在今天我们所面临的知识经济时代,充分显示科学技术是第一生产力的作用,让高校教师走出校门,充分发挥自己的聪明才智,这是非常有益的。在社会主义现代化建设中,经常有人感叹,我们的人太多了,可我们的人才则太少了,其实,我们的人才并不是太少,而是受旧体制的束缚,很多人才的作用无法发挥出来,许多人才资源没有挖掘出来。高校是藏"龙"卧"虎"的地方,这些"龙"、"虎"就是具有专门学科知识、而社会又急为需要的人才,让这些人才走出校门,投入社会,兼些职,干些事,不就填补了"我们的人才太少了"的遗憾? 近些年来,我们经常看到和听到高校教师在某个部门、某个企业兼职,而使这个部门、企业得到很大变化的情况,足以使我们相信高校教师在校外兼职的社会效益。

从经济效益看。我们知道,目前我国教师,尤其是青年教师的工资收入都不高。近些年来,中央非常重视教师的生活待遇问题,并多次采取措施,极大改善了教师的生活待遇,这使教师感激不已。但由于各种原因,教师和"富"之间的联系并未真正树立起来。如何使高校教师富起来? 如果单靠政府加工资和学校发津贴,是无法解决这个问题的,因为加工资和发津贴,都极为有限。要想让高校教师的实际生活水平有一个较高的跨度,就应该让高校教师走向等价交换的社会大市场,进行市场经济中的公平竞争,以自己的脑力劳动和聪明才智产生一定的经济效益,这样既对社会做出了贡献,又使自己的生活待遇得到提高。

当然,我们也应该看到:高校教师校外兼职在职业道德建设中也会带来一定负面影响。这种负面影响,概括起来,往往存在下面几方面问题:其一,淡化了一些兼职教师的敬业精神。教师必须献身于人民的教育事业,必须具有重事业、轻名利,重奉献、轻索取的思想境界和理想情操,必须具有在优厚的物资条件的诱惑面前不丧志的人格,必须具有把自己所掌握的全部知识毫无保留地传授给学生的心灵作用。教师兼职,心为二用,难免不使其敬业精神受到冲击。其二,影响了一些教师的职业道德。教师的职业道德,要求教师全身心投入自己所承担的教学科研工作中,忠于职守,有高度的责任心,兢兢业业,勤勤恳恳,一丝不苟地完成自己的教学科研任务;要求教师勤奋好学,钻研专业知识,精益求精,开拓进取,勇于创新,不断提高自身的政治素质、业务素质和道德素质;要求教师作风正派,为人师表,既教书又育人,深入学生之中,不畏辛劳,耐心做学生思想工作,成为学生的楷模。教师兼职,分散精力,对达到上述师德的要求必然带来难处。其三,削弱了一些教师的教学科研的才能。我们知道,社会主义现代化建设需要有专门学科知识的人才,而称谓人才所具有的专门学科知识均不是固定不变的,永远处于一个水平线上的。目前,我们正处于知识爆炸时代,科学技术迅猛发展,理论上的新成就层出不穷,知识不断更新。作为教师,更应该花费更多的精力,付出更多的心血,拿出更多的时间,努力学习,刻苦钻研,掌握扎实的、丰厚的知识,不断提高自己的理论水平,只有这样,才具有从事教学科研的才能,也才永远保持"人才"的称誉。教师兼职,占用时间,无暇学习和钻研新知识,必然削弱教学科研的才能。另外,由于兼职,也会妨碍教师参加校、系的各种活动,疏远教师和同事、和学生的关系。这一切,显然是不利于高校教师职业道德建设的。

(二)高校教师到校外兼职的条件

高校教师到校外兼职,既有积极意义,又有负面影响,这都是客观存在的。如何使其在社会效益和经济效益方面的积极意义最充分地显示出来,而使其不利于高校教师职业道德建设的负面影响降低到最小限度呢?笔者以为,必须要有两个条件，即领导有方、管理有序的学校和高素质、高水平的教师。

　　首先，就学校而言。对教师到校外兼职，学校应该做到有领导、有主管机构、有切合实际的制度和行之有效的措施。所谓有领导，就是说学校党委、行政要把教师到校外兼职一事当作重要日常工作来抓，要有专管校领导，要把此事纳入到学校的管理工作之中，并作为一个重要组成部分，进行决策、部署。所谓有主管机构，就是说要设立专门负责、管理及考核的机构。一般来说，教师到校外兼职的主管机构应是学校人事管理部门，这是因为学校人事管理部门承担了学校全员聘任管理工作，而教师兼职正是全员聘任管理工作中的考核的一项内容。但作为从事教学研究工作和教书育人工作(在一些高校，教师除教学科研之外，还需承担班主任、辅导员及带队实习、下班指导等工作)的教师，并不仅仅完全是一个人事管理问题，它还涉及教务部门、学管部门等单位的职责，因此，对教师校外兼职的主管机构，应该超越人事管理部门之上，具有独特职能的机构。所谓有切合实际的制度和行之有效的措施，就是说要根据学校实际情况建立一整套完整的制度和有效的措施，用于解决本职工作和兼职工作的矛盾。这里包括对兼职教师师德、师风的要求和基本条件的确定，对教师兼职时间的限制，对教师兼职内容的规定，另外在评定职称、聘任职位、领取津贴及适量收费等方面，也要有具体的明文规定及做法。同时，对教师在兼职中的表现，也要有奖罚措施，并以此纳入年度考核中。总之，学校对兼职教师的管理要达到规范化、有序化。

　　其次，就教师而言。到校外兼职的教师最起码的条件就是必须具有忠诚于人民教育事业的敬业精神，具有良好的为人师表的职业道德。具体说，就是要能正确处理好下列四种关系：(1)本职工作和兼职工作的关系。本职工作和兼职工作是矛盾的对立双方，本职工作是主要方面，兼职工作是次要方面，主要方面起主导作用，居支配地位，次要方面从属于主要方面，居被支配地位。对这一道理，兼职的教师应该有正确认识，在时间和精力上要有合理的分配，突出主、次问题，切忌以兼职工作影响自己的本职工作。(2)全局和局部的关系。教师属于学校，学校是全局，教师是局部。全局统率局部，对局部的发展起决定性作用，局部处于被统率、被决定的地位，局部要服从全局，有时甚至牺牲局部来保全局。这众人皆知的道理,理应为兼职的教师所明晓。因此,兼职的教师应该处处为学校着想,为教学科研工作着想,不要在个人利益上斤斤计较,更不要以兼职工作冲击学校的正常秩序,违反校规校纪。(3)本和末的关系。教师以"教"为本,邓小平同志曾明确指出教师"要善于教",一名教师如果脱离教,犹如一棵树被去掉树茎和树干失去生命一样。对此,兼职的教师一定要给自己正确定位,认识到教学科研工作是自己的本,不能模糊本末关系,不可本末倒置,更不可舍本逐末。(4)人和人才的关系。尽管人才也是人,但他不是一般的人。人才是指德才兼备的人,是指有某种特长的人,是指具有专门的学科知识和聪明才智的人。兼职的教师之所以受到兼职单位的接受,可以说并不是这个"人",而应该说是这个人的学科知识和聪明才智能够满足他们的需要。因此,兼职的教师一定要刻苦钻研,掌握真才实学,这样,才能发挥出自己作为"人才"的作用,而不是仅仅停留在一个"人"的作用上。这一点,我们的教师务必要有明确认识。

(三)加强高校教师职业道德建设的规定

在具有领导有方、管理有序的学校和具备良好职业道德的教师的两个条件的基础上,我们认为,应该允许高校教师到校外兼职。当然,为加强高校教师职业道德建设,也应有些强制的规定。

第一,兼职内容的确定。

高校教师到校外兼职,主要是发挥其专门的学科知识的作用,这样,才能表现出其价值和积极意义。同时,在兼职过程中,教师还可从具体实践中,丰富和深化自己的专业知识,达到理论上的升华。因此,高校教师兼职的内容必须确定与其专业知识的对应。否则,高校教师到校外兼职就难以显示其积极的意义。

第二,兼职时间的限制。

高校教师的本职工作是教学、科研及育人,兼职只是一种"副业"而已。目前有不少人把这种"副业"称之为"第二职业",对此笔者觉得不妥,因为"第二职业"的说法,容易使人误解为兼职也是本职工作中的一部分,而混淆兼职和本职的区别。完成本职工作是教师的天职,教师必须把所有的工作日时间都投入到教学科研等工作中,其兼职时间只能限制在节假日和休息日内。

第三,兼职人数的控制。

在学校,由于实行全员聘任制,人员的使用及数额是确定的,每个人都有自己的位置和工作任务。如果到校外兼职的人数过多,而不加以控制,那么,整个管理工作必会受到极大的影响,学校及各教学部门正常的秩序也会被扰乱。因此,学校有关主管机构及领导一定要严格控制兼职人数,特别是对一些缺编的教学单位和人员缺少的专业,更要严加限制。

第四,兼职人员资格的规定。

由于高校教师到校外兼职是去发挥人才作用,贡献专门的学科知识,因此,并非每个人都可以随意到校外兼职的。我们以为,学校应该对兼职的教师的资格作出规定,这些规定,可包括职称及教学能力、科研水平等方面的要求,诸如:职称上,最好是具有高级职称;教学能力和科研水平上,最好是校级骨干教师。教学能力低、教学效果差、工作态度不好、科研上不能出成果的,都不具备兼职资格。符合兼职资格的,学校可发兼职证。

第五,与兼职单位保持联系。

教师到校外兼职,不单单是兼职单位的事,也是学校的事。因为教师是学校的人,教师在兼职单位干得好与不好,涉及学校的声誉。我们要求兼职的教师做事认真,态度勤恳,不斤斤计较,不违法乱纪,保持大学教师的受人尊敬的形象;同时我们也希望兼职教师在兼职工作中取得一定效益,为社会做出贡献。兼职的教师能否达到上述要求,学校只有和兼职单位联系,才能得知。学校应该把所了解到的兼职的教师在兼职工作中的表现,纳入学校的专业技术人员的年度考核中。

十一、普通高校办成人高等教育的"一体两翼"

近年来,我国成人高等教育发展呈现了史无前例的规模,不仅参加学习的人多,办学的学校也在增多,其中,担任着普通高等教育的高校也进入了成人高等教育的行列,而且所起的作用越来越大。普通高校办成人高等教育,是否可以办?应该如何办?办到何种程度?这些问题不能不引起我们的思考,因为这既是关系到我国成人高等教育能否顺利、健康发展的问题,也是关系到我国普通高校自身发展和完成使命的问题。

(一)普通高校办成人高等教育的"利"和"弊"

普通高校办成人高等教育,无疑是利弊共存的。综观这"利"和"弊",它们都有突出的表现。

普通高校办成人高等教育"利"的表现在于:一则在普通高校上。普通高校在培养人才、系统传授科学知识方面,有着得天独厚的条件。师资、场所、资源、环境及管理、教学等硬件和软件方面的从事高等教育的条件,普通高校一样不缺。近些年来,随着国家和社会对高等教育越来越重视,投资越来越多,普通高校的办学条件也越来越好。当然,必须承认,普通高校的办学条件主要是用于普通高等教育的,不能以任何原因和理由冲击普通高校这一根本使命,但是,也应看到,目前我国的普通高校普遍存在着在办好普通高等教育的同时,还有不少"剩余空间"。能否充实这些"剩余空间",实际上就是能否阻止高校教育资源浪费。充实这些"剩余空间",可以有多种内容,但办成人高等教育则是最适合不过的内容,可以说,这也是阻止高校教育资源浪费的最好途径。为什么这样说呢?理由有二:一是在于普通高等教育和成人高等教育的共同性上。我们知道,普通高等教育和成人高等教育的共同点就在于二者都是高等教育。既然都属于高等教育,那么二者所需要的条件是一致的,普通高校所具有的师资、场所、资源、环境及管理、教学等硬件和软件方面的从事普通高等教育的条件,无需作任何变动,可以直接应用于成人高等教育中;二是在于普通教育和成人教育的不同点上。普通高等教育和成人高等教育的不同点在于,普通高等教育通常是全日制,招收的学生往往有一定限制,而成人高等教育可以是全日制,但更多的往往是函授、自学,电视教学等,招收的学生不受任何限制。日常管理上,普通高等教育的约束性非常突出,而成人高等教育的松散性则明显得多。成人高等教育与普通高等教育的上述不同,表明普通高校办成人高等教育可以达到:一只要安排合理,不会形成对普通教育的冲击;二可以互补。即成人高等教育所需要的条件普通高校可以提供,反过来,普通高校发展中存在的困难也可以通过办成人高等教育来克服。普通高校要扩大规模、拓宽办学路子、增加经费、树立学校的知名度和影响力,无疑通过办成人高等教育可以起到不可忽视的作用。二则在成人高等教育上。众所周知,由于历史原因,我国成人中受高等教育的人并不多,而我们今天所面临的又是一个高科技发展的知识经济时代。人多而人才不多,这是我国目前存在的一个急需解决的矛盾。为迅速解决这一矛盾,大力发展成人高等教育无疑是一条最好的途径。那么,如何才能大力发展成人高等教育呢? 要大力发展成人高等教育,笔者以为,最迫切需要解决的是拓宽办学路子,增多办学途径。对此,普通高校办成人高等教育是成人高等教育拓宽办学路子,增多办学途径的最有效的办法。原因就在于,目前我国的专门从事成人高等教育的成人教育学校数量较少,且有些成人教育学校本身就存在师资、环境、教学设备、经费等严重不足的问题。单靠目前我国现有的成人教育学校,是无法承担起拓宽办学路子,增多办学途径的重任的。普通高校办成人高等教育是一项投资少、见效快的工程,既能减少投资,又能保证质量,何乐而不为?

普通高校办成人高等教育也有"弊"的表现,这种"弊"就在于普通高校毕竟不同于成人教育学校,在教学、管理等方面都存在不适合成人教育特点的缺陷。另外,有些普通高校视成人教育利润大,或弃其本责、本职而不顾,或弃质量而不问,造成普通教育受冲击,成人教育又无质量的结果。

比较上述普通高校办成人高等教育的"利"和"弊",很明显,"利"是远远大于"弊"的,而且,上述所讲的"弊"完全是可以克服的。只要我们正确摆正普通高校中的普通高等教育和成人高等教育的位置,像抓普通高等教育一样,认认真真地抓好成人高等教育,树立正确的办成人高等教育的方向,普通高校是一定能办好成人高等教育的。

(二)普通高等教育和成人高等教育的"一体两翼"

普通高校既办普通高等教育又办成人高等教育,这就谓之为"一体两翼"。

顾名思义,"一体两翼"既要求普通高等教育和成人高等教育都具有,又要求普通高等教育和成人高等教育须融合为一体。那么,在普通高校中如何才能达到"一体两翼"?

要达到"一体两翼",就是要摆正普通高等教育和成人高等教育的位置。对此,笔者谈如下几点看法。

第一,突出"一体",把普通高等教育和成人高等教育融合在一起。

毋庸讳言,目前在普通高校中,普通高等教育和成人高等教育往往是相隔离的,大多普通高校是把成人教育当作"副业"来办的。这种"副业"和"正业"(即普通高等教育)明显存在不相容,诸如,学校的教务处、学工处、总务处等职能部门只管普通教育的事,图书馆、网络中心等只为接受普通教育的学生服务,对成人学生一概不管。而对成人教育,则成立专门机构负责,这一机构或曰成人教育处,或曰成人教育中心,无论称呼如何,人数一般就那么几个人,而这由几个人所组成的机构,则要负责成人高等教育中的教务、总务、学生管理等方方面面的工作。人少事多,难免不出问题,而且,置整个学校的教务、总务、学生管理等专门的职能部门之外,另成立同样职能的部门,又如何能达到充实"剩余空间",阻止教育资源浪费? 对此,我们认为,普通高校办成人高等教育,就应该突出"一体",把成人高等教育和普通高等教育统一起来,这种统一应表现在教务处、总务处、学工处等职能部门的工作内容中,表现在高校中的所有为教育服务的机构的具体工作中。这样,我们就能给人以明白,即:普通高校办成人教育,是学校在办,而不是学校内的一个部门在办;在高校中,普通高等教育和成人高等教育都是"正业"。这就是"一体"。

第二,抓住不同特点,发挥"两翼"之间的互补作用。

应该明确,由于普通教育和成人教育有不同特点,在普通高校办成人高等教育中,我们必须采取不同的方法和寻求不同的途径。但是也正是由于普通高等教育和成人高等教育的各自特点,我们可以充分发挥它们的作用,以致达到二者的互补。首先,在普通高等教育对成人高等教育的作用上,我们可充分利用普通高校的教育资源和长期办普通高等教育所获得的教学经验,为成人高等教育的发展提供基本的办学条件,并保证其质量;另外,高校的各职能部门也可直接为成人高等教育进行有效的管理。这样,在普通高校中所办的成人高等教育就有着现成的充足的教务、总务、学生管理及师资、教学设施等,在人力、物力、财力上都能有不少的节省。其次,在成人高等教育对普通高等教育上,我们可以利用成人高等教育在招生范围、课程设置、教学安排、学分分配、作业要求、考试形式等方面的实用、灵活特点,来激活普通高等教育内在的机制;我们也可以利用成教学生的实践经验和社会阅历,为普通教育学生提供活教材,来改变普通高等教育中所存在的高分低能的现象;我们还可以利用国家允许收取的成人教育学生的学费,改善办学条件和扩大学校规模,使得普通高校中的普通高等教育和成人高等教育这"两翼"共同发展。

第三,合理布局,正确处理好"两翼"的关系。

无疑,普通高校的主要任务是办好普通高等教育,决不能以任何其他工作影响这一任务。但普通高校办成人高等教育,实际上又是为普通高校增加了一个新任务,即在办好普通高等教育的同时必须办好成人高等教育。那么,如何才能做到既能办好普通高等教育又能办好成人高等教育呢? 要解决好这个问题,就必须摆正普通高等教育和成人高等教育的位置,处理好二者的关系。作为普通高校,一定要把普通高等教育放在首要的位置上,学校的所有教育资源及师资,首先要满足普通高等教育的需要,从学校到老师,从各职能部门到各教学单位,要兢兢业业、一丝不苟地完成普通高等教育的任务,要保质保量地做好教学、科研工作。对普通高等教育的任务完成不好的单位和老师,要制定强硬规定,限制其开办成人教育班和上成人教育课。在坚持以普通高等教育为主的前提下,普通高校中的任何部门都不能有视成人教育与己无关的想法,这也就是,既不能轻视成人教育,而且还要把成人教育当成自己的一项工作。为确定成人教育的位置,依笔者拙见,普通高校最好能撤销成人教育处或成人教育中心,而在各职能部门和教学系、室专设成人教育办公科、室或安排成人教育负责人和成人教育干事。学校领导统筹安排普通高等教育和成人高等教育工作。在学校的"两翼"上,有主要和次要之分,但不能有重要和不重要之分,应视普通高等教育和成人高等教育的教学、管理是同等重要,评先进、计工作量,以及老师晋升职称等方面,要做到一视同仁。

总而言之,我们说普通高校办成人高等教育是"一体两翼",既然是"一体两翼",就应该做到,把普通高等教育和成人高等教育融合为一体,把普通高等教育和成人高等教育都当成重要的工作来做。

(三)普通高校办成人高等教育的管理和教学方法

上面已述,普通高校办成人高等教育应摆正普通高等教育和成人高等教育的位置。但是,摆正位置并不等于就已办好。由于成人高等教育有着不同于普通高等教育的特点,因此,在管理和教学上,成人高等教育也就有着不同于普通高等教育的方法。这里所讲的成人高等教育的管理和教学方法,依我们的见解,主要是:

管理方面:

(一)成立"管理班级",配备有经验的专门管理人员

这里所说的"管理班级"和普通高等教育的班级是不同的,它不是以学生的学习专业、入学时间来划定,而是以学生所在的地区和单位划定。这也就是说,在成人教育上,应按学生所在地区或单位分类成班进行日常事务管理,在成人高等教育的同一"班级"中,专业可以不一,只要求同属文科或理科即行。为什么要这样做呢? 原因有二:第一,这是由成人教育学生的特点所决定。我们知道,成人教育学生一般都是带职学习的,学习形式往往都是业余。以函授为例,尽管学校每学期分专业安排集中面授时间,但学生更多的学习是利用单位上班的空余时间和在家休息的时间。因此,学生接触较多的、来往密切的、在学习上可以相互帮助的,往往是住址较近,或同单位的同学,而对虽是同一专业,但住址和工作性质都相隔较远的同学,则会出现共学三年则不相识的情况。第二,这是由普通高校对成人高等教育的有效管理所决定。普通高校的首要任务是办好普通高等教育,其具有的教学条件主要是用于普通高等教育,这是毫无怀疑的。然而,既然普通高校办了成人高等教育,它就应该在办好普通高等教育的同时,投入必要的师资及教学设备,采取适合成人高等教育特点的方法,有效的办好成人高等教育。何谓有效? 关键在于管理。所谓管理,就是管之能理。以学生所在的地区和单位定"班级",设班委,更便于"松散性"的成人教育具有凝聚力,这样更能达到管之能理的作用。当然,在成人高等教育的"班级"中,一定要配备专门的管理人员。这些管理人员应该是既熟悉普通高等教育又了解成人高等教育的、有较高业务水平和管理经验的人。

(二)在办学单位设有专职领导和管理人员

前面我们已讲过,普通高校办成人高等教育应达到普通高等教育和成人高等教育融为"一体",就不应再有专门从事成人高等教育的处、科或"中心"。但这并不等于说办成人高等教育的普通高校可以不要专职的领导和有关专职人员了。目前,普通高等教育学生的具体管理、教学工作由学院或系担任,学生班级由学院或系管理,同样,成人高等教育也应引以为仿。因此,普通高校的学院或系既是普通高等教育的办学单位,也是成人高等教育的办学单位。作为一级教学单位,理应有专职的领导和干事。对普通高等教育,目前的学院或系都配有专职的领导和干事,对成人高等教育也应如此,最好不要随意安排某人兼管。

教学方面:

(一)融合普通高等教育的主要教学课程,突出成人高等教育的特点,制定特定的教学计划

在普通高校工作过的人都知道,在普通高校中,任何专业都有一些比较稳定的教学课程。由于长期开设这些课程,必然会有一批长期从事这门课程教学和科研的老师,有上好这门课程的教学经验和教学资料。普通高校办成人高等教育,首先应融入这些课程,使得上这些课程的老师和教学经验、资料能得到最大程度的发挥。然而,成人高等教育毕竟不同于普通高等教育,只开设普通高校中的普通高等教育的课程也是不行的。对成人高等教育,要制定特定的教学计划,在这一计划的课程设置上,既要和普通高等教育的相同专业达成一致,又要加些和实际联系的更为密切的课程。另外,还可适当增加一些和专业有联系的实践课。

（二）选用理论和实际相结合的教材，深化教学内容，切入现实生活

普通高校办成人高等教育所选用的教材，应该是特定的，一方面，它不能丢弃其普通高等教育的基本理论。一般来说，普通高校的教材，往往能把集现代最新科学成就融入进来，有较强的理论性。普通高校在办成人高等教育中，所使用的教材也应该体现这一基本内容，即有较高的理论性和科学性。另一方面，它也应有很大的实践适用性。只有理论和实际相结合的教材，才能帮助成人高等教育的学生既学到系统的科学理论，又提高其工作水平和能力。有了这样的教材，我们就能达到深化教学内容，切入现实生活，使成人高等教育学生既学到了系统的理论知识，又提高了实际工作能力。

（三）多开跨专业选修课，实行学分制，充分调动学生的学习积极性

在开设必要的专业课的前提下，多开跨专业选修课，对成人高等教育的学生益处极大。因为，这样做，可以满足成人高等教育学生强烈的广泛求知欲。由于成人高等教育学生都到了一定年龄，社会阅历多，有工作体验，因此他们比普通高等教育的学生更懂得知识的重要性。和普通高等教育的学生相比，他们往往对理论是不求更深只求更多，渴望方方面面的知识都能了解一些。成人高等教育学生的这种广泛求知欲在多上跨专业选修课后可以得到满足；实行学分制，可以促使成人高等教育学生根据自己的实际情况，合理安排完成整个学业的时间。由于成人高等教育学生的工作之外时间多少不一，紧张程度不一，成人高等教育学生则是很难以统一的学制要求其完成学业的。实行学分制，只要按学分要求获满学分，不论两年、三年，还是五年、六年，都予以同意。这样，既能缓解成人高等教育学生普遍存在的工作和学习的矛盾，又能调动有充分时间的成人高等教育学生的学习积极性，缩短他们完成学业的时间。

十二、普通高校办成人教育的教学模式研究

近年来，普通高校办成人高等教育虽然取得不小的成绩，社会效益和经济

效益都不错,但有一个问题始终没有得到很好地解决,这就是普通高校办成人高等教育的教学模式问题。由于这一问题没解决好,也就带来了诸多其他方面的问题,如教与学的沟通不畅、教师的教学内容和方法得不到学生的接受、学生掌握的专业知识不够全面等。可以说,目前学生到课率不高也和这一问题的存在有一定联系。

(一)构建普通高校办成人高等教育的教学模式的指导思想和教育理念

何为教学模式?从词义上说,《现代汉语词典》对"模式"的解释是:"某种事物的标准形式或使人可以照着做的标准样式"。既然模式是指一种标准形式或样式,那么,教学模式也就是指教学的标准形式或样式。不同事物有不同的标准形式或样式,不同的教学也有不同的教学标准形式或样式,因此,显而易见,虽同属于知识传授,但小学教学、中学教学、大学教学各有各的标准形式或样式;虽同存在于普遍高校中,但普通高等教育、成人高等教育也各有各的标准形式或样式,也就不足为怪了。从内涵上说,有学者指出:"教学模式是建立在一定的教学理论之上,为实现特定的教学目标而设计的一种教学模型。"①这就是说,教学模式是一种教学模型,这种模型基于一定的教学理论而建立起来,具有特定的教学目标。词义上的解释是说明教学模式的表现形式,内涵上的确定是说明教学模式的内在特征。其实,无论从词义上的解释还是内涵上的确定,我们都不难理解,任何模式都有它的特定的形式和特定的内容,因此,不同的事物才会有不同的存在模式。教学模式也正是如此。小学教学、中学教学、大学教学有各自不同的教学模式,普通教育和成人教育有各自不同的教学模式。

在理解教学模式中,我们不能不特别提出"教育理念"这个重要概念。由于教学模式是基于一定的教学理论而建立起来的,而一定的教学理论实际上就是我们所说的教育理念。教育理念是指教学模式所依据的教学思想,或者说是制定教学模式的指导思想。普通高等教育和成人高等教育的教育理念的区别就在于指导思想的不同:前者主要体现在如何通过老师的知识讲授,让学

---

① 李晓文、王莹:《教学策略》,高等教育出版社2000年版。

生掌握专门的学科知识,成为具有一定的专门学科理论水平的知识型人才;后者则主要表现为如何培养提高学生自主学习与协作学习的能力,以适应成人高等教育的要求,满足学生的求知欲望,使学生成为适应工作实践需求的应用型人才。不同于普通高等教育的成人高等教育的教育理念要求我们,一定要为普通高校中的成人高等教育正确定位,要紧扣成人学生的学习习惯和学习个性,敢于超越和突破传统的高等教育的旧思想、旧观念,树立新思想、新观念,使成人高等教育按照自身的规律发展。因此,在构建普通高校办成人高等教育的教学模式上,我们首先应该要有正确的指导思想,树立坚定的教育理念,这就是:解放思想,大胆创新,从实际出发,坚持务实精神。只有这样,我们才能构建普通高校办成人高等教育的切实可行的教学模式,从而找到普通高校办成人高等教育的正确路子,达到标准形式,实现教学目的。

（二）普通高等教育和成人高等教育的内在构成因素的区别

为什么不同的事物会有不同的存在模式？因为不同的事物有不同的内在构成因素。为什么小学教学、中学教学、大学教学有各自不同的教学模式,因为不同层次的教学也各有自己的内在构成因素。作为普通高校中的"两翼",普通高等教育和成人高等教育的教学模式不同,这显然是由于普通高等教育和成人高等教育各有各的内在构成因素。普通高等教育和成人高等教育的内在构成因素有哪些区别呢？我们以为,至少存在下列五个方面,即:教学目标、教学程序、教学内容、教学管理、教学评价标准。

第一,教学目的。教学目的是指设计教学模式的特定目的。它是教育理念的具体体现。确定教学目的依据不能离开教学对象和教学任务。虽然同属于普通高校之中,但成人高等教育和普通高等教育的教学目的是不同的,其中一个重要原因就是二者的教学对象不同。接受普通高等教育和接受成人高等教育的学生的个人状况差别很大。这里的差别表现在社会阅历、实践经验、理论基础、家庭生活、处世方式及学习目标等方方面面。作为成人高等教育的教学目的不能忽视受成人高等教育的学生的实际状况。教学对象的不同,决定了教学任务的区别。固然,作为高等教育,其教学任务必须确定在让学生系统掌握一定的专门的学科知识,无论普通高等教育还是成人高等教育都无例外。但是,由于成人学生的个人状况所决定,"专门的学科知识"的要求应和普通教育的学生有所不一。抽象的、纯理论的内容可以简单些,具体的、和实践联系密切的内容可以详细些;另外,还可以把学习内容放宽一些,教学点多一些,有更多的能解决学生工作实际中的问题的辅导。

第二,教学程序。教学程序是指确定特定教学模式的操作规程,即贯彻教学理念、实现教学目的、完成教学计划的具体操作过程。具体说,教学程序就是教学活动的环节步骤以及每个步骤的具体操作方法。在普通高等教育中,教学程序是通过全日程教学来完成的,教与学的关系往往是直接的、面对面的。因而,其教学程序一般是稳定的,不大改变的。而成人高等教育的教学程序主要是通过函授、网络、电视等形式完成的,学生的学习主要靠自学,教学的内容往往是纲要式的,教学的形式也是不断变化的。实际上,成人高等教育的教学程序主要表现在内容辅导和难题解答上。当然,在教学程序上,普通高校的成人高等教育和成人学校的成人高等教育也有区别。普通高校特有的充足教学资源和条件决定了普通高校的成人高等教育的理论教学或辅导总比其他成人学校的成人高等教育要多一些。这也决定普通高校的成人高等教育的教学程序也不同于成人学校的成人高等教育的教学程序。

第三,教学内容。教学内容是指教学模式的传授知识点,是教师对学生的学习和掌握专业知识的要求。教学内容通常是通过教材表现出来。目前,普通高等教育和成人高等教育所使用的教材的内容相差无几,即使有些教材标为成人高等教育专用,其实其内容和普通高等教育也没什么两样,如果说有区别,那也只不过是章节安排不同和详略不一。由于成人高等教育和普通高等教育在教学理念和教学目的不同,教学内容必有明显的差别,否则,成人高等教育的教学理念就会发生错位,教学目的就无法实现。那么,成人高等教育和普通高等教育在教学内容上应有哪些区别呢?依笔者所见,主要表现为:普通高等教育重点是知识的理论内涵,成人高等教育重点是知识的实际运用。固然,无论普通高等教育还是成人高等教育,在教学内容上都应做到理论联系实际,但二者的角度不同,前者是用大量的实际例子来论证理论,后者是用深刻的理论来指导实践。因此,成人教育的教材应突出实用性,决不能简单套用普通教育的教材内容。

第四,教学管理。教学管理是指对学生进行知识传授的手段和策略,是教学模式的一个不可忽视的内在因素。由于我们这里所说的成人高等教育是办在普通高校中,受其影响,长期以来,在教学管理上,我们基本上是沿用了普通高校中的普通高等教育的管理方式,这很不利于成人高等教育的发展。成人高等教育和普通高等教育的区别,除了表现在上述的教学目标、教学程序和教学内容等方面,还表现在受教育的学生的情况各异,学生的个人状况差别很大,而学校安排的时间是按照成人自身情况而设定的,一般都在双休日或晚上,显然,成人高等教育的教学管理绝对不能用普通高等教育的教学管理来替代。因此,在成人高等教育的教学管理上,我们应彻底改变普通高等教育所运用的传授知识的手段和策略,在"教"上,改"教"为"导",充分利用普通高校的充足的教学资源,运用多种教学媒体,采用多种教学形式,为学生提供更多的知识信息,掌握更多的学习方法,要合理安排教与学的时数,增多选修课,让学生有更多的选课权;在"学"上,改"学"为"思",作业上要多布置思考题,考试内容要体现学生的思维能力,要加强对学生的自学的监督,制定学生的自学和研究目标,学生毕业时要有联系实际的论文。

第五,教学评价标准。教学评价标准是教学模式是否得当的依据,是衡量教学目的是否实现,教学程序、教学内容及教学管理是否完成的客观尺度。确定什么样的教学评价标准,必须依据教学目的、教学程序、教学内容及教学管理如何。虽然都存在普通高校中,但成人高等教育和普通高等教育却有一个很大的区别,就是教学对象不同,教学方式不同,教学要求也就不一样。教学要求和教学评价标准有着直接的联系。由于每种教学模式有自己特定的教学要求,教学要求不同,其评价标准也会不同。一般来说,普通高等教育的教学评价标准主要是衡量学生对专业知识的掌握,而成人高等教育的教学评价标准不仅是衡量学生对专业知识的掌握,更重要的是检验学生的知识的实际运用水平和能力。

从上述成人高等教育和普通高等教育在教学目标、教学程序、教学内容、教学管理、教学评价标准五个方面的区别,我们不难得出,虽然在普通高校,成人高等教育和普通高等教育有着"相互支持而发展"的关系,"这种关系的建立和保持,使二者并驾成为高教领域两支蒂莲花,一直在高等教育园地中亭亭玉立。"①但成人高等教育和普通高等教育的教学模式是不能完全一样的,在具体实施中,一定寻求到切合实际的、适合成人高等教育发展的教学模式。

(三)普通高校的适合成人高等教育发展的具体教学条件

任何教学模式的构建都必须依据具体的教学条件,从实际出发。构建普通高校中的成人高等教育的教学模式,首先要切合普通高校的适合成人高等教育发展的具体教学条件的实际。

普通高校的适合成人高等教育发展的具体教学条件是什么呢?我们以为,这里讲的具体教学条件必须是两方面的。一方面是普通高校中所具备的适合成人高等教育发展的教学条件,另一方面是成人高等教育不同于普通高等教育的特殊教学条件。就前者来看,一则在普通高校上。普通高校在培养人才、系统传授科学知识方面,有着得天独厚的条件。师资、场所、资源、环境及管理、教学等硬件和软件方面的从事高等教育的条件,普通高校一样不缺。近些年来,随着国家和社会对高等教育越来越重视,投资越来越多,普通高校的办学条件也越来越好。二则在成人高等教育上。目前我国的专门从事成人高等教育的成人教育学校数量较少,且有些成人教育学校本身就存在师资、环境、教学设备、经费等严重不足的问题。单靠目前我国现有的成人教育学校,是无法承担起拓宽办学路子,增多办学途径的重任的。普通高校办成人高等教育是一项投资少、见效快的工程,既能减少投资,又能保证质量,普通高校办成人高等教育是成人高等教育拓宽办学路子,增多办学途径的最有效的办法。上述两方面的"利"处,实际上就是普通高校中所具备的适合成人高等教育发展的教学条件。但是,我们也应该看到,普通高校毕竟不同于成人教育学校,在教学、管理等方面都存在不适合成人教育特点的缺陷。因此,仅看到前一方

---

① 李国斌、吕以乔、金秀娥:《论成人高等教育与普通高等教育的关系》,《成人高教学刊》第47页。

面的条件是不够的,还应看到后一方面的条件。后一方面的条件是通过成人高等教育的五个方面的内在构成因素,即教学目标、教学程序、教学内容、教学管理、教学评价标准而反映出来的。在构建普通高校中的成人高等教育的教学模式上,我们既要切合普通高校中所具备的适合成人高等教育发展的教学条件,更要依据不同于普通教育的成人高等教育的内在构成因素。

由于普通高校的适合成人高等教育发展的具体教学条件有着上述两方面的内容,这也决定了我们在普通高校办成人高等教育的教学模式的研究中必须有两方面的考虑,这就是,既要考虑到普通高校长期形成的适用普通高等教育的相对稳定的教学模式的引用,又要考虑到成人高等教育的易变的教学模式的创新。因为,普通高校办成人高等教育的教学模式毕竟不同于纯粹的成人学校所办的成人高等教育的教学模式,它和普通高校有着不可分割的关系;普通高校办成人高等教育的教学模式也不同于普通教育的教学模式,它有着自己的特定内容和特殊规律。

基于上述两方面的考虑,我们认为,寻求普通高校办成人高等教育的教学模式,至少必须做到下列几点:

第一,重视课堂教学,转变教师角色,正确处理好教与学的关系。

课堂和教师是教学模式必不可少的重要环节。作为普通高校,"课堂教学是基本的教学组织形式",①无论是普通高等教育还是成人高等教育,只要是存在于普通高校中的,都应该重视课堂教学。当然,普通高等教育和成人高等教育的课堂教学的形式是不同的,可以在讲授、评论、讨论、实验、练习等方面有不同的侧重,也可以采用不同的教学方法。在普通高校,尽管也强调培养学生的自主学习能力,但教师的作用则是不可忽视的。成人高等教育比普通高等教育更注重发挥学生的自主学习作用,但同样需要充分发挥普通高校的教师的作用。当然,从事成人高等教育教学的普通高校的教师必须注意教师角色的转变,从"教师"转变为"导师",调整普通高等教育主动的"教"与被动的"学"的关系,形成师生之间的和谐的教与学的关系,是学生成为学习的主动

---

① 潘元主编:《新编高等教育学》,北京师范大学出版社 1996 年版,第 383、176 页。

者。"大学教师,既是教育工作者,又是社会活动家。"①在成人高等教育中,大学教师的"社会活动家"的作用更应得到充分的发挥。

第二,融合普通高等教育的主要教学课程,设置突出成人高等教育特点的教学课程。

教学课程设置是教学模式的一个重要内容。在普通高校工作过的人都知道,在普通高校中,任何专业都有一些比较稳定的教学课程。由于长期开设这些课程,必然会有一批长期从事这门课程教学和科研的老师,有上好这门课程的教学经验和教学资料。普通高校办成人高等教育,首先应融入这些课程,使得上这些课程的老师和教学经验、资料能得到最大程度的发挥。然而,成人高等教育毕竟不同于普通高等教育,只开设普通高校中的普通高等教育的课程也是不行的。对成人高等教育,要设置突出成人高等教育特点的教学课程。在课程设置上,既要和普通高等教育的相同专业达成一致,又要加些和实际联系的更为密切的课程。另外,还可适当增加一些和专业有联系的实践课。

第三,学习普通高等教育的基本理论,选用理论和实际相结合的教材,深化教学内容。

普通高校办成人高等教育所选用的教材,应该是特定的,一方面,它不能丢弃其普通高等教育的基本理论。一般来说,普通高校的教材,往往能把集现代最新科学成就融入进来,有较强的理论性。普通高校在办成人高等教育中,所使用的教材也应该体现这一基本内容,即有较高的理论性和科学性。另一方面,它也应有很大的实践适用性。只有理论和实际相结合的教材,才能帮助成人高等教育的学生既学到系统的科学理论,又提高其工作水平和能力。有了这样的教材,我们就能达到深化教学内容,切入现实生活,使成人高等教育学生既学到了系统的理论知识,又提高了实际工作能力。

第四,借鉴普通高校办普通高等教育的教学计划,多开选修课,实行学分制。

教学计划是教学模式的一个关键。目前,普通高校办普通高等教育的教学计划已经在开设选修课上做了大量调整。其实,在开设必要的专业课的前

---

① 潘元主编:《新编高等教育学》,北京师范大学出版社1996年版,第383、176页。

提下,多开选修课,无论是对普通高等教育还是成人高等教育的学生都有很大作用,尤其是对成人高等教育的学生有更大益处。成人高等教育的教学计划要借鉴普通高校办普通高等教育的教学计划,多开选修课,因为,这样做,可以满足成人高等教育学生强烈的广泛求知欲。由于成人高等教育学生都到了一定年龄,社会阅历多,有工作体验,因此他们比普通高等教育的学生更懂得知识的重要性。和普通高等教育的学生相比,他们往往对理论是不求更深只求更多,渴望方方面面的知识都能了解一些。成人高等教育学生的这种广泛求知欲在多上跨专业选修课后可以得到满足。目前,不少普通高校实行了学分制。学分制对成人高等教育的学生非常重要,因为它可以促使成人高等教育学生根据自己的实际情况,合理安排完成整个学业的时间。由于成人高等教育学生的工作之外时间多少不一,紧张程度不一,成人高等教育学生则是很难以统一的学制要求其完成学业的。实行学分制,只要按学分要求获满学分,不论两年、三年,还是五年、六年,都予以同意。这样,既能缓解成人高等教育学生普遍存在的工作和学习的矛盾,又能调动有充分时间的成人高等教育学生的学习积极性,缩短他们完成学业的时间。

十三、高校统战工作为教学服务的职能

教学在高校中处于中心地位,高校中的所有工作都必须以教学为中心而展开,这是众人皆知的。然而,高校统战工作为教学服务的职能却长期以来并未引起人们的特别重视,这从目前在高校中所普遍存在的统战与教学脱离的现象中可以得到印证。

(一)为教学服务是高校统战工作的重要职能

固然,高校统战工作的职能和高校其他工作的职能是有区别的。在为教学服务上,教务、科研、学工等职能部门,财务、医务、宿管等后勤部门,行政办公、组织、人事、宣传等党政机构及工、青、妇等群众团体的工作职能是明确的,

而统战部门的工作职能则不是那么确定了。不少人认为高校的统战工作和其他单位的统战工作任务和内容相差不大,其任务和内容都是高举爱国主义、社会主义旗帜,做好民主党派工作和统战对象工作。由于高校的民主党派成员较多,知识分子又非常集中,特别是具有海外联系的归侨多、"三胞"眷属多、留学生和留学归国人员多,统战对象广泛,因此,目前人们通常认为高校统战部门的职能就是加强和改善党对民主党派的政治领导,支持和帮助民主党派加强自身建设;为统战对象创造和改善工作条件,积极支持统战对象开展活动和发挥作用;积极开展海外统战工作,做好"三胞"及时其眷属、海外留学人员的工作,加强同他们的联系,广泛开展联谊活动,引导他们为社会主义现代化建设和祖国和平统一大业做出贡献。诚然,人们的观点没有错,上述工作职能也的确是高校统战部门所必须完成的。然而,高校统战工作的职能不仅仅于此。

这是因为,高校是我国培养人才和进行知识传播的重要基地,是党外知识分子集中的领域。一方面,高校担负着知识传播、培养人才的重任,教学处于中心地位,而高校的统战工作是整个高校工作的一个组成部分。没有理由可以把高校的统战工作与高校的中心工作脱离开。另一方面,高校的统战对象主要是党外知识分子,这些人大多是处于教学第一线、在教学上扮演着重要角色的高校骨干教师,高校的教学工作必须依靠处于教学第一线的广大教师去完成。能否调动和充分发挥好高校的统战对象的作用,既关系到高校的使命能否完成,也关系到高校的统战部门的工作能否出成效。因此,高校统战部门要重视自己的工作对象的教学情况,想方设法把这些人的教学积极性、创造性充分调动起来,并以此来提高自己工作的质量。基于上述两方面的原因,我们以为,高校统战工作的职能应该是非常明确的,这就是除完成上述统战工作任务和内容之外,还应比其他非高校的统战工作多一个职能,即:为教学服务。

刘延东在高校统战工作报告会上说:"要重视高校民主党派的自身建设问题;要关心高校党外知识分子的健康成长,实现思想政治工作方式方法的创新;要进一步发挥高校的优势,努力以理论创新推动工作创新。"[1]这里所说的"高校的优势"及"以理论创新推动工作创新",我们认为,是不能离开高校教学

---

① 《中国教育报》,2004 年 6 月 21 日。

这个中心工作的,也是离不开统战对象,即从事高校教学工作的教师的。"进一步发挥高校的优势,努力以理论创新推动工作创新",就是要求:高校的统战工作要充分利用其特点,把高校的统战工作和高校的教学结合在一起,积极为高校的教学服务,达到为维护高校团结和谐的政治局面服务,为全面推进高校教学改革,提高教育质量和培养人才服务,为"科教兴国"战略服务。

(二)高校统战工作如何履行为教学服务的职能

由上所知,高校统战工作具有为教学服务的职能是肯定的。然而,高校统战工作如何体现为教学服务,履行为教学服务的职能呢?

首先,把为教学服务的职能和高校统战工作其他方面的职能地融合在一起。对高校统战部门来说,绝不是说他们的工作只有为教学服务的职能,而没有其他职能。其实,目前高校统战部门已经在做的一些工作本身就无法和为教学服务的职能分开。如:了解情况,反映统战对象的问题全貌;参与有关知识分子重要政策的研究和制定;重点做好无党派知识分子代表人物的工作;调动统战对象,即党外知识分子的积极性,为现代化建设和祖国统一大业服务等,哪一样不是和高校统战对象的本职工作密切联系呢? 而高校统战对象的本职工作就是搞好教学。我们之所以提出高校统战工作具有为教学服务的职能,一是想提醒高校统战部门对学校的教学工作的重视,以达到克服长期以来往往被人们忽视的高校统战工作为教学服务职能的现象。二也是想说明高校统战工作为教学服务的职能和高校统战工作其他方面的职能的融合。

其次,在联系、调研及协调等常规工作中体现为教学服务。高校统战部门的职能一般是通过联系、调研及协调等工作途径而实施的。同样,高校统战部门的为教学服务的职能的实施也离不开这些途经。

在联系上,要与统战对象经常交流思想,了解他们在教学上的基本情况,为广大知识分子创造更为有利的教学环境。要运用各种联谊交友的方式,广交深交朋友,加强与统战对象的联系;其实,通过联系,不仅可以广交朋友,交流思想,了解统战对象的教学情况和想法,还可以了解他们在教学上的各种困难和苦恼。要及时反映他们的意见和要求,帮助他们克服困难和解除苦恼,为他们解除后顾之忧。否则,就会影响他们在教学上的工作热情与积极性。同时,也要帮助他们正确处理个人、集体、国家的关系,把个人的事业、前途与学校教育事业发展及教学改革联系在一起,在推动学校教育事业发展及教学改革的进程中发挥重要作用。

在调研上,高校统战部门应该本着肝胆相照的精神,深入调查研究统战对象在教学方面的各种思想,做到想知识分子所想,帮知识分子所需。统战工作干部要尽量多走出去,把深入统战对象之中,做细致的调查研究,作为自己经常性的重要工作。要深入实际,认真调研,真正做到想知识分子所想,帮知识分子所需;要通过调研统战对象在教学方面的各种思想,向学校党委及有关教学部门反映统战对象在教学方面的各种情况,并提出政策性的意见、建议;要利用通过调研得到的情报,通过灵活多样的活动,深入细致地开展对党外知识分子的思想教育和政治引导,从而树立正确的教育、教学观。要通过调研,寻找到充分调动知识分子的教学积极性好路子、好办法。

在协调上,要注意发挥统战工作协调关系、化解矛盾、凝聚人心的独特优势,最大限度地调动一切积极因素。要协调好基层教学部门与统战对象的关系,协调好统战对象与其他非统战对象的教师的合作共事关系。要通过协调,向有关教学部门物色、培养、举荐、安排统战对象代表性人物,包括晋升职称和教学实职安排等。应该承认,知识分子之间、知识分子与各部门之间、知识分子与组织之间的矛盾是比较多的。作为统战对象的党外知识分子更是难于避免各方面的矛盾。统战部门要多做协调关系、理顺情绪、化解矛盾的工作,为他们创造愉快、和谐的教学工作环境。

总之,高校统战工作只有紧扣传播知识、培养人才的高等学府的教学环境和处于教学第一线、在教学上扮演着重要角色的高校骨干教师的对象,才能做到为教学服务,履行为教学服务的职能。

(三)为高校统战工作为教学服务正确定位,理顺各种关系

为保证高校统战工作履行为教学服务的职能,并在常规工作中体现为教学服务,目前最关键的问题就是为高校统战工作正确定位,理顺各种关系。同

时,还应有切合实际的方略。

　　高校统战工作要做到为教学服务,当务之急是要正确定位,理顺关系,建立统战工作新体制。虽然许多高校各级领导都有较强的统战工作意识,对统战部门的工作也很重视,但对统战部门直接进入教学领域往往是忽视的。统战部的定位多是做好民主党派工作和统战对象工作,与具有海外联系的归侨、"三胞"眷属、留学生和留学归国人员联系,开展联谊活动,引导统战对象向海外亲朋好友宣传我们党和国家的有关政策。作为以教学为中心地位的高校,我们以为是不全面的。高校的任何工作都应该和教学相联系,统战工作也不例外。因此,高校党委在为其统战工作定位中,决不能丢弃教学这个中心工作。为此,高校的统战部门和教学有关部门的关系要理顺。高校党委应根据本单位实际,一方面,要把统战工作列入党委的议事日程和管理目标,明确统战、组织、宣传等部门在整个党委工作中所担负的职责,使之成为一个完整的工作体系;另一方面,也要把统战工作同教务工作结合起来,做到有效联系与配合。统战部门要深入到各统战对象所在的教学基层单位,了解统战对象的教学情况,促进他们的教学积极性。只要涉及统战对象的,高校的一切和教学有关的部门及一切与教学有关的工作,都应与统战部通气,以保证避免统战部门工作被动,该做的而插不上手。只有这样,高校统战工作才能有组织、有计划、深入持久地开展起来,真正为教学服务,并形成教学合力,形成整个高校的齐抓共管、健康有序的局面。因此,在高校,给统战工作定位中充进教学内容,理顺统战工作与教学工作的关系,建立统战工作新体制,是十分必要的。

　　关于高校统战工作的切合实际的方略,我们认为,至少有二:

　　一要建立联系统战部门和统战对象的"教学统战网"。

　　高校统战对象中人才济济,具有知识优势、人才优势、多学科群体的优势。统战对象中有民主党派成员、党外知识分子、党外代表人士、各级人大代表、政协委员、"三胞"眷属、少数民族及归国留学人员等,在高校,他们是教书育人的一支重要力量,在培养人才上提供了知识力量和政治保证。邓小平同志说:"一个学校能不能为社会主义建设培养合格人才,培养德智体全面发展,有社会主义觉悟的有文化的劳动者,关键在教师。"①如果说,高校是培养合格人才的殿堂,那么,高校的统战对象就是处在这个殿堂中的精英,担任着培养合格人才的重要使命。这是因为,他们不仅是学科带头人,还是教书育人的楷模,是新世纪社会主义建设者和接班人的直接培育者,他们的思想文化素养,世界观、人生观、价值观都直接影响着青年大学生的成长与发展。然而,这些人的教学改革思想又是比较活跃,他们常常站在不同的角度想问题、提建议和发表意见的。而他们的建议和意见在广大师生中又往往具有很大的影响力。因此,高校的统战部门一定要保持和统战对象的密切联系,通过座谈、联谊、慰问等形式体察他们在教学上的具体情况,了解他们的教学改革思想,反映他们的各种教学意愿和想法,及时向党委和有关教学部门反映他们的教学情况和教学改革思想,并尽可能改善他们的教学条件,解决他们在教学中遇到的各种困难。另外,要重视建立联系统战部门和统战对象的"教学统战网"。从"教学统战网"中,既能了解到来自教学第一线的信息和情况,又能听到广大师生的呼声和意愿,获得切实可行的教学改革的建议与批评。可以说,建立"教学统战网"是个两全其美的方法,既有利于统战工作,又有利于教学工作。

二要内导外引,四面出击,为教学发展争取更多的宝贵资源。

在对内上,高校统战工作主要体现在做统战对象的思想工作,想尽办法提高统战对象的思想素质,以此充分调动统战对象的教学积极性。由于高校统战对象中,有不少学术造诣深的人才和国内外知名学者,他们的一言一行对广大师生都有重要影响,甚至对其他高校的同类专业也有较大的影响,其中许多人与国内外高校有各种联系、交往,这是宝贵的财富,更是重要的智力资源。高校统战部门应该对此高度重视,并深入挖掘。统战部门要有针对性地开展思想政治工作,帮助和引导他们自觉坚持和认真贯彻党的教育路线、方针和政策,加强自身修养,提高素质;及时向他们通报本单位思想政治工作和业务工作方面的重要情况,并认真听取他们的意见、建议,鼓励他们为学校的教学改革及发展献计献策;为他们发挥作用多办实事。

在对外上,高校统战工作主要是引进教育资源和教研资金,扩大对外宣

---

① 《邓小平文选》(第2卷),人民出版社1994年版,第108页。

传,为统战对象提供教研交流和合作的途径。高校统战工作联系面广,影响面大。其影响不仅在校内,而且波延到整个社会。高校统战部门要充分利用其联系广泛,特别是海外联系方面有归侨多、"三胞"眷属多、留学生和留学归国人员多的特点,发挥出与世界各国教育界有密切联系的优势,引进教育资源和教研资金,为教育建设和发展服务做出积极贡献。高校统战部门还要发挥沟通党内外联系的独特功能,扩大对外宣传。要四面出击,积极为统战对象提供教研交流和合作的途径。在为教学服务的对外工作上,高校统战部门还应发挥归侨、"三胞"眷属、留学生和留学归国人员的作用,使他们在与海外华侨、华人和留学生的交往中,发挥出应有的作用。

第四章

赣东北红色资源对地方高校作用探析

赣东北拥有非常丰富的红色资源,闽浙皖赣革命根据地旧址、方志敏革命烈士纪念馆、方志敏故居、上饶集中营革命烈士陵园等就在这片红色土地上,这是革命传统教育和中国现代革命史研究的重要基地。在这片红色土地上,有爱国主义教育基地 47 个,其中有 2 个被命名为国家爱国主义教育示范基地,6 个被命名为全省爱国主义教育示范基地。去年上饶集中营又被国家旅游局列为十大红色旅游基地。

赣东北地区唯一一所全日制普通本科高校是上饶师范学院。长期以来,上饶师范学院充分利用赣东北红色资源,开展赣东北革命史史料抢救工程,建立赣东北革命史研究基地,整合学术资源,加强课题、项目研究和教材建设,进一步彰显学科优势和区域特色,发挥学科综合优势,交叉融合,构建起学科与学科之间、学科与专业之间相互促进的支撑体系的目的;同时还立足强化和完善实践教学体系,大力开展赣东北革命史的红色资源教育,继承与创新"学必期于用,用必适于地"思想,以服务地方为宗旨,坚持校地互动,拓展对地方文化社会服务功能。

○赣东北拥有非常丰富的红色资源。目前,赣东北红色资源的教育意义已得到越来越多的有识之士的重视,上饶市正着力整合资源,加强爱国主义教育基地建设。作为赣东北地区唯一一所全日制普通本科高校的上饶师范学院,利用丰富的红色教育资源,在大学生中积极开展爱国主义教育,积极推动红色资源进大专院校。赣东北高校利用红色资源对学生进行爱国主义思想教育存在不足,我们必须努力克服其不足。

○赣东北高校如何利用红色资源对学生进行爱国主义思想教育?我们认为,首先要有高度的认识和明确的观念,即:把红色资源作为进行革命传统教育的第二课堂,培养爱国主义思想的乡土教材。具体办法是把中国革命传统教育、民族精神教育、爱国主义思想教育、艰苦奋斗教育、健康人格教育有机结合起来。

○赣东北红色资源的史料挖掘有利于深化我们对闽浙皖赣革命根据地创建的理解。根据地史料挖掘与研究应少一点虚文,多一点实学,这样,研究才有希望也更有价值。对闽浙赣革命根据地史料挖掘和整理研究,不仅具有重大的理论价值,更具有现实意义。本着尊重历史角度,我们应从历史纵向发展阶段与横向建设状况入手,突出根据地的特色,以保护红色资源和弘扬根据地精神为目的,进行全方位的收集、挖掘与整理,做到致力于从历史发展的纵向脉络收集挖掘,全面展示闽浙皖赣革命根据及其精神。

○把红色资源作为高校思想政治教育专业教学中必然内容,是由高校思想政治教育专业的教学目的和培养目标所决定。作为老区高校,具备了其特有的优势和特殊条件。目前高校思想政治教育专业的教学内容存在不足。改变的根本方法,就是消除在高校思想政治教育专业的教学内容中融入红色资源上所存在的空白。

○老区高校以红色资源彰显有特色的重点学科建设,是提升其学术地位和竞争力的法宝。这对地方经济发展和文化建设、带动学校其他学科的建设和发展、专业建设和教学改革及人才培养都有极大的作用。在重点学科建设中,老区高校在制定发展规划、凝练主攻方向、形成科研实体、开展红色资源史料的"抢救工程"和提高办学品格等方面,要做足红色资源的文章。

○文化事业对提高人民群众的知识水平,陶冶人们的情操,丰富人们的精神生活起着非常重要作用。文化产业则是文化事业的重要组成部分,是整个文化建设的必然结果。作为我国红色资源极为丰富的老区,要充分利用红色资源,使其在建设老区有特色的文化事业和文化产业中发挥重要作用。在发挥红色资源在建设老区有特色的文化事业和文化产业中的作用上,应该做到:要确定总目标;把握主要内容;端正基本思路;勇于突破重点难点。

○老区高校大学生认为,要结合时代特征深入挖掘和提炼红色资源蕴含的精神特质;培养一批教师对红色资源的足够了解。革命老区的红色旅游资源十分丰富,如何充分运用这些红色资源是我们的重要课题。红色资源教育面非常广泛。都蕴含着非常丰富的革命精神和厚重的文化内涵,对于加强大学生思想政治教育具有很强的针对性。弘扬和培育以爱国主义为核心的伟大民族精神,让大学生从中接受心灵的洗礼,取得思想政治教育的确实效果。组织大学生亲历红色圣地,是利用红色资源对大学生进行思想政治教育的一个重要手段。

一、赣东北红色资源的教育意义的状况

(一)赣东北地方政府正着力整合资源,加强爱国主义教育基地建设

赣东北拥有非常丰富的红色资源。目前,赣东北红色资源的教育意义已得到越来越多的有识之士的重视,上饶市正着力整合资源,加强爱国主义教育基地建设。

首先,做大、做强赣东北爱国主义教育基地。如:把上饶集中营烈士陵园、纪念旧址、周田、李村、七峰岩全部上划并成立上饶集中营名胜区管委会,升格为副县级事业单位,为市委市政府直管;把弋阳方志敏纪念馆和闽浙皖赣省委旧址管委会合并上饶市直属,升格为副县级单位。同时,加大投入,不断完善场馆基础设施建设,使之成为集教育、休闲、娱乐、观光为一体的个性化、现代化的爱国主义教育示范基地。

其次,增强爱国主义教育基地吸引力和感染力。近年来,仅上饶集中营烈士陵园和观念馆重建,就投入资金1200万元,此外,还把6个省级爱国主义教

育基地、28个市级爱国主义教育基地联串起来,以增强爱国主义教育基地吸引力和感染力。上饶集中营新馆采取"声、光、电"多媒体等现代科技,把思想道德建设的要求融入其中,做到知识性、娱乐性、趣味性、教育性相统一,充分发挥实践育人的作用。

再次,让爱国主义教育基地成为对学生进行思想道德建设的活动课堂。这是上饶老区红色资源现状的一大亮点。如在全国30多个大中城市成功举办《血染的丰碑——上饶集中营革命斗争事迹爱国主义教育巡回展》。之后,又在全市11个县(市、区)开展了巡回展览活动。在上饶,爱国主义教育基地已成为全市大、中、小学生开展"缅怀革命先烈,弘扬烈士精神"的主题活动和夏令营活动及入党、入团宣誓及入队活动的场所,成为青少年思想道德建设活动的课堂。

第四,编撰与赣东北红色资源有关内容的具有教育意义的资料或书籍。近日,一部受到了教育专家的好评和广大学生的喜爱的以上饶集中营革命斗争史为主要内容,以电影、电视连续剧《上饶集中营》为蓝本,内容翔实、主题鲜明、形式活泼、图文度茂的民族精神教育影视校本教材——《铭记丰碑,托起明天》,就是最好的例证。另外,一批学者撰写了《方志敏传》、《方志敏思想与精神品质研究》、《中国共产党上饶地方史》、《闽浙赣革命根据地》等专著,编印了《方志敏画册》。这些书籍和画册在理论研究、政治宣传及思想教育等方面都有着重要意义。

(二)赣东北地方高校积极推动红色资源进校园,发挥红色资源教育作用

上饶师范学院是赣东北地区唯一一所全日制普通本科高校。利用丰富的红色教育资源,在大学生中积极开展以爱国主义教育,上好大学生思想政治教育第一课,是上饶师范学院认真贯彻中共中央、国务院《关于进一步加强和改进大学生思想政治教育的意见》的重要举措。上饶师范学院开展了"方志敏故事"进校园、《血染的丰碑——上饶集中营革命斗争事迹展》进校园活动,积极推动红色资源进大专院校。

在开展《方志敏故事》进校园的活动中,为增强思想政治教育的实效,上饶市特请陈忠琳作《方志敏故事》的讲解人,其父亲是曾跟随方志敏烈士参加著名的"弋横暴动"、开辟赣东北红色革命根据地的老红军、老将军。陈忠琳熟悉方志敏烈士英勇悲壮的一生,一九七二年以来,就以讲故事等多种方式向人们广为宣传、颂扬方志敏烈士神勇传奇的革命经历和崇高伟大的精神品质。在上饶师范学院红色资源进校园启动仪式上,陈忠琳特到现场为上饶师范学院的广大师生作《方志敏故事》专场报告会。该报告会持续 2 个多小时,浓缩、精炼、生动,再现了方志敏烈士惊天动地的悲壮人生,揭示了爱国、清贫、创造、奉献等高山仰止、感动千秋的方志敏精神。讲解人声情并茂、饱含热泪,并创造性地借鉴和运用了评书、口技等曲艺艺术表现形式,博得了在场师生的阵阵掌声,激起了广大师生的强烈共鸣。作为上饶唯一的本科院校——上饶师范学院,把优质红色资源引进校园,请进学术报告厅,搬进展览厅,纳入研究和实践课题规划,是江西上饶师范学院新形势下抒写德育华章的一大鲜活亮点。除上饶师范学院,陈忠琳还到上饶其他高校作专场报告会。《方志敏故事》专场报告会已在上饶大专院校举办了数十场。

在开展《血染的丰碑——上饶集中营革命斗争事迹展》进校园活动中,最有亮点的是在各院校巡回展出《血染的丰碑——上饶集中营革命斗争事迹展》。上饶市委、市政府精心策划、制作的《血染的丰碑——上饶集中营革命斗争事迹展》在中国革命博物馆首展后,大江南北巡展历时两年。为充分发挥红色资源的教育作用,包含"上饶集中营的由来"、"民族脊梁"、"黑狱红旗"、"笔端起风雷"、"外海赤子"、"巾帼英豪"、"炼狱苦斗"、"茅家岭暴动"、"赤石暴动"、"碧玉忠魂"、"回到党的怀抱"、"变革中的红土地——今日上饶"等 12 大版块文物图片展又向上饶高校的学子们展示了革命前辈的英勇事迹和高尚品德。上饶师院地处上饶集中营相邻。上饶集中营革命斗争事迹是一部以叶挺将军为首的新四军将士用鲜血和生命谱写的英勇悲壮的爱国主义英雄史诗。《血染的丰碑——上饶集中营革命斗争事迹展》在上饶师院巡回展出时,震撼了近万名学生,他们从中感受爱国主义、革命英雄主义和伟大民族精神的实质内涵。

国家教育部在《贯彻落实全国加强和改进大学生思想政治教育工作会议

精神工作简报》第 232 期上刊登了上饶师范学院利用红色资源做好德育工作的经验做法,题目是"进校园　进讲坛　进展厅　进课题　江西上饶师范学院德育做足红色资源文章"。文中具体谈到上饶师院通过开展《方志敏故事》、《血染的丰碑——上饶集中营革命斗争事迹展》进校园活动,利用红色资源对学生进行民族精神教育所取得的成就。这里,我们不妨一引,从中体会出上饶老区高校利用红色资源对学生进行爱国主义思想教育的成就。

上饶师院深入挖掘、研究、激活、提升、依托本区域内优质红色教育资源,并融汇、贯通、渗入到日常教育教学管理、专业学习、校园文化建设、精神文明创建、新生入学教育、军训和国防教育、教育实习和实训、社会实践、毕业教育和就业指导等高校管理全过程中,使之成为拓展大学生民族精神素质的有效载体,从而着力提高青年学生创新能力和实践能力,增强青年学生民族自尊心、自信心和自豪感。史地系结合专业教学和专业学习把教育实习、实训课堂搬到了全市各爱国主义教育基地,融入"江西红色旅游"大潮中;"五一""十一"黄金周和节假日青年志愿者到各爱国主义教育景区、景点充当红色旅游向导和义务讲解员,旅游专业学生实习课题为"上饶集中营一日游"方案设计和导游词撰写;该系旅游管理专业学生宁蕾和历史教育专业学生冯蕾被上饶市民评为"上饶十佳优秀红色旅游导游员",她们正积极筹备参加 2005 年中国江西红色旅游导游大赛复赛;历史专业、政法专业和中文专业一批青年学生在导师的引导下,把赣东北红色革命斗争史、方志敏清贫精神、上饶抗日斗争史作为学术研究课题,他们深入上饶各县(市)爱国主义教育基地以及地方志和党史办查找第一手资料;音乐系组织青年学生深入赣东北革命老区采风,收集红色歌谣,并创作谱曲,唱响红色革命传统歌曲,曾获得全国、全省大学生艺术节组织奖;团委组织优秀团干和学生党员、入党积极分子重走红军路,徒步沿着当年方志敏领导的"弋横暴动"路线,到葛源闽浙赣苏维埃政府旧址缅怀凭吊红军砸碎旧世界创立红色新世界的丰功伟绩;学院每年一度的师范专业学生教师基本功"三字一话"(钢笔、毛笔、粉笔和普通话)比赛中,方志敏传世名作《可爱的中国》、《清贫》为指定书写和朗诵内容。

红色资源培育了上饶师院青年学生爱国情怀,催生了青年学生报国热忱的民族精神,并转化为爱集体、爱专业、爱校、爱家乡的实际行动,把赤诚洒向了红土地。2003 年以来,先后有三批 20 多名青年学子自愿报名到广西百色和十万大山、海南五指山等红色革命老区扎根支教;方志敏清贫精神感召、激励了刘乐茂、曾嫦影、唐健、陈卫炉等一批家贫绩优的优秀贫困生穷且益坚,在逆境中顽强完成学业,并努力考上进入"211 工程"全国重点大学研究生。通过校园"绿色通道"入学的中文系 01 级学生陈卫炉是来自赣东北怀玉山乡村寒门学子,怀玉山正是当年方志敏烈士率领中国工农红军北上抗日先遣队实施主力突围,战斗到最后一刻不幸被捕之地;耳濡目染的方志敏传奇和清贫精神成为他战胜贫困和自卑心理,战胜挫折的精神动力;在全省"牢记'两个务必',弘扬方志敏清贫精神读书征文活动"中获一等奖,作品发表在《中华读书报》,另有 20 余篇感悟红色资源教育的作品先后在《作家文摘》、《江西日报》、《上饶日报》等报刊发表;2005 年 4 月,他如愿考上上海师范大学研究生,选择了以红色无产阶级革命文学为主流方向的现当代文学研究领域。近年来,先后有数百名优秀毕业生通过组织层层选拔选择到赣东北红色老区乡村担任乡村基层干部,为老区脱贫致富甘洒青春热血;学院 80% 的师范专业毕业生义无反顾地选择到赣东北和全省各老区农村中学从事基础教育。①

由上可见,上饶老区高校利用红色资源对学生进行爱国主义思想教育,已经开花结果,在培养一代新人中做出了重大贡献。

(三)努力克服赣东北高校利用红色资源对学生进行教育存在的不足

尽管上饶老区高校利用红色资源对学生进行思想政治教育取得了可喜成就,但也还存在一些不尽人意的地方。我们在完成本课题的过程中,与一些学生进行了座谈,了解到上饶老区高校利用红色资源对学生进行思想政治教育的一些不足,这里,实录如下:

本次调查在上饶师范学院政法学院思想政治教育专业一、二、三年级中进行,有 150 多名学生接受调查,结果显示:

---

① 引自于国家教育部《贯彻落实全国加强和改进大学生思想政治教育工作会议精神工作简报》第 232 期。

1. 目前,老区高校虽然都不同程度地利用了红色资源对大学生进行思想政治教育,但基本上都是通过团组织或班集体形式在清明节参观和瞻仰革命烈士纪念馆、纪念碑和烈士陵园,利用红色资源对学生进行思想政治教育的主题活动不多。

2. 理论联系实际的方法不多,大多数学生只参观旧址、故居,在参观后对先烈精神的内涵只有直接的感观认识,而缺乏深刻的理性思维。在今天,要有勤奋好学的,积极向上的精神,将来报效祖国的认识不足。

3. 形式单一,从时间上看基本上都是在清明时节集体组织就近扫墓外,平时或寒暑假布置和组织学生到其他地方参观,或采取其他形式,接受民族精神教育的很少。

4. 没能在课堂上教师有目的地进行引导和讲解有关红色资源的知识与事件,在课程设置上增加有关民族精神教育的内容,观看革命题材的书籍和光盘及其他各种宣传形式等。

5. 教育效果不是很理想,有部分学生对接受民族精神教育没有太多的兴趣,甚至有的学生在集体组织去扫墓等活动中,不想参加,即便是参观学习过,但感受不深,这说明组织者没组织好或学生对这种民族精神教育方式不是太感兴趣。

从学生座谈中,我们以为,从以往来看,高校的思想政治教育在教学及学生工作中有所体现,但总体而言,对思想政治教育的认识不够、强度不够。特别是随着时代的变化发展,部分大学生的民族自尊心、自信心、自豪感和气节感不足,民族自强力不足,他们崇尚西方,淡忘中华民族的历史和优良传统,否定传统文化的价值,比较注重个人的物质利益和享受,缺乏艰苦奋斗和劳动创造的思想行为。因此。老区高校利用红色资源对大学生进行思想政治教育的作用,意义是多方面的。因为这不仅能克服上述缺点,而且还能达到:提高大学生的思想道德素质,培养奋发向上的精神风貌、高尚的品格和爱国情感,使大学生更加明确自己肩负的历史责任;增强大学生的中华民族的认同感和凝聚力,使大学生经受住经济全球化的严重挑战;增强大学生的民族自尊心、自豪感,激励他们的民族自信心;加强大学生对党的崇高理想信念、优良传统和作风的理解,促进高校精神文明建设的需要;克服市场经济对大学生的负效影响,培养大学生的艰苦奋斗精神。因此,高校要加强思想政治教育,帮助大学生树立崇高理想和正确的世界观、人生观、价值观;引导他们正确处理国家、集体和个人的利益关系,正确处理竞争和协作、自主与监督、经济效益与社会效益的关系,反对见利忘义、唯利是图,形成把国家和人民的利益放在首位又充分尊重个人合法权益的社会主义的义利观;引导他们正确消费,培养他们发奋图强、艰苦创业的精神,这样才能有效地克服市场经济活动中的负效应对大学生的消极影响,并形成生气勃勃的、健康的校园文化和良好的校园规范。

赣东北高校利用红色资源对学生进行思想政治教育存在的不足,必须引起我们的重视,我们要努力克服赣东北高校利用红色资源对学生进行思想政治教育存在的不足。

二、利用赣东北红色资源对大学生进行教育的方法

赣东北高校如何利用红色资源对学生进行爱国主义思想教育?我们认为,首先要有高度的认识和明确的观念,即:把红色资源作为进行革命传统教育的第二课堂,培养爱国主义思想的乡土教材。具体办法是:

第一、把中国革命传统教育和爱国主义思想教育有机地结合起来。用老区鲜活的先烈事迹深入开展中国革命传统教育,使大学生深刻认识和了解中国共产党在领导中国人民建立和建设新中国的奋斗中表现出来的民族精神气概,懂得中国共产党是民族精神的继承者和创造者。

加大收集整理革命历史文献和资料力度。在以党史研究为主线的红色文化资源挖掘工作中,对革命历史时期的历史进行比较全面和细致地调查了解。这是因为,要深入开展中华民族优良传统和中国革命传统教育,使大学生深刻认识和了解中华民族的优秀传统文化和为人类文明做出的杰出贡献,深刻认识和了解中国共产党在领导中国人民建立和建设新中国的奋斗中表现出来的革命气概,懂得中国共产党是民族精神的继承者和创造者。要把中华民族优

良传统和中国革命传统教育有机结合起来,同弘扬以改革创新为核心的时代精神有机结合起来,通过教育使学生了解我国改革开放以来社会主义现代化建设取得的伟大成就和全面建设小康社会的宏伟目标,认识社会主义中国的历史性进步和光明前途,树立报效祖国的远大志向。

对大学生进行中国革命传统教育。要始终把中国革命传统教育作为弘扬与培育民族精神的重点和主线。中华民族具有悠久的爱国主义传统。对大学生进行中国革命传统教育,首先要对大学生进行历史教育,使其从中华民族发展的历史中汲取丰富的爱国主义营养。其次要教育大学生具有崇高的精神追求和勇于奉献精神。第三,教育大学生以先烈为榜样,坚持爱国主义理论与实践的统一。大学生要以先烈为榜样,坚持个人利益服从集体利益和国家利益。进行中国革命传统教育,要做到中国革命传统与社会主义的统一,中国革命传统与集体主义的统一,中国革命传统与热爱中国共产党的统一,中国革命传统与与时俱进的统一。

第二、把爱国主义教育和爱国主义思想教育有机结合起来。用老区鲜活的先烈事迹深入进行爱国主义教育,在大学生中大力弘扬团结统一、爱好和平、勤劳勇敢、自强不息的伟大民族精神,倡导一切有利于民族团结、祖国统一、人民凝聚、社会和谐的思想和精神。

《中共中央、国务院关于进一步加强和改进大学生思想政治教育的意见》指出:"以爱国主义教育为重点,深入进行弘扬和培育民族精神教育。"针对目前整个经济全球化所独具的时代特征以及由其引发的新问题,民族精神教育不仅要以爱国主义为核心,突出爱国主义教育,而且还要充实爱国主义的内容。以老区的先烈事迹教育大学生:使大学生明确维护国家的主权和根本利益的思想,牢记"国家的主权,国家的安全要始终放在第一位",时刻警惕西方霸权主义鼓噪的"人权高于主权"的迷惑,从而自觉维护国家的政治稳定和民族团结,捍卫国家主权和民族利益;强大国家安全教育的力度,提高大学生对国家安全的警觉性,增强他们的国家安全意识;树立大学生对民族优秀传统的认同感和自豪感,提高他们抵御西方文化殖民渗透的能力,增强凝聚力,使大学生的爱国之情变成脚踏实地、充满理性的报国之行。

第三,把思想道德教育和爱国主义思想教育有机结合起来,用老区鲜活的先烈事迹深入进行思想道德教育,努力提高他们的思想道德素质和文化水平,培养一代"有理想、有道德、有文化、有纪律"的社会主义建设者和接班人。

高校是社会主义精神文明建设的重要阵地,大学生的思想道德素质和民族精神状况如何将直接关系到社会主义事业后继有人的大事,因而加强大学生的民族精神教育尤显重要。要搞好高校的精神文明建设。固然要从多方面着手,但不能忽视"以高尚的精神塑造人"的重要性。加强民族精神的教育,引导大学生坚定建设有中国特色社会主义的信念,激发大学生的求知欲,增强他们谋求国家振兴的自觉性和积极性,这有利于高校的精神文明建设。这就要求我们,要充分利用老区鲜活的先烈事迹深入进行思想道德教育,一是加强大学生的民族主体意识和民族自主精教育,增强民族自尊、自信、自立、自主等民族主体精神和忧患意识,激发他们振兴中华的责任感、使命感。二是加强大学生的思想道德教育,提高大学生的思想道德素质,使他们具有为国、为民、为社会主义而贡献自己聪明才智的向心力、内聚力。

第四,把艰苦奋斗教育和爱国主义思想教育有机结合起来。用老区鲜活的先烈事迹教育大学生保持艰苦奋斗优良传统,坚持"两个务必"的思想。

艰苦奋斗是中华民族的优良传统,也是中国共产党的优良传统,也是先烈留给我们的精神财富。"艰难困苦,玉汝于成"。要使中国进入世界先进民族之林,我们必须以先烈事迹,在大学生中进行继续发扬艰苦奋斗教育,随着时代的发展,艰苦奋斗精神也会不断增加新的内容。对当代大学生来说,艰苦奋斗首先是一种学习态度,一种不怕吃苦的精神;其次是一种创业精神,勇于拼搏,战胜困难的勇气。要使大学生明确认识到,艰苦奋斗是大学生磨炼坚强意志的必由之路,也是大学生自尊、自信的表现。艰苦奋斗是大学生取得成功的基本素质。

第五,把健康人格教育和爱国主义思想教育有机结合起来。用老区鲜活的先烈事迹培养大学生健全人格,教会大学生学会如何做人,如何建立与他人相处的良好关系。

大学生面临学习压力、生活压力、就业压力等,思想容易产生波动。要充分利用老区的先烈事迹引导大学生关注社会发展,关心他人、助人为乐,建立良好的人际关系,培养他们的集体主义观念。教育的根本任务是培养人、教育人、培养健全人格是素质教育的要求,也是弘扬与培育民族精神的重要内容。在这方面,红色资源的利用尤为重要。

目前我国老区红色资源的开发已得到党和政府的高度重视,并在逐步实现。我们相信,随着我国的红色资源进一步开发,充分利用红色资源,对学生进行爱国主义思想教育,一定会得到越来越多的老区高校和有识之士重视和研究。

三、赣东北红色资源的史料挖掘及意义

(一)赣东北红色资源的史料挖掘现状

1930年10月,中共中央指出:"赣东北苏维埃区域是六大苏维埃根据地之一。"毛泽东则把赣东北根据地称为"方志敏式",与"朱毛式"、"贺龙式"等革命根据地相提并论,在中国革命中占有重要地位,但学术界对其史料挖掘与整理研究还很不充分。

现有闽浙皖赣革命根据地的史料挖掘主要集中在以下方面:一是革命亲历者、参与者的记述、回忆,这方面的著作除了诸如方志敏、邵式平等历史当事人的记述以外(方志敏、邵式平等:《回忆闽浙皖赣苏区》,江西人民出版社1983年)。而其里程碑式的著作便是方志纯的《赣东北苏维埃创立史》,该书是完成方志敏未竟的《赣东北苏维埃创立的历史》而写的,该书个人主观痕迹和政治功利意识显著淡化,具有较高的史料和史学价值。另外,赣东北地区各县党史办及政协所编辑的党史资料及文史资料中也多有革命亲历者的回忆及记述文章。二是革命档案资料汇编,主要有江西省档案馆藏:《江西革命历史档案》,编号G001;江西省档案馆选编:《闽浙赣革命根据地史料选编》,江西人民出版社1987年。江西省档案馆等选编:《闽浙皖赣革命根据地》,中共党史出版社1991年。江西省档案馆、中央档案馆编:《江西革命历史文件汇集》。

三是闽浙皖赣革命根据地领导人的传记特别是关于方志敏、黄道及邵式平的个人传记与革命经历的著作问世,如方梅1999年出版了《方志敏全传》,陈群哲、陈荣华等人合作编撰出版了《黄道传》,在史料挖掘方面也有独到之处。

现有闽浙皖赣革命根据地的研究主要有:1982年,编写的《闽浙赣革命根据地史稿》开始了学者对赣东北地区1937年以前革命历史的全面的正式研究,为进一步研究赣东北地区的革命提供了大体完备的框架和基础。虽然其深度不够,但正是这本书所做的努力,才使得我们出发寻找新的研究方向时,不会缺失一些重要的基本前提。2002年唐志全、陈学明出版了《"方志敏式"革命根据地研究》,对"方志敏式"工农武装割据进行了专题研究,该书闪光出彩之处在于他们集中周密地论证了方志敏式革命根据地区别于其他革命根据地的五大特点。从整体上看,赣东北革命根据地研究呈现出徘徊不前的态势,反映了"自上而下的"、"宏观的"、侧重于分析评价革命根据地政策方针和革命领袖思想实践的研究范式,在推陈出新时所遭遇到的困境和艰难。在此背景下,有学者开始探索新的研究取径以求突破。在这方面,陈德军的《乡村社会中的革命:以赣东北根据地为研究中心(1924－1934)》一书可谓独具匠心,他着重分析了赣东北根据地革命发动的乡村社会背景,有利于深化我们对闽浙皖赣革命根据地创建的理解。

(二)如何进一步挖掘赣东北红色资源的史料

史料挖掘方面可以做出的努力有:一是当时报刊史料的整理与挖掘,既要加强根据地自创自办办刊的收集与整理,又要加强收集与整理国民党统治地区报刊中有关闽浙皖赣革命根据地报道史料,特别是《申报》、《江西政府公报》、《江西赈务会刊》等报刊中的大量相关史料的收集与整理;二是革命根据地时期的民间文书的收集与整理,特别是族谱、家谱、契约文书中有大量反映根据地革命面貌的史料;三是革命根据地时期的其他档案中含有很多革命史料,如藏于江西省档案馆的民国时期水利局档案中就有很多相关史料;四是新中国成立后特别是土改前后的公检法档案中有很多涉及革命根据地的档案资料;五是要加强对闽、浙、皖地区革命史料的收集与整理;特别是要注重对散落在民间个人手里的原始资料进行收集与整理。

　　除此之外,要着力加强对所有的旧址的开发、保护与利用。目前根据地升为国家级保护的遗址不多,以根据地后期的政治经济文化中心所在地葛源旧址为例,只有闽浙赣省委、省政府机关和省司令部等少数旧址在1996年被国务院公布为第四批全国重点文物保护单位,2001年被江西省委、省政府公布为爱国主义教育基地,并正在努力创AAAA级景区,而列宁公园、红军烈士纪念亭仍为省级保护,尚未进一步开发和修缮。更有甚者,省委财政部、政治保卫处、画室、裁判部、苏维埃银行、消费合作社、农工俱乐部、工农医院、少年先锋队儿童局、储粮合作社、少共闽浙赣省委、兵工厂等旧址还未恢复,且遭人为的损坏严重。而这必然使根据地史料挖掘与研究受到限制,只有少一点虚文,多一点实学,研究才有希望也更有价值。

(三)赣东北革命根据地史料挖掘和整理研究价值及研究思路

　　对闽浙赣革命根据地史料挖掘和整理研究不仅具有重大的理论价值,更具有现实意义。

　　研究价值:有利于把过去一些没有挖掘出来的东西挖掘出来,这是对历史很大的贡献;有利于扩大对闽浙皖赣革命根据地文献资料的收集与整理,加强对文献文物的保护;有利于深入贯彻落实党的十八大精神,进一步实施江西省委、省政府关于建设文化强省战略;有利于传承、弘扬、创新与发展闽浙皖赣根据地革命精神,进行了爱国主义教育;有利于为我省经济、社会发展提供资鉴,为我省大发展大繁荣提供鲜活素材。

　　研究思路:本着尊重历史角度,我们将从历史纵向发展阶段与横向建设状况入手,突出根据地的特色,以保护红色资源和弘扬根据地精神为目的,进行全方位的收集、挖掘与整理。

　　致力于从历史发展的纵向脉络收集挖掘,全面展示闽浙皖赣革命根据及其精神。闽浙皖赣革命根据地经历了从弋横暴动到信江特委,再到赣东北根据地,最后到闽浙皖赣根据地四个阶段,还历史真相,保护红色资源。根据目前旧址与文献资料开发保护不足的现状,需要以政府的力量整合各种资源。

政府要投入更多的财力、人力、物力,对原有旧址进行修缮和有效的管理;变民间收藏为政府收藏,系统地保护和陈列文物,使其充分发挥应有作用。

四、红色资源:老区高校思政教育专业教学中必然的内容

如何改进高校思想政治教育专业的教学内容,达到其培养目标? 近年来不少学者提出了很多很好的意见。然而,根据老区高校的特殊条件来谈改进老区高校思想政治教育专业的教学内容却不多。我们知道,老区高校最突出的特殊条件就是具有丰富的红色资源。老区高校思想政治教育专业要把这丰富的红色资源融进教学内容中,把鲜活的先烈事迹和中国革命传统教育、爱国主义教育、民族精神教育、思想道德教育、艰苦奋斗教育及健康人格教育融为一体,使弘扬中华民族优秀的历史文化传统和马克思主义理论及人文社会科学知识学习有机地结合起来。这也就是本文提出的使红色资源成为高校思想政治教育专业教学中必然内容的根本理由。

(一)重要意义

把红色资源作为高校思想政治教育专业教学中必然内容,对达到高校思想政治教育专业的教学目的和培养目标有重要意义。

我们知道,高校思想政治教育专业的教学目的主要是让学生掌握马克思主义、毛泽东思想、中国特色理论(含邓小平理论、"三个代表"重要思想和科学的发展观)和思想政治教育专业的基本理论和基本知识,受到思想政治教育专业技能与方法的基本训练,掌握从事思想政治工作的基本能力。其培养目标是培养具备马克思主义基本理论和思想政治教育专业知识,政治坚定、能在党政机关、学校、企事业单位从事思想政治工作的专门人才。要达到高校思想政治教育专业的教学目的和培养目标,固然系统地学习和掌握马克思主义的基本原理和思想政治教育专业的基本理论、基本知识;了解党和国家的有关方针、政策和法规及了解思想政治教育学科专业的理论前沿、发展动态都是非常

必要的。然而,教育学生树立爱国主义思想,具有良好的思想道德品质和艰苦奋斗精神,及健康的人格和民族精神,这对达到高校思想政治教育专业的教学目的和培养目标更是必要的。中共中央宣传部、教育部在《关于进一步加强和改进高等学校思想政治理论课的意见》中就加强和改进高等学校思想政治理论课的要求提出:要"树立体现中华民族优秀传统和时代精神的价值标准和行为规范。开展中国近现代史的教育,帮助学生了解国史、国情"。① 高等学校思想政治理论课和高校思想政治教育专业的教学内容都属于政治,具有相通性。作为高校思想政治教育专业的学生,理应做到学政治,懂政治,参与政治。何为政治? 不同时代政治内涵是不一样的,因为"政治就是社会主要矛盾的体现"。在阶级对抗社会,政治表现为存在根本利益冲突的敌对阶级之间的斗争。因此,"政治是不流血的战争,战争是流血的政治。"②我们的先烈发扬爱国主义精神和民族精神,参与到当时的政治中,充分展示了优秀的品德和人格。应该指出,现在的政治内涵随着社会主要矛盾不同而改变。"同阶级敌人做斗争,这是过去政治的基本内容。"③关于当前的政治内涵,邓小平说,当前最大的政治就是:"团结全国各族人民,调动一切积极因素,同心同德,鼓足干劲,力争上游,多快好省地建设现代化的社会主义强国。"④虽然政治内涵不同,但革命先烈不惜牺牲生命参与政治活动的事迹,以及他们的爱国主义精神和民族精神及优秀的品德和人格则是政治的永恒内容。革命先烈以他们的英勇事迹和鲜活经历为我们教育学生学政治,懂政治,参与政治留下了最为宝贵的红色资源,老区高校思想政治教育专业的教学怎么能视而不见,弃之不用?

(二)老区高校的优势和特殊条件

把红色资源作为高校思想政治教育专业教学中必然内容,作为老区高校,具备其特有的优势和特殊条件。这一优势和条件恰恰是目前高校思想政治教

---

① 中共中央宣传部、教育部《关于进一步加强和改进高等学校思想政治理论课的意见》,教社政[2005]5号。
② 《毛泽东选集》(四卷合订本),人民出版社1964年版,第447页。
③ 《毛泽东著作选读》,人民出版社1986年版,第803页。
④ 《邓小平文选》(第2卷),人民出版社1994年版,第248-249页。

育专业教学最为迫切需要的。

　　我们知道,由于老区是革命先烈曾经为理想、为信仰、为祖国的未来而抛头颅、洒热血战斗的地方,其红色资源是非常富足的。就作者从事教学工作的江西上饶师范学院来说,江西有"中国革命摇篮"井冈山、"八一起义英雄城"南昌、"红色故都"瑞金、"中国工人运动发源地"安源等;上饶有闽浙赣革命根据地旧址、方志敏革命烈士纪念馆、方志敏故居、上饶集中营革命烈士陵园等。就拿上饶举例,其红色资源中,有爱国主义教育基地 47 个,其中有 2 个被命名为国家爱国主义教育示范基地。6 个被命名为全省爱国主义教育示范基地。上饶师范学院地处赣东北革命老区,与闻名中外的爱国主义教育基地上饶集中营相邻。上饶集中营革命斗争事迹是一部以叶挺将军为首的新四军将士用鲜血和生命谱写的英勇悲壮的爱国主义英雄史诗。近些年,在我国,红色资源的教育意义已得到越来越多的有识之士的重视,与红色资源有关内容的资料或书籍得到充分的整理、开发和研究。就上饶来说,如近日一部受到了教育专家的好评和广大学生的喜爱的以上饶集中营革命斗争史为主要内容的主题鲜明、图文度茂的影视校本教材——《铭记丰碑,托起明天》,就是最好的例证。另外,一批学者撰写了《方志敏传》、《方志敏思想与精神品质研究》、《中国共产党上饶地方史》、《闽浙赣革命根据地》等专著,编印了《方志敏画册》。这些书籍和画册在理论研究、政治宣传及思想教育等方面都有着重要意义。可以说,这些红色资源都是作为老区高校的上饶师范学院所开设的思想政治教育专业教学中具有极高价值的资源条件。

　　事实上,把红色资源作为高校思想政治教育专业教学中必然内容是能够起到事半功倍作用的。一间旧居,一张床,几幅照片,几件遗物的讲解,往往比目前高校思想政治教育专业的任何教科书都更能体现思想政治教育的内容;请些老红军、老干部,或由老模范组成报告团,巡回演讲先辈的光荣传统和英勇事迹,往往比目前单独由老师的说教更能掌握和理解思想政治教育专业的知识内涵。当然,无论何种红色资源都无法替代专业理论知识的系统学习。但专业理论知识的系统学习更是不能替代红色资源的特有作用。红色资源的特有作用表现在,它能够达到丰富高校思想政治教育专业学生的知识,诱发学生学习马克思主义和思想政治教育专业的基本理论的积极性,引导学生弘扬爱国主义精神和民族精神,培育其理想信念和艰苦奋斗作风,健全其人格,增强大学生的民族自信心、民族自豪感和民族凝聚力,进而确立科学的人生观、世界观、价值观,从而真正成为学政治,懂政治,参与政治的专门人才。

(三)教学作用及效应

把红色资源作为高校思想政治教育专业教学中必然内容,可以克服目前高校思想政治教育专业教学内容中存在的不足。

早在1993年各高校开设思想政治教育专业伊始,当时的国家教委在《关于高等学校思想政治教育专业办学的意见》的"教学改革与要求"中就曾指出:"要对学生进行党的基本路线、方针、政策和爱国主义、集体主义、社会主义教育,进行近代史、现代史和中华民族优秀文化传统教育,进行新时期创业精神教育,增强民族自尊、自信和自强精神"。① 虽然近些年国内外形势有了重大变化,但当时国家教委提出的上述要求并没有过时。我们认为,要"进行近代史、现代史和中华民族优秀文化传统教育",充分利用红色资源,让学生了解革命先烈的英勇事迹则是高校思想政治教育专业教学的必然内容。然而,回顾十多年的高校思想政治教育专业教学的状况,可以说,我们在这方面还做得很不够。

这里,我们不妨看看目前高校思想政治教育专业的教学内容。目前高校思想政治教育专业所开设的课程主要是讲授马克思主义基础理论。从专业课程设置看:主要专业必修课有:马克思主义哲学原理、马克思主义政治经济学原理、科学社会主义、毛泽东思想概论、邓小平理论概论、伦理学、逻辑学、法学概论、政治学、社会学、马克思主义经典著作选读;主要专业选修课有:哲学史、经济学说史、政治思想史等。其教学内容大致可以分为三类:原著、原理和思想发展史。应该肯定,这些课程的开设对学生系统学习和掌握马克思主义的基本原理和思想政治教育专业的基本理论、基本知识是非常必要的,这也充分显示了思想政治理论教育专业教学内容独具深刻的思想性、较强的理论性的

---

① 国家教委《关于高等学校思想政治教育专业办学的意见》,教政[1993]7号。

专业特色。然而,高校思想政治教育专业的培养目标还包括教育学生树立爱国主义思想,具有良好的思想道德品质和艰苦奋斗精神,及健康的人格和民族精神。单靠上述课程内容的教学显然是达不到这一目标的。这也正是目前高校思想政治教育专业的教学内容存在的主要不足。

从以往来看,在高校思想政治教育专业的教学内容中融入红色资源方面,实际上还是一个空白。这个空白是我们对红色资源的教育意义认识不够,对高校思想政治教育专业教学内容改革强度不够所形成。这个空白往往造成思想政治教育专业的大学生缺乏政治责任感,淡忘中华民族的历史和优良传统,注重个人的物质利益和享受,缺乏艰苦奋斗的思想行为。我们不能忘记,把红色资源作为高校思想政治教育专业教学中必然内容意义是多方面的。因为这不仅能防止把马克思主义理论当成教条的学风,克服目前高校思想政治教育专业教学成了教条宣读的状况;而且还能加强学生对党的崇高理想信念、优良传统和作风的理解,提高他们的思想道德素质,培养他们奋发向上的精神风貌、高尚的品格和爱国情感,使他们更加明确自己肩负的历史责任,树立崇高理想和正确的世界观、人生观、价值观。

由上,我们以为,改变目前高校思想政治教育专业的教学内容存在不足的根本方法,就是消除在高校思想政治教育专业的教学内容中融入红色资源上所存在的空白,让思想政治教育专业的学生熟悉了解红色资源的内容,全面接受红色资源的教育,深刻理解红色资源的意义。

(四)具体办法

如何把红色资源作为高校思想政治教育专业教学中的必然内容? 根据高校教学的特点和要求,我们以为可以采用下列办法:

第一,把红色资源的内容和马克思主义的基本原理融为一体。这里所说的"融为一体",表现在两个方面:一方面是在整个思想政治教育专业的教学体系中,应把马克思主义的基本原理和红色资源的内容看成是不可分割的两个重要组成的两部分,都融进到思想政治教育专业的必修课的教学中;另一方面,就是做到把红色资源的内容和马克思主义的基本原理相互渗透,即在讲授马克思主义的基本原理中,穿插红色资源的内容,以此为例子,使学生更深刻、更准确地理解马克思主义的基本原理及其现实意义;在讲解红色资源的内容中,坚持以马克思主义的基本原理为指导进行分析和评论,使学生对革命先烈的英勇事迹和鲜活经历有一个理性认识,提升认识深度。

第二,加大收集整理革命历史文献和资料力度,编写专门教材,使红色资源形成高校思想政治教育专业的一门独立课程。

为能更好地在高校思想政治教育专业教学中向学生讲解红色资源的内容,专门的教研室是不可缺少的。红色资源教研室要对红色资源深入挖掘,对革命历史时期的历史进行全面和细致地调查了解,收集整理革命历史文献和资料力度,编写专门教材。《国家教委关于高等学校思想政治教育专业办学的意见》指出:"为适应专业各个层次教学的需要,编写出一批代表本专业(学科)教学、科研最新发展水平、有专业特色的高质量教材和教学参考书,是专业(学科)建设的一项重要任务。"并且提出:"各门教材的编写要以马克思主义为指导,贯彻理论联系实际的原则。同时,要有一定的教学实践和理论研究为基础,注意吸收有关学科的研究成果。要继续搞好教材建设规划,通过我委统一组织、校际合作和学校自编等形式编写出版。"[①]我们以为,这里的要求,是目前高校思想政治教育专业红色资源的教学所迫切需要做到的。有了教材,就能形成知识体系;有了知识体系,就能形成一门独立课程。作为一门独立课程,就能有规范的教学内容和学习要求。

第三,在教学中把红色资源的历史性和现实性统一起来。

红色资源的历史性和现实性统一起来的目的,就是通过上有关红色资源的课,让思想政治教育专业的大学生接受中华民族优良传统和中国革命传统教育,以及中国共产党人在建立新中国的奋斗中表现出来的革命气概,从中把革命先烈的英勇事迹同弘扬以改革创新为核心的时代精神有机结合起来,认识社会主义中国的光明前途,树立报效祖国的远大志向。因此,为体现红色资源的历史性和现实性统一起来,必须做到中国革命传统与与时俱进的统一。教学中,首先要始终把中国革命传统教育作为重点和主线,使学生从革命先烈

---

① 国家教委《关于高等学校思想政治教育专业办学的意见》,教政[1993]7号。

的英勇事迹中汲取丰富的爱国主义营养,以先烈为榜样,坚持个人利益服从集体利益和国家利益。做到中国革命传统与信仰马克思主义的统一,中国革命传统与坚信社会主义的统一,中国革命传统与热爱中国共产党的统一,其次要针对目前整个经济全球化所独具的时代特征以及由其引发的新问题,以老区的先烈事迹教育大学生,使他们明确维护国家的主权和根本利益的思想,自觉维护国家的政治稳定和民族团结,树立对中国革命传统及中华民族优秀传统的认同感和自豪感,提高他们抵御西方文化殖民渗透的能力。

第四,讲解红色资源的内容时突出其理论意义和思想教育意义的统一。

以红色资源作为高校思想政治教育专业的一门独立课程,形成一种知识体系,其理论性是不言而喻的。然而,要让学生通过掌握专业知识懂得其理论意义,则不是一件容易的事。因此,教学中,不仅要深刻分析红色资源的内容在思想政治教育专业理论知识中的重要地位,还要把红色资源的内容和马克思主义的基本原理融为一体,表明这门课程的特有的理论意义。教学中,还应在讲解红色资源的内容时突出其理论意义和思想教育意义的统一。红色资源的思想教育意义具体反映在"以高尚的精神塑造人"。即:一方面,利用老区鲜活的先烈事迹引导大学生树立坚定的建设有中国特色社会主义的信念,激发大学生的求知欲,增强他们谋求国家振兴的自觉性和积极性。另一方面,充分利用老区鲜活的先烈事迹深入进行思想道德教育和艰苦奋斗教育,提高学生的思想道德素质,使学生能够自觉发扬艰苦奋斗精神,磨炼坚强意志,做到自尊、自信。

五、老区高校:以红色资源彰显有特色的重点学科建设

高校的重点学科建设,贵在特色。《江西省高等学校重点学科管理暂行办法》就高校重点学科建设的要求指出:"优先发展特色学科,大力改造传统学科,积极发展新兴学科,建设一批优势和特色鲜明的重点学科",并明确规定:重点学科建设要坚持"统筹规划,合理布局,突出特色,重在建设"的原则。如

何搞好作为老区高校的重点学科建设？显然，把握特色则是老区高校重点学科建设重中之重的问题。把握住特色，才能显示优势。老区高校的特色在于其地处革命先烈曾经为理想、为信仰、为祖国的未来而抛头颅、洒热血战斗的地方，红色资源非常富足。无疑，老区高校必须以红色资源彰显有特色的重点学科建设。

（一）红色资源是老区高校进行重点学科建设的得天独厚的资源条件

重点学科建设在高校建设和发展中占有非常重要的地位，它既是高等学校建设和发展的核心，也是高等学校长期而艰巨的任务。重点学科建设的方向如何，直接体现高校的学术地位和竞争力。因此，一所高校，能否正确选择重点学科建设的方向，将直接影响其学术地位和竞争力的提升。老区高校，一般来说，大多处于经济欠发达地区，经费及师资和非老区高校相比，往往有一定差距，这是老区高校重点学科建设的"软肋"。这一"软肋"势必使老区高校的学术地位和竞争力受到很大影响。扬长避短，这是老区高校搞好重点学科建设，从而提升其学术地位和竞争力的法宝。"短"固然是指老区高校经费及师资的不足，"长"无疑就是老区高校所拥有的丰富的红色资源。丰富的红色资源是老区高校建设优势和特色鲜明的重点学科得天独厚的条件。如果不能充分利用其特有的红色资源，老区高校的"长"就无法发挥，老区高校的重点学科建设就难有自己的特色。丢弃自己的特色来搞重点学科建设，提升老区高校的学术地位和竞争力只是一句空话。

上饶师范学院是地处赣东北地区的唯一地方高校。赣东北地区的红色资源非常丰富，闽浙皖赣革命根据地和上饶集中营就坐落在赣东北地区这片红色土地上。闽浙赣革命根据地，是土地革命战争时期中国共产党创立的六大革命根据地之一，是方志敏、邵式平、黄道等无数革命家和无数革命先烈浴血奋战的地区。赣东北革命根据地因其独特的贡献和与创举，被毛泽东誉为"苏维埃模范省"称号，赣东北革命根据地和红十军的创始人方志敏也被毛泽东称之为"民族英雄"。于是，赣东北革命根据地也就有了"光荣的模范苏区"、"模范的闽浙赣省"、"模范的苏维埃省"和"方志敏式的革命根据地"等美誉；闻名于世的上饶集中营,是国民党发动震惊中外的皖南事变之后设立的一座规模庞大的法西斯式人间地狱,囚禁了新四军军长叶挺和弹尽粮绝被俘的新四军将士。这些爱国志士在狱中秘密党组织的领导下,同凶残的国民党特务进行了英勇的斗争,并成功地举行了著名的茅家岭暴动和赤石暴动。上饶集中营革命斗争事迹是一部以叶挺将军为首的新四军将士用鲜血和生命谱写的英勇悲壮的爱国主义英雄史诗。今天,闽浙皖赣革命根据地和上饶集中营已被命名为国家爱国主义教育示范基地,其所折射出来的勇于创造、甘于奉献、清正廉洁、顽强奋斗等精神成为爱国主义教育的重要内容,同时,闽浙皖赣革命根据地和上饶集中营也成为中外学者们研究中共党史及中国现代史的重要史料。以闽浙皖赣革命根据地和上饶集中营作为上饶师范学院的重点学科建设内容,无疑对我们深化中国共产党历史和有中国特点的革命道路的研究有着非常重要的历史意义与理论意义。同时,其建设成果对上饶师范学院提升学术地位和竞争力也有着特殊的意义。在其他学科研究上,我们不敢说有优势,但在对闽浙皖赣革命根据地和上饶集中营的研究上,我们完全可以说,其他任何高校都不如我们。因为,这些红色资源是上饶师范学院进行教学科研的价值极高的地理条件,也是上饶师范学院进行重点学科建设的得天独厚的资源条件。事实上,闽浙皖赣革命根据地和上饶集中营这些红色资源对上饶师范学院的重点学科建设不仅能提供精神源泉和智力支持,而且还能在学校的建设和发展中显示其他高校所没有的现实价值。

应该看到,红色资源作为一座历史丰碑,已得到大家的共识。近年来在高校老区,其研究内容和成果、队伍素质、设施和环境建设水平等方面,都有很大进展。然而,作为一座丰富的智慧宝库,在融入老区高校重点学科建设中却往往被忽视。目前不少老区高校在社会科学方面所确定的重点学科中,有哲学、经济学、法学、历史学、教育学、汉语言文学等,却往往缺少和红色资源有关的学科。在各学科建设的学术方向上,也很少见到有关研究红色资源的内容。这不能不说是一大遗憾。这也不能不说是一个值得我们深思的问题。

(二)老区高校以红色资源彰显有特色的重点学科建设的意义

其实,老区高校以红色资源彰显有特色的重点学科建设,不仅仅能提高对高校的学术地位和竞争力,而且对地方经济发展和文化建设、带动其他学科的建设和发展、对学校专业建设和教学改革及人才培养等方面,都有极大的作用。它的意义已经远远不是仅限于老区高校对重点学科建设的任务和目标的完成,而是带来的是整个老区高校的办学定位、人才培养、教学改革及教书育人的更高要求的实现。

首先,老区高校以红色资源彰显有特色的重点学科建设,有利于为地方经济发展和文化建设服务。

对红色资源的研究其实就是一种史学研究,立足点是为现实服务。我们知道,过去、现在和将来,不是脱节的,而是关联的。实事求是利用史学研究的成果为现代社会发展提供服务,是史学研究工作的宗旨。红色资源是一座学术和文化的历史丰碑。这个宝库既是物质的,又是精神的,需要不断发掘和弘扬。一项研究成果的转化,一个深思熟虑的文化创意,远比成果本身重要。老区高校以红色资源为重点学科建设的特色,不仅可以把红色资源的研究进一步引向深入,而且能够透过历史的时空,提升新的史论,深化相关学术研究,探索积极利用相关研究成果为地方社会经济发展和文化建设服务的新途径,力争取得更多的成果和更好的成效,达到为构建和谐社会、促进经济又好又快发展的现实服务之目的。

其次,老区高校以红色资源彰显有特色的重点学科建设,有利于利用优势和特色,带动其他学科的建设和发展。

重点学科是具有特色和优势的学科,重点学科建设就是要把其特色和优势加以充分发掘,并不断强化和延伸,培育和扶植"精品",创建"名牌"效应,带动其他学科的建设和发展,逐步形成能推动整个学校的教学科研的有特色的学科体系。老区高校和其他高校一样有学科体系。然而,老区高校的学科体系则应有不同于其他高校的特点。这一特点是由老区高校所具有的独特条件所决定。老区高校所具有的独特条件就是其拥有丰富的红色资源。通过对红色资源充分发掘,不断强化和延伸,创造精品成果,这对老区高校的其他学科的建设和发展必然会产生联动效应,由此也会提升整个学校的教学科研工作的活力。

再次,老区高校以红色资源彰显有特色的重点学科建设,有利于促进专业建设和教学改革。

我们知道,学科既是学术分类的名称,又是教学科目设置的基础。在高校学科建设中,科学研究与教学工作是相互依赖、相互促进、不可分离的一体。科研是提高教学质量的推进器,以科研促教学是提高大学教学质量的重要途径。老区高校可以通过重点学科建设的开展,抓好科研和教学两方面的工作,并借助红色资源学科的发展,深化教学改革,优化课程体系,更新教学内容,将红色资源的学科优势和科研强势转化为办学优势。

最后,老区高校以红色资源彰显有特色的重点学科建设,有利于促进人才的培养。

胡锦涛指出:"高等教育的根本任务是人才培养。"在如何培养人才问题上,他提出要"把文化知识学习和思想品德修养紧密结合、把创新思维和社会实践紧密结合、把全面发展和个性发展紧密结合"。① 这里的"三结合"实际上也是高校重点学科建设的目的。通过红色资源的重点学科建设,一方面,能增进我们的培养对象对中国革命与中国共产党的艰难历程的了解,更加敬重革命烈士的献身精神,从而明确了自己的责任,即为了中华民族的独立和统一,为了祖国的发展,奉献自己的青春和热血,要全心全意为人民服务,把先烈的精神发扬光大,要把民族的兴衰命运与个人的前途结合在一起。另一方面,能使我们的培养对象树立积极向上、不断进取的精神,更加努力学习专业知识,提高自己的创新思维能力,积极参加社会实践,做一个有利于社会发展、适合社会需要的全面发展的人才。很显然,我们之所以提出老区高校要以红色资源彰显有特色的重点学科建设,最根本的期望是能通过重点学科建设在培养学生上发挥重要作用。在以红色资源为特色的重点学科建设中做到:第一,深入挖掘、研究、激活、提升、依托红色资源,并渗入到日常教育教学管理和专业学习中,着力提高大学生创新能力和实践能力。第二,把红色资源的教育和校园文化建设及思想道德教育、教育实习和实训、社会实践、毕业教育等融为一

---

① 胡锦涛:《在庆祝清华大学建校 100 周年大会上的讲话》(单行本),人民出版社 2011年版。

体,使之成为拓展大学生知识素质和思想素质提高的有效载体,增强大学生的民族自尊心、自信心。第三,利用红色资源培育大学生报国热忱的爱国精神,并转化为爱集体、爱专业、爱校、爱家乡的实际行动。

(三)老区高校在重点学科建设中如何做足红色资源这篇文章

由上可知,老区高校以红色资源彰显有特色的重点学科建设是非常重要的,也是极为必要的,其意义是广泛而深远的。在此,笔者以为,老区高校一定要在重点学科建设中做足红色资源文章。那么,老区高校在重点学科建设中如何做足红色资源这篇文章呢?

第一,以红色资源为核心,制定重点学科发展规划。高校的重点学科建设首先是制定重点学科发展规划,而重点学科发展规划是学科建设的顶层设计。任何高校在制定重点学科发展规划中,都会遵循学科发展内在规律,以学校自身的优势,选准研究对象,确定主要研究方向,然后集中人力、物力、财力,重点突破,形成有特色的学科。老区高校也不例外。然而,老区高校又和其他高校不一样,它的人力、物力、财力有限,因此,在制定重点学科发展规划中,老区高校一定要结合实际,坚持特色,发扬优势,努力创新,充分利用学校拥有的红色资源的有利条件,抢占学术前沿,以达到进一步提高科学研究的能力和水平,形成学科优势,创立学科特色,成为学校教学和科研的示范点。

第二,以红色资源为目标,凝练重点学科建设的主攻方向。学科研究方向的选择是保证学科建设成功的关键问题。主攻方向应根据研究人员的学术研究状况和学科发展趋势,寻求最有可能的突破点等来选择,主攻方向要集中。一个学科不能有诸多突破口,必须从自身优势出发,选准"目标",确保成效。老区高校自身优势在于红色资源,无疑重点学科建设的主攻方向就应是红色资源。只有这样,老区高校的重点学科建设才能达到优势明显、特色鲜明。为此,老区高校应以红色资源为目标,寻求突破点的研究方向,集中主攻方向。以保证学科建设的成功。

第三,构建研究红色资源的学术梯队,形成重点学科建设的科研实体。学术梯队的建设是学科建设的核心,拥有一支高水平的学术梯队是学科建设成功的关键。在老区高校，由于红色资源和其他学科不一样，它具有广泛性，其价值在很多专业中都能得到体现，而对红色资源有研究的人员也不集中在哪个院系或哪个专业。因此，老区高校在重点学科建设中，要打破院际、校际界限；把和红色资源相关学科点上的学术骨干，通过采取多种"介入"的方式，及时吸收到学科建设上来开展合作研究，从而形成团结合作、富有活力和创新开拓精神的新的学科梯队，成为各学科积极配合、协同攻关的科研实体，使红色资源成为凝聚全校各个学科直接相关的优秀人才的学科。另外，在构建研究红色资源的学术梯队上，要注意提高研究队伍学历，改善研究队伍职称。这就需要提升研究人员的科研能力；加强研究人员的学术交流和访学。引进高学历、高职称教师的和加强对后续力量的培养。

第四，建立红色资源科研资料建设的文献库和研究基地，积极开展红色资源史料的"抢救工程"。建立文献库和研究基地，加大学科科研场地的建设，是保证重点学科建设顺利进行的基础和前提。为此，老区高校要加强红色资源的科研资料建设，建立文献库和红色资源研究基地。要构建学科发展平台，深入挖掘、研究、激活、提升红色资源，通过依托红色资源举办研究相关的学术会议、专访参与和熟悉当年革命斗争的老人，编纂回忆录等形式，来开展红色资源史料抢救工程。

第五，产生一批研究红色资源的精品成果，提高老区高校的办学品格。重点学科建设的最终成效就是多出高水平科研成果。老区高校要通过重点学科建设，努力出版和发表一批研究红色资源的高质量、有影响的专著、论文和教材，承担重大科研项目等，以此展示学科自我发展的能力，提高其学术地位。另外，老区高校还要特别注意把重点建设学科中科研工作的开展与教学水平的提高结合起来，努力形成具有自身特色的教学科研的办学方向和体系，并通过有关课程的开设和课堂教学推出学科建设的研究成果，真正做到以重点学科建设工作推动教学工作的发展，以此提高老区高校的办学品格。

六、利用红色资源,建设老区有特色的文化事业和文化产业

(一)建设老区有特色的文化事业和文化产业的重要性和迫切性

文化事业对提高人民群众的知识水平,陶冶人们的情操,丰富人们的精神生活起着非常重要作用。文化产业则是文化事业的重要组成部分,是整个文化建设的必然结果。早在2003年9月,中国文化部制定下发了《关于支持和促进文化产业发展的若干意见》。2004年,国家统计局在与中宣部及国务院有关部门共同研究的基础上,制定了《文化及相关产业分类》,将文化产业界定为:为社会公众提供文化、娱乐产品和服务的活动,以及与这些活动有关联的活动的集合。自此,如何搞好文化建设,办好文化产业则成了我国各地政府的一项必备工作。中共十七届六中全会提出了要把我国建设成为社会主义文化强国的奋斗目标,在其通过的《中共中央关于深化文化体制改革,推动社会主义文化大发展大繁荣若干重大问题的决定》中强调了当前在进一步深化改革中搞好文化建设,办好文化产业的重要性和迫切性,并指出,要"推动社会主义先进文化更加深入人心,推动社会主义精神文明和物质文明全面发展,不断开创全民族文化创造活力持续迸发、社会文化生活更加丰富多彩、人民基本文化权益得到更好保障、人民思想道德素质和科学文化素质全面提高的新局面,建设中华民族共有精神家园",这更是在搞好文化建设,办好文化产业方面,对各地政府提出了更高要求。为实现中共十七届六中全会提出的奋斗目标,作为我国红色资源极为丰富的老区,理应做到充分利用红色资源,使其在建设老区有特色的文化事业和文化产业中发挥重要作用。

(二)红色资源在建设老区有特色的文化事业和文化产业中的意义

众所周知,江西是红色摇篮,在这块红土地上承载着丰富宝贵的红色资源,有八一起义纪念馆、井冈山革命纪念馆、永新三湾改编旧址、中央革命根据地纪念馆、安源路矿工人运动纪念馆、秋收起义纪念馆等。仅以江西的上饶来

说,上饶是土地革命战争时期闽、浙、赣(皖)革命根据地的中心区域,拥有非常丰富的红色资源,闽浙皖赣革命根据地旧址、方志敏革命烈士纪念馆、方志敏故居、上饶集中营革命烈士陵园等都在这片红色土地上。无疑,以这些红色资源来做搞好文化建设,办好文化产业的依托,不仅能更好地发挥爱国主义教育作用,而且还能扩展红色资源的功能和作用,并彰显区域特色。正是如此,近年来,充分利用红色资源,使其为江西的地方经济发展和文化建设更好的服务的研究已引起越来越多的有识之士的关注和重视。

其实,红色资源的这一作用已经得到全国老区各级政府的重视和资助。以江西上饶为例,近年来,上饶市政府着力整合资源,把上饶集中营烈士陵园、纪念旧址、周田、李村、七峰岩全部上划并成立上饶集中营名胜区管委会;把弋阳方志敏纪念馆和闽浙皖赣省委旧址管委会合并。同时,加大投入,不断完善场馆基础设施建设,使之成为集教育、休闲、娱乐、观光为一体的个性化基地。为增强红色资源的吸引力和感染力,还把6个省级爱国主义教育基地、28个市级爱国主义教育基地联串起来。上饶集中营新馆采取“声、光、电”多媒体等现代科技,做到知识性、娱乐性、趣味性、教育性相统一,充分发挥实践育人的作用。可以说,上饶市的这些做法,对充分利用红色资源,大力繁荣发展文化事业和文化产业是有很大作用的。然而,充分利用红色资源方面,上饶市乃至江西、全国,还大有文章可做。对把老区红色资源的特色和优势加以充分发掘,并不断强化和延伸,培育和扶植“精品”,创建“名牌”效应的研究,还有待于加强和深化。

(三)如何发挥红色资源在建设老区有特色的文化事业和文化产业中的作用

红色资源既是一座文化的丰碑,又是一座丰富的智慧宝库。江西红色资源所折射出来的勇于创造、甘于奉献、清正廉洁、顽强奋斗等精神成为老区文化建设不可忽视的重要内容,它不仅对我们深化中国共产党历史,尤其是苏区的研究和有中国特点的革命道路的研究有着非常重要的历史意义与理论意义,也为建设老区文化产业,促使老区的社会建设和快速发展有着强烈的时代意义与现实价值。红色资源既是精神的,又是物质的,充分利用红色资源,建设有特色的文化事业和文化产业,对老区成为全国红色的历史文化各地有着特殊作用。

我们在发挥红色资源在建设老区有特色的文化事业和文化产业中的作用上,应该做到:

首先,要确定总目标,即:为老区的社会主义建设提供精神源泉和智力支持;彰显老区的红色历史,为地方文化事业丰富内容;建设有特色的文化产业,为把老区快速发展的战略定位而服务。

其次,要把握主要内容,即:红色资源在老区文化建设中的特殊地位及意义;以红色资源为核心,形成文化产业链,彰显老区有特色的文化产业;打造老区的红色资源,使其成为文化"精品",形成"名牌"效应。

再次,要端正基本思路,即:深刻认识红色资源和文化事业及文化产业的关系,进一步了解老区红色资源的特色和优势,深刻认识红色资源在老区的文化事业和文化产业中的特殊意义,使老区的红色资源得到更多的培育和扶植成为文化事业的"精品"和文化产业的"名牌"。

最后,要勇于突破重点难点,做好老区红色资源这篇文章,使老区红色资源得到更多的培育和扶植,从而成为文化建设的"精品"和文化产业的"名牌"。我们要以红色资源为核心,形成文化产业链。

七、大学生调研:老区高校大学生对红色资源作用的认识

调研观点综述:

第一,要结合时代特征深入挖掘和提炼红色资源蕴含的精神特质;培养一批教师对红色资源的足够了解。使他们将红色资源融入教学当中,充分发挥红色资源的强大感染力和冲击力,从而起到以史明理的教育作用,引起学生们对红色资源的无意注意;开设一些有关红色资源的选修课,为那些对红色资源感兴趣的同学提供学习的环境;参观一些革命老区,让同学们真正感受红色资源的感召力。

第二,我们所在的江西地区是一个革命老区,红色旅游资源是十分丰富的,如何充分运用这些具有重要教育意义的红色资源是我们思想政治教育专业的重要课题。在我们的思想政治教育专业中,对学生的人生观、价值观的教育是主要的。上饶是拥有红色资源的城市,而临近它的上饶师范学院正是得天独厚地享有了这样的一笔宝贵精神的财富,我们应该深刻地了解革命时期先烈们的艰苦卓绝的精神,并融入我们的学习中来。首先我们就应该积极深入革命老区,体会革命时期的种种困难,珍惜现今的来之不易的生活,更加努力地为理想奋斗。其次,我们也要加大对红色资源的宣传,不仅让本专业的人应让身边所有的人都领会到那种精神,引导他们树立正确的人生观价值观。另外,在教学中,老师更应该为我们讲解更多的关于革命时期的精神,让同学们感同身受。

第三,"红色资源"内容丰富,教育面非常广泛。全国各地几乎都有红色资源的载体,这些"红色资源"都蕴含着非常丰富的革命精神和厚重的文化内涵,都折射出革命先辈的崇高理想,坚定信念,爱国主义情怀和高尚品质,对于加强大学生思想政治教育具有很强的针对性。因此,大学可以充分利用这些"红色资源",把他们请进大学校园,甚至是请进课堂,并以此为依托在大学生中开展广泛的教育活动。可以邀请展览馆、博物馆、历史遗迹单位来校举办专题活动,如展览会、展示会、说明会;请一些参加过革命战争年代的老红军、老战士、老抗联走进校园举办报告会、座谈会。

第四,爱国主义教育基地的图片和资料进学校网站,学生公寓;在学生社团活动中组织参观,游览爱国主义教育基地,寻访革命战争亲历者;举办革命历史题材影视作品展,书画作品展览,专场文艺演出。要让"红色资源"进课堂,在"两课"课堂上,教师要主动介绍当地的"红色资源",已经接受了相当多的革命传统精神和民族精神的教育,因此"红色资源"要以深层次性、前瞻性、批判继承性以及历史整合性等特点吸引大学生,进一步培养树立民族自尊心、自信心和自豪感,弘扬和培育以爱国主义为核心的伟大民族精神,树立正确的世界观,人生观,价值观,让他们一次次接受心灵的洗礼,使其在情感上接受、信任教育内容,对教育内容形成内在的认同,追求和强烈的实践愿望,这样才能让"红色资源"进头脑,取得思想政治教育的确实效果。

　　第五,组织学生亲历红色圣地。"红色资源"直观生动,感染力强,对于有一定社会阅历的青年大学生来说,具有非常强的吸引力,在校大学生渴望接触社会,了解社会,因此组织大学生亲历红色圣地是利用"红色资源"对大学生进行思想政治教育的一个新手段。

调研对象:上饶师范学院政治与法律学院思想政治教育专业学生

　　邬小燕:在老区思想政治教育专业学习中要结合革命事例,学习革命精神,充分利用红色资源,把它运用到思政教育专业的教学中。

　　娄丹:在老区高校思政专业教学中,可以通过学习革命先辈的不怕苦、不怕累,积极投身革命斗争的革命精神,或者组织学生参观革命先辈的故居等一系列革命旅游景点,以此体验感受革命精神,达到把课程与红色资源相结合的目的。

　　刘刚:思想政治教育在老区应当充分利用红色文化资源,加强青年思想政治教育,带领学生参观红色遗址,缅怀革命先烈的丰功伟绩,接受生动的爱国主义的革命传统教育。

　　邱龙元:老区学校在组织学生参观红色资源,并且老师课堂上联系老区的红色资源授课。

　　段美凤:红色资源是老区宝贵的物质财富和精神财富,也是老区人民的骄傲,我相信如果在老区高校思想政治教育中加入本地的英雄故事,上一代人民的奋斗和高尚质量,一定能够引起共鸣。

　　吴丽:在老区的思想政治教育中,首先应该讲述红色资源的历史,大力弘扬先辈们不朽的革命精神。同时可以带领同学们游览红色旅游胜地,更加进一步地熟悉和了解红色资源。

　　杨芳华:在思政教育中,以红色资源为例,讲述先进人物事迹、革命史实,通过他们身上体现的精神等思想,将思政教育实践化,日常生活化。

　　童建文:充分利用革命老区的红色资源,组织相关实践课,带着理论走向实践,带领学生身临其境,切身体会,达到心灵的震撼和思想的感悟。

余玮玮:红色资源是革命先辈们留下来的宝贵精神财富,革命的胜利证明了新世纪应该牢牢地记住一切来之不易,作为思想政治教育专业,更应当好好地学习他们的不屈不饶的精神,在老区高校思想政治教育专业的教学中应当在必要时候感受当初革命先辈们的英雄事迹,在闲时到革命圣地旅游去体会。

陈涛:我觉得教学中应该多加入对革命历史的宣传和教育,而且多参观一些红色文化的活动与红色旅游。

李佳:带领学生进行一些红色资源参观,进行讲解。

程治明:在教学时,应建立在课本知识的基础上,联系相关历史知识,并在多媒体上放映一些相关历史背景的片子,参观一些红色旅游景点,加深红色资源的印象。

李志鹏:将红色资料或文件融入日常教学中;引导学生去参观红色老区,亲身感受红色精神,应用好红色资源。

鲁晓玲:在教学过程中可以给学生讲解历史以及相关背景,同学也会有兴趣,而且也可以以幻灯片的形式给学生看,也可以使学生去博物馆参观,身临其境,感受红色资源的魅力。

黄敏兰:参观红色旅游胜地;播放一些影片关于这方面的;开展一些励志大会讲座,讲一些人物英雄事迹等。

周丽娟:弘扬红色文化,宣扬革命精神,在日常教学中,渗入我们红色老区的文化,历史,人物。

李圆:在老区高校思想政治教育中,可以将学生带到红色资源区,让他们亲身体验到一些政治教育家们的不易。当课堂上讲到相关内容,应让学生们看到与之相关的遗留下来的东西,加深同学们的印象。

陈高强:开展"红色资源"讲座,参加各种红色资源的实践活动。

占淑云:红色资源具有深化大学生的爱国思想,开展红色资源系列体验之旅能为思政教育的教学融入新鲜血液。到红色老区开展各种活动。用 DV 记录,通过课堂进行学习。

吴志娟:在学习思想政治教育的同时,大力弘扬革命精神,提高民族民主意识,积极开展集中营等活动。

冷银玲:思想政治教育专业涉及国家的发展,为了让青少年有一份与时俱进开拓创新强烈爱国的精神,在教学中,必须大力弘扬革命精神,让同学们更多的了解革命事迹,甚至带同学们到革命老区去旅游,去参观。

娄丹:在高校思想政治教育的教学中,应该要在重视学生思想道德标准觉悟提高的同时做到师生间相互尊重,不侵犯他人的人格尊严,尊重和保障人权,培养融洽的师生关系,做到以人为本。

陈璐:(1)老师在上课时候可以利用多媒体来播放宣传红色精神的文章与影片。(2)建议同学去浏览有关红色精神的书籍、书刊、报纸之类的图书。(3)利用课余时间,组织同学们参观有红色精神宣传的博物馆、历史人物的故居,感受红色精神的熏陶。

王思蓉:把红色革命精神与高校思想政治教育喜爱那个结合,也可以让学生在参观革命旧址的同时学习思想政治教育。

陈齐嘉:在老区加入一些革命教育思想,如红色旅游,革命事迹讲解。

戴欣兰:理论来源于过程的讲解,播放相关电影,组织活动参观红色革命圣地。

邓丹:多组织学生参观革命地,讲解历史伟绩。

高健:进行革命精神教育,大力弘扬革命精神,组织参观纪念馆。

洪雪飞:进行实地考察,可拍照或用实物进行展览。

黄春明:教学内容多与红色资源结合。

颜欢:要多向学生教授有关红色资源的知识,如:看图片展、红色电影。

殷小娟:学习红色历史,把红色资源融入教学中,进而宣传红色精神。

曾小斌:结合思政专业特点,以物质形态为载体的红色资源所承载的精神内涵为教育材料,达到特定教育目标。

张兵云:加强红色资源的宣传力度,并融入教学中,培养大家的革命精神,激励其斗志。

张国梅:红色资源是宝贵的财富。他有各种精神。在教学中我们可以参观革命圣地,开主题班会,写学习心得,看相关电影。

黄丹:应把思想政治教育与红色资源结合教育,如参观影片。

黄海萍:参观历史博物馆,听老前辈讲述,组织学生看相关资料。

张健:参观纪念馆,进行爱国主义教育。以爱国主义为主题融入当地红色资源的班会,演讲以及辩论赛等形式。

钟丽萍:是一个循序渐进的过程。适当地灌输红色资源信息。

赖婷:思想政治教育当中的政治也包括革命时期各阶段的政治形势,我们在学习革命时期的政治时,把红色资源引进,更能让我们深刻理解。

周小红:充分利用红色资源,阅读相关文献。参观红色革命区。

王冬凤:在老区高校思想政治教育专业的教学中,融入红色资源,把教育内容和历史事件,人物联系起来,让学生经常深入群众中去了解,从而再又回归到课本。

余金剑:可以多介绍一些红色信息并且结合思政教育的内容,还可以去红色旧地实地考察。

瞿芸:组织学生参观,只有身临其境方能更贴近历史及杰出英雄人物。

周艳楣:以老区革命实践为切入点,结合与时俱进的理论成果进行教育。

邹倩如:讲一些红色资源的有关事情内容,放关于红色资源的影片。

王惠:了解相关史实。让同学当导游给旅客讲解。

明彩华:红色资源作为重要的精神文明,在三个文明一起抓的今天,要更好地把红色资源渗透到教学中去,丰富教学理论,同时更好地推进大学生的精神文明建设。

舒鏖:革命老区,红色资源极其可贵,而思想政治教育专业与红色资源密不可分。教学中,我们应深入其中,切身感受。

骆芬:了解老区历史,开展红色旅游活动,是新时期下的使命。

苏小莉:多深入其中,切身感受红色资源的魅力,多组织学生参观革命地区,了解革命的形成。

王蓉蓉:同学老师相互关爱,在教学中注重人本思想的突出讲解。利用老区老师这以桥梁,重视红色资源。多给学生将历史,深入了解历史的脉络,继承发展革命传统,参观纪念馆烈士碑等,加强思想政治教育。

周学琴:参观革命老区。看相关电影。师生讲述英雄事迹。组织各种活动,如:扫墓缅怀革命烈士。

李蓉:加强该区红色资源的宣传与教育及组织去革命旅游资源的参观。

刘萤:教授有关知识,然后适当放些纪录片。

肖祥生:把红色资源与思想政治教育紧密联系起来,充分利用老区资源,把革命思想、精神传播到大学生中去,让红色资源与新时代精神结合,在高校中纳入红色组教学。

罗华香:把思想政治教育专业的知识与红色资源相结合,使他们相互联系,达到你中有我我中有你的程度,在利用红色资源的时候,就可以找出渗透在思想政治教育专业的知识。

徐细华:可以通过开设课程的方式来向大家宣传红色资源,融入红色资源。

袁观连生:老区高校可把红色历史融入教学中,同时鼓励学生参观,学习研究地方性特色的红色资源。

林家鑫:应在课本各章节后面加入革命任务的英雄事迹和思想。以加深学生对我国红色资源的认识,帮助学生树立正确"学观",培养学生的爱国情操,正真把红色资源与课本相结合,起到教育学生的重大作用。

宁亮:老师在授课时,多向学生讲述红色资源,增加学生的红色情怀,另外多组织红色活动,让学生更了解红色资源。

欧阳丽:只有将思想教学融入红色资源中去,把教育中所获的爱国思想与民族自尊心与红色资源有机结合,才能让所学的关于党、国家的知识与现实中新青年的建设社会主义,在了解历史明白现状的情况下去充分利用红色资源,充分开发,以获得经济与社会效益,故可以常组织学生参观博物馆等红色旅游胜地。

邓婷:应该在校举办相关活动,让同学积极去了解红色资源,例如讲演。

黄小林:教职工可将该地的贯穿了红色精神的风土人情传达给学生。以更平和的说故事的形式授予给学生而不是单纯枯燥的说教。

骆丽娟:可以带领学生到革命老区实地考察,学习,边参观边由老师讲述革命精神和过程。

章腾飞:挖掘革命事迹,感召我们。

赖优华:多举行一些以红色资源为主体的活动。如:举办红色资源知识讲座,到红色旅游资源旅游。

万红飞:参观纪念地,讲解历史事件,铭记纪念日,举行相关活动。

甘银兰:有教师引导学生自觉学习,共同提高思想,学习前人有利的思想。

龚玉婷:在教学过程中,介绍本区的红色资源,有条件的话,还可以组织学生参观红色资源。

高雪银:红色资源是中国的宝土,我们应该全面融入红色资源中,在教学中做到充分合理利用知识,全面贯彻。

林楠:我认为在教学中让多媒体教学融入红色旅游,红色旅游离不开宣传,思政专业的学生可以通过学习红色革命精神,加深了解先烈光辉传统,再通过作导游的实践方式加深自己的理解。

李靓:以红色资源为依托,现场讲解。

黄莹:教师先讲解红色资源的相关知识,然后最好的办法是带领学生参观红色地区,也可以让学生看红色电影影片。

陈损:老师在授课时,可以将某些知识点联系于红色资源,并将其引入课堂教学,同时也增强了学生们对课本知识点的理解;花几个课时具体讲授我国的红色资源,再让学生调动思维,联系课本知识。

孙寒娇:积极组织同学参观红色旅游景区,了解先辈们的事件,激发其学习热情,调动起学习的积极性和主动性。

黄敏敏:我认为要大力宣传,平时教学中穿插相关知识资料,办相关展览展教。组织旅游参观红色老区。

王美玉:理论上,多开设些关于资源的课程;实践上,应多参观写红色旅游景区,或多观看有关红色资源的影视。

凌彩娣:带领学生到红色旅游区去深入了解老区的红色资源,学习老区的红色思想。

柯芳芳:带同学们参观红色景点;让同学们观看相关的电影;开讲座,请老区的老同志们讲他们老前辈的故事。

傅礼:在平时教学中向学生讲述一些革命先烈的故事,推荐一些关于红色革命的书籍,在课外课组织学生到一些革命圣地去参观。

赖岗盛:红色资源与教育有机结合,例如:红色景区的游览;图片展览。

李文琴:我们首先应该尽可能多地了解红色资源,明白其意义所在,进而应对其进行宣扬,让更多的人对红色资源有更深刻的了解。

涂悦:了解国家历史;加大对国家政策及红色资源的宣传;教学中要史实结合,相应课程应考查学生对红色资源的理解。

孙令华:课堂讲解时,以以往的历史故事为例,尽量插入和贯穿于知识讲解中;组织旅游学习,参观红色革命老区;开展红色资源学习教育日。

邓海燕:开展旅游活动,组织学生到红色革命老区参观,学习,加深学生对中国近现代史的认识,同时也有助于进一步了解,深入学习毛泽东思想的形成。

王娟:在老区高校思想政治教育专业的教学中,可以利用老区的光辉事迹作为例子,时刻激励同学们,让同学们了解和学习革命先辈的不怕吃苦的精神,同时让这种精神永远传承下去,让这种红色资源永存。

程奇枝:红色资源在很大程度上有许多的历史故事,而在老区思政教育专业的教学中,可以充分利用这一点,当讲专业理论时,可以用这些故事来论证和说明。

邹思虹:将红色资源作为一中可利用的资源,在教学中,以红色资源为模板,为典型,将其融入教学中去,使学生在学习中能够根据红色资源去把握书本内容与思想。

江超颖:可以亲自到革命老区,感受红色文化的氛围,并且联课本的专业知识,健身队红色文化的理解;制造关于红色组员的研究课题,发配到教学任务当中。

陈素琴:要想把红色资源融入教学中,首先必须把红色思想灌输到日常教学中或实践中。教学中可涉及一些"红色人物"实践中带领同学们到革命老区或纪念馆体验红色魅力。

宋晓丹:结合当地的革命人物的战斗事迹。

张芳霞:对于老区思想政治教育专业的教学内容,红色资源可以说是一种可持续资源。可以把它融入教学内容中,作为一种实践课,参观认识,更好地了解,变抽象为具体,让学生更深刻感受它,因为思政专业和红色资源之间有必然的联系。

黄丽:红色资源具有教育和纪念意义,我们应该铭记历史,纪念为祖国奉献的革命烈士,可以组织一个红色资源展览,获取革命老区旅游,亲身去体味当年革命者的艰辛与伟大,从而提高自己的思想觉悟。

张秀梅:不要一味地带学生去参观革命纪念馆、革命纪念地,那样学生是不会触景生情的,而是把它当作一次郊游。我们可以让组织学生来表演,重演当年革命的情景,这样更能让学生融入其中,更深切地体会当年革命的艰辛,也更能为当年革命志士的爱国热情所感染。

陈桥:老区高校有着丰富的红色资源,但如何真正地融入红色资源,使学生接受红色资源,并影响他们呢? 我始终觉得,理论是要和实践联系在一起的。就如我校,红色资源非常丰富,有上饶集中营,方志敏故居。这都是非常有力的资源,首先,要让学生有充分的认识,对于红色文化,要有充分的了解。也就是说理论知识,有了理论知识之后,可以带着学生真正深入到红色我文化当中去,去真正感受红色文化。如:去烈士园林扫墓,去上饶集中营接受洗礼。使其真正理解红色文化的精髓。

韩玉华:可以把红色资源作为思政课的一大重要内容,在课程教学过程中贯穿红色资源的有关内容。这是理论方面。实践方面,可以大力开展有关红色资源的系列活动,如组织学生去革命纪念地参观,接受革命教育,寓教于乐;举办"继承光荣传统,发扬时代精神"主题班会;开展大合唱、红色诗歌朗诵会等。在日常教学中,可利用广播,宣传栏等进行教育。

赵桂芬:在老区高校思政教育专业的教学中,融入红色资源即可以上饶为例。比如在《毛泽东思想概论》这门课程教学中会涉及许多红色政权等红色资源,教师既可以通过相关老区的照片或影像或者相关的著作或者组织活动参观,让学生在学习中对老区的红色资源有一个较好的了解。

方晓燕:江西是一片红色热土。充分调动教师学生的积极性,通过就近就便的开展祭扫英烈、访问烈军属、踏行革命路等活动,收集老革命家的传奇故事和照片,确定了"传播红色思想、净化学生心灵"、"走进红色旅游大课堂"等主题教育活动,把红色资源与校园文化建设有机结合起来,因地制宜地开展了悬挂名人像、格言警句;定期出黑板报;适时进行学生演讲活动;专门制作红色资源课件、设置红色资源网页、教师撰写教学论文等、形成了浓厚的红色思想教学氛围,激发了学生们发奋学习,为家乡争光的热情,起到了良好的课堂教学氛围。

朱海鸿:在高校思想政治教育专业的教学中,我们应该积极引入红色资源。我们可以通过参观爱国教育基地,进行爱国事迹的宣传,并发扬此种爱国精神,鼓励在校大学生效仿思想先进,爱国爱人民的伟人。开展学习讲座,共同探讨红色事迹发生的起源,通过对心灵的洗礼,转化到实际行动上去,达到宣传爱国教育的效果。

吴启平:在高校思想政治教育专业中教学内容中应该积极地融入红色资源,用我们的革命和改革过程中实例来论证说明思想政治教育专业知识,使之更具有说服力和吸引力,应该多开展一些宣传活动,宣传我们党和人民在革命实践过程中的先进思想和理论,以提高大学生对红色资源的了解和认识,从中学习思想教育的重要性。还应开展一些辩论和知识竞答等活动。

朱俊华:学校组织学生参观一些红色资源,例如,上饶集中营,方志敏根据地,等等。同时学校组织学生到上饶集中营烈士陵园和纪念馆、旧址参观、缅怀、宣誓、扫祭;也应该开一些有关于这方面的专题报告会,使得同学们能够更好地了解历史,了解他们的英雄事迹。只有理论和实践相结合,才能在教育大学生的教学中做到事半功倍的效果。

龚莉:对于红色资源可在教育中渗透,以小见大。实现教育的优化。

钟文峰:红色传统和精神融入校园文化建设之中,构建独具特色的红色教育工程,是发挥文化育人、实践育人的重大举措,又是促进校园文化德育功能得到有效发挥的重要载体。"红色教育工程"是指以红色资源为基础,将红色传统和苏区精神的深刻意义融化到校园文化的各项活动中去,以此来发挥校园文化的德育功能,为大学生德育工作服务。

王倩：在老区高校思想政治专业教学中，融入红色资源，有效拓展了大学生思想政治教育新途径、增强了思想政治教育的实效性和吸引力。我们在实践中可以利用假期，组织学生到革命纪念地开展夏令营等实践活动，寓教于乐。也可利用广播站、黑板报、校园网站进行红色资源的宣传。还可开展以红色资源为背景的系列活动。通过这些来提升学生的素质。

刘超蓉：红色资源是我们江西的"特产"，在教学过程中，理应融合到一起。这可以从这些方面入手：注重革命的艰苦主义教育，同时，运用历史唯物主义的观点，结合当时的环境开展革命的英雄主义，不怕牺牲教育，培养同学的爱国主义情感，提高历史使命感。

邱小英：在老区中，红色资源是一种很好的教育资源，我们可以通过让学生参观红色资源，融入其中。通过讲故事、亲身体验等多种方式让学生记住革命先烈为我们现在的幸福生活所做的努力与拼搏，所流的鲜血。我们要充分利用红色资源，让红色资源充分发挥其作用。

陶慢丽：我们所在的江西地区是一个革命老区，红色旅游资源是十丰富的，如何充分的运用这些具有重要教育意义的红色资源是我们思想政治教育专业的重要课题。在我们的思想政治教育专业中，对人的人生观，价值观的教育是主要的，而这正与红色资源存在的意义谋和。在我们的上饶城，也是拥有红色资源的城市，而临近它的上饶师范学院正是得天独厚的享有了这样的一笔宝贵精神的财富，我们应该深刻的了解革命时期先烈们的艰苦卓绝的精神，并融入我们的学习中来。首先我们就应该积极深入革命老区，体会革命时期的种种困难，珍惜现今的来之不易的生活。更加努力地为理想奋斗。其次，我们也要加大对红色资源的宣传，不仅让本专业的人应让身边所有的人都领会到那种精神，引导他们树立正确的人生观价值观。另外，在教学中，老师更应该为我们讲解更多的关于革命时期的精神，让同学们感同身受。

刘心情：我认为，在对他们进行正确的世界观，人生观，价值观时，带领学生深入红色景区，可以使学生更切身实际地了解历史，领悟中国各个时期正确的理论思想，更好地了解毛泽东思想，邓小平理论和"三个代表重要思想"等，同时在理论教学过程中，引入英雄人物的事迹，培养学生的爱国主义精神和民族精神。如长征精神,井冈山精神,延安精神,通过讲述事迹,播放专题片或组织主题演讲来促使学生了解和学习中华民族的"艰苦奋斗,顽强拼搏,坚忍不拔,无私奉献的民族精神"。

徐伟鹏:在市场经济条件和经济全球化的冲击下,我们许多人的思想被西方一些腐败思想腐化。而红色资源是很好的思想政治教育内容。它能使人们珍惜现有的一切,忆苦思甜,居安思危。并能激发人们对历史伟人的崇拜,为那些不屈的精神感染,不受糖衣炮弹的影响,能坚定立场,树立崇高的信念。

李万华:作为与大学生紧密相连的校园文化对思想政治教育有着不可忽视的重要作用,是德育教育贴近学生、贴近生活的一大工程。优秀的校园文化是一种潜在的教育力量,它不一定有明显的具体要求,却以深刻而持久的作用影响着校园人的思想、情感或内心世界,使其形成牢固的道德观念、崇高的思想品质和积极向上的人格精神。由此可见,优秀的校园文化是德育教育的有效载体,营造好优秀的校园文化就显得十分必要了。校园文化的辐射区是其重要够成要素,上饶拥有丰富的红色资源。土地革命战争时期,以毛泽东为代表的中国共产党人在中央苏区创造和积累了治党、治军、治国的丰富经验,创造和培育了以"苏区干部好作风"为标志的一整套密切联系群众、创造"第一等工作"的优良传统和作风,形成了以开拓创新、艰苦奋斗、前仆后继、浴血拼搏、勇于奉献、坚定信念为核心内涵的苏区精神,留下了许多反映和承载苏区精神的载体。如上饶集中营等。毛泽东、邓小平、江泽民、胡锦涛等党和国家领导人都大力倡导弘扬苏区精神。新中国成立后,毛泽东派出中央慰问团来到中央苏区,送来了"发扬革命传统,争取更大光荣"的亲笔题词。

主要参考文献

《马克思恩格斯选集》(1—4卷)

《毛泽东选集》(1—4卷)

《毛泽东选集》(5卷)

《毛泽东著作选读》(上、下册)

《邓小平文选》(1—3卷)

《方志敏文集》

《李大钊选集》

胡锦涛:《在方志敏诞辰100周年座谈会上的讲话》

胡锦涛:《在全国加强和改进大学生思想政治教育工作会议上的讲话》

胡锦涛:《在全国优秀教师代表座谈会上的讲话》

胡锦涛:《在庆祝清华大学建校100周年大会上的讲话》

胡锦涛:《坚定不移沿着中国特色社会主义道路前进为全面建成小康社会而奋斗》

习近平:《新一届中央政治局常委同中外记者见面时讲话》

习近平:《在党的群众路线教育实践活动工作会议上的讲话》

习近平:《在参观"复兴之路"展览时的讲话》

国家教委《关于高等学校思想政治教育专业办学的意见》

中共中央宣传部、教育部《关于进一步加强和改进高等学校思想政治理论课的意见》

教育部《关于全面提高高等教育质量的若干意见》

《闽浙皖赣革命根据地》(上、下),中共党史出版社,1991年出版

《闽浙赣革命根据地史稿》编写组:《闽浙赣革命根据地史稿》,江西人民出版社,

1984 年出版

中共波阳县委党史工作办公室编:《中共波阳党史资料》,1990 年印

中共德兴市委党史工作办公室主编:《中共德兴党史资料》,广东人民出版社,1992 年出版

中共德兴市委革命史编纂组:《德兴市苏区革命斗争史资料》,第一辑,1959 年 3 月印

中共广丰县委党史资料征集工作办公室编:《中共广丰党史资料》1990 年印

中共横丰县委党史工作办公室编:《中共横丰党史资料》,1991 年印

中共江西省委党史研究室编:《江西英烈》,江西人民出版社,1989 年

中共铅山县委党史工作办公室编:《中共铅山党史资料》,1990 年印

中共上饶县委党史办、上饶县老区建设办公室主编:《中共上饶县党史资料》,1992 年印

中共上饶地委党史资料征集办公室、上饶地区民政局:《赣东北英烈》,1989 年印

中共万年县委党史办公室编:《中共万年党史资料》,1991 年印

中共婺源县委党史资料征集办公室编:《中共婺源党史资料》,1991 年印

中共弋阳县委党史工作办公室编:《中共弋阳党史资料》,中共党史资料出版社,1991 年出版

中共余干县委党史工作办公室编:《中共余干党史资料》,1991 年印

中共玉山县委党史工作办公室编:《中共玉山党史资料》,1991 年印

《方志敏年谱》江西省方志敏研究会编,中央文献出版社,2001 年 7 月出版

张建华、孙盛年:《中国工红军第十军》(上下),国防大学出版社,2010 年 2 月出版

汤勤福:《闽浙赣根据地的金融》,上海社会科学院出版社,1996 年出版

方梅:《方志敏全传》,解放军出版社,1999 年出版

《方志敏传》,江西人民出版社,1982 年出版

《民族英雄方志敏》,中共党史出版社,2000 年出版

唐志全、陈学明:《方志敏式革命根据地研究》,江西人民出版社,2002 年出版

罗时平、裴建勤:《方志敏思想与精神品质研究》,江西人民出版社,2002 年出版

王晓春:《清贫精神——重读方志敏》,江西教育出版社,2003 年出版

程小波:《血染归途——方志敏和北上抗日先遣队》,中共党史出版社,2005 年出版

陈群哲,陈荣华、刘勉玉、李国强著:《黄道传》,江西人民出版 2000 年 4 月出版

《林语堂文集》,作家出版社,1996 年出版

《克鲁普斯卡娅教育文选》,人民教育出版社,1959 年出版

《徐特立教育文集》,人民教育出版社,1979 年出版

苏霍姆林斯基:《给教师的建议》,教育科学出版社,1984 年出版

《陶行知教育文选》,科学教育出版社,1981 年出版

潘元主编:《新编高等教育学》,北京师范大学出版社,1996 年出版

李晓文、王莹:《教学策略》,高等教育出版社,2000 年出版

严平主编:《统一战线历史与现实研究》,江西人民出版社,2008 年出版

漆权主编:《感悟师德》,江西人民出版社,2004 年出版

《中国当代名言博览》,上海辞书出版社,2001 年出版

赵敏俐、尹小林:《国学备览》,首都师范大学出版社,2008 年出版

刘乐贤. 孔子家语[M]. 北京:燕山出版社,2009 年出版

张应抗:《人生哲学论》,浙江大学出版社,2000 年出版

吴晓东:《哲学探新》,线装书局 2008 年出版

胡军:《哲学是什么》,北京大学出版社,2002 年出版

黄学规:《人格与人生》,浙江大学出版社,2004 年出版

夏甄陶:《人是什么》,商务印书馆 2002 年出版

李秀林、王于、李淮春:《辩证唯物主义和历史唯物主义原理》,中国人民大学出版社,
1984 年出版

王锐生、薛文华主编:《马克思主义哲学原理》,高等教育出版社,1993 年出版

刘延勃等主编《哲学词典》,吉林人民出版社,1983 年出版

后　记

自大学毕业后我就分配在上饶师范学院(原上饶师范专科学校)从事教学科研工作,到现在,已有33年。上饶师范学院地处赣东北革命老区,是赣东北地区唯一一所全日制普通本科高校。赣东北地区拥有非常丰富的红色资源,闽浙皖赣革命根据地旧址、方志敏革命烈士纪念馆、方志敏故居、上饶集中营革命烈士陵园等就在这片红色土地上。在这里,留有方志敏、邵式平、黄道、粟裕及叶挺等老一辈无产阶级革命家革命斗争的足迹,保存了红十军及大量革命先烈浴血奋战的战斗遗址,也竖立了不少寄托赣东北老区人民哀思和敬意的纪念碑及纪念馆。建立在赣东北这块红土地上的上饶师范学院,有着很美丽的校园和适宜的教学环境,在这里,我度过了我的最宝贵的青春年代。

作为革命老区高校,和其他高校不同的是,老区高校拥有丰富的红色资源。上饶师范学院也不例外。那么,如何充分利用其红色资源用于高校的教育教学及人才培养呢?这不能不引起我们这些在老区高校工作的老师们的思考。这也正是我长期思索的一个问题。我在教学之余,先后发表了近百篇学术论文。这些论文中有不少是专门探索赣东北红色资源和高校教育教学及人才培养的。我深深地知道,赣东北红色资源对高校思想政治教育有着非常重要的意义和作用。对其进行研究,我们有着得天独厚的条件,研究赣东北红色资源对高校教育教学及人才培养的意义和作用,是我们义不容辞的职责。正是如此,我多次就有关赣东北红色资源方面的内容在学生中开设讲座,组织讨论,发表文章。基于我对赣东北红色资源以及对高校教育教学及人才培养的意义和作用的认识与研究成果,我以《赣东北红色资源与高校教育研究》为名出版了本书。

　　本书共有四章,其内容是:第一章采撷赣东北红色资源;第二章研究我党卓越领导人,赣东北和闽浙赣革命根据地、红十军团创始人方志敏的思想;第三章述略新形势下高校教育教学及人才培养的规律和途径;第四章探析赣东北红色资源对高校的教育意义和作用。特别要提出的是,本书中,在方志敏思想研究上,我把方志敏"清贫"思想提升为一种哲学体系,认为方志敏"清贫"思想是中国现代哲学中一种独树一帜的崭新的中国共产党哲学思想;在老区高校学科建设上,我提出要以红色资源彰显有特色的重点学科建设;在思想政治理论教学中,我认为要把红色资源融入教材中;在大学生的思想政治教育中,我概述了利用红色资源对大学生进行思想教育的方法。我期望,我的上述研究能得到我国专家学者的认可,更能引起老区高校同仁们的重视和进一步的研究和探讨,并能落实到老区高校的教育教学及人才培养中。

　　本书的完成,得到了赣东北地区的各市县党史办和上饶师范学院同事的关心和支持,在此,深表谢意。

　　坦率地说,对能不能出一本研究赣东北红色资源与高校教育研究的专著,我是很忐忑的,也存有很大疑虑。这主要是因为作者的视野有限,学术水平也不够,其探讨的问题缺乏深度,不够全面。为此,我希望得到读者的批评指正。

吴晓东

2013 年 11 月于江西上饶